HEBRAICO

VOCABULÁRIO

PORTUGUÊS BRASILEIRO

PORTUGUÊS
HEBRAICO

Para alargar o seu léxico e apurar
as suas competências linguísticas

7000 palavras

Vocabulário Português Brasileiro-Hebraico - 7000 palavras

Por Andrey Taranov

Os vocabulários da T&P Books destinam-se a ajudar a aprender, a memorizar, e a rever palavras estrangeiras. O dicionário é dividido em temas, cobrindo todas as principais esferas de atividades quotidianas, negócios, ciência, cultura, etc.

O processo de aprendizagem, utilizando os dicionários baseados em temáticas da T&P Books dá-lhe as seguintes vantagens:

- Informação de origem corretamente agrupada predetermina o sucesso em fases subsequentes da memorização de palavras
- Disponibilização de palavras derivadas da mesma raiz, o que permite a memorização de unidades de texto (em vez de palavras separadas)
- Pequenas unidades de palavras facilitam o processo de estabelecimento de vínculos associativos necessários para a consolidação do vocabulário
- O nível de conhecimento da língua pode ser estimado pelo número de palavras aprendidas

T&P Books Publishing
www.tpbooks.com

ISBN: 978-1-78767-325-0

Este livro também está disponível em formato E-book.
Por favor visite www.tpbooks.com ou as principais livrarias on-line.

VOCABULÁRIO HEBRAICO
palavras mais úteis

Os vocabulários da T&P Books destinam-se a ajudar a aprender, a memorizar, e a rever palavras estrangeiras. O vocabulário contém mais de 7000 palavras de uso comum organizadas tematicamente.

O vocabulário contém as palavras mais comummente usadas
Recomendado como adicional para qualquer curso de línguas
Satisfaz as necessidades dos iniciados e dos alunos avançados de línguas estrangeiras
Conveniente para o uso diário, sessões de revisão e atividades de auto-teste
Permite avaliar o seu vocabulário

Características especias do vocabulário

· As palavras estão organizadas de acordo com o seu significado, e não por ordem alfabética
· As palavras são apresentadas em três colunas para facilitar os processos de revisão e auto-teste
· As palavras compostas são divididas em pequenos blocos para facilitar o processo de aprendizagem
· O vocabulário oferece uma transcrição simples e adequada de cada palavra estrangeira

O vocabulário contém 198 tópicos incluindo:

Conceitos básicos, Números, Cores, Meses, Estações do ano, Unidades de medida, Roupas & Acessórios, Alimentos & Nutrição, Restaurante, Membros da Família, Parentes, Caráter, Sentimentos, Emoções, Doenças, Cidade, Passeios, Compras, Dinheiro, Casa, Lar, Escritório, Trabalho no Escritório, Importação & Exportação, Marketing, Pesquisa de Emprego, Esportes, Educação, Computador, Internet, Ferramentas, Natureza, Países, Nacionalidades e muito mais ...

TABELA DE CONTEÚDOS

GUIA DE PRONUNCIAÇÃO

Letra	Exemplo Hebraico	Alfabeto fonético T&P	Exemplo Português
א	אריה	[ɑ], [ɑ:]	amar
א	אחד	[ɛ], [ɛ:]	mover
א	מָאָה	['] (hamza)	oclusiva glotal
ב	בית	[b]	barril
ג	גמל	[g]	gosto
ג'	ג'ונגל	[ʤ]	adjetivo
ד	דג	[d]	dentista
ה	הר	[h]	[h] aspirada
ו	וסת	[v]	fava
ז	זאב	[z]	sésamo
ז'	ז'ורנל	[ʒ]	talvez
ח	חוט	[x]	fricativa uvular surda
ט	טוב	[t]	tulipa
י	יום	[j]	Vietnã
ך כ	בריש	[k]	aquilo
ל	לחם	[l]	libra
ם מ	מלך	[m]	magnólia
ן נ	נר	[n]	natureza
ס	סוס	[s]	sanita
ע	עין	[ɑ], [ɑ:]	amar
ע	תשעים	['] (ayn)	fricativa faríngea sonora
ף פ	פיל	[p]	presente
צ	צעצוע	[ʦ]	tsé-tsé
צ'ץ'	צ'ק	[ʧ]	Tchau!
ק	קוף	[k]	aquilo
ר	רכבת	[r]	[r] vibrante
ש	שלחן, עָשׂרים	[s], [ʃ]	sanita, mês
ת	תפוז	[t]	tulipa

ABREVIATURAS
usadas no vocabulário

Abreviaturas do Português

adj	-	adjetivo
adv	-	advérbio
anim.	-	animado
conj.	-	conjunção
desp.	-	esporte
etc.	-	Etcetera
ex.	-	por exemplo
f	-	nome feminino
f pl	-	feminino plural
fem.	-	feminino
inanim.	-	inanimado
m	-	nome masculino
m pl	-	masculino plural
m, f	-	masculino, feminino
masc.	-	masculino
mat.	-	matemática
mil.	-	militar
pl	-	plural
prep.	-	preposição
pron.	-	pronome
sb.	-	sobre
sing.	-	singular
v aux	-	verbo auxiliar
vi	-	verbo intransitivo
vi, vt	-	verbo intransitivo, transitivo
vr	-	verbo reflexivo
vt	-	verbo transitivo

Abreviaturas do Hebraico

ז	-	masculino
ז"ר	-	masculino plural
ז , נ	-	masculino, feminino
נ	-	feminino
נ"ר	-	feminino plural

CONCEITOS BÁSICOS

Conceitos básicos. Parte 1

1. Pronomes

eu	ani	אֲנִי (ז, נ)
você (masc.)	ata	אַתָּה (ז)
você (fem.)	at	אַתְּ (נ)
ele	hu	הוּא (ז)
ela	hi	הִיא (נ)
nós	a'naxnu	אֲנַחְנוּ (ז, נ)
vocês (masc.)	atem	אַתֶּם (ז"ר)
vocês (fem.)	aten	אַתֶּן (נ"ר)
o senhor, -a	ata, at	אַתָּה (ז), אַתְּ (נ)
senhores, -as	atem, aten	אַתֶּם (ז"ר), אַתֶּן (נ"ר)
eles	hem	הֵם (ז"ר)
elas	hen	הֵן (נ"ר)

2. Cumprimentos. Saudações. Despedidas

Oi!	ʃalom!	שָׁלוֹם!
Olá!	ʃalom!	שָׁלוֹם!
Bom dia!	'boker tov!	בּוֹקֶר טוֹב!
Boa tarde!	tsaha'rayim tovim!	צָהֳרַיִם טוֹבִים!
Boa noite!	'erev tov!	עֶרֶב טוֹב!
cumprimentar (vt)	lomar ʃalom	לוֹמַר שָׁלוֹם
Oi!	hai!	הַיי!
saudação (f)	ahlan	אַהְלָן
saudar (vt)	lomar ʃalom	לוֹמַר שָׁלוֹם
Tudo bem?	ma ʃlomxa?	מַה שְׁלוֹמְךָ? (ז)
Como vai?	ma niʃma?	מַה נִשְׁמָע?
E aí, novidades?	ma xadaʃ?	מַה חָדָשׁ?
Tchau!	lehitra'ot!	לְהִתְרָאוֹת!
Até logo!	bai!	בַּיי!
Até breve!	lehitra'ot bekarov!	לְהִתְרָאוֹת בְּקָרוֹב!
Adeus!	lehitra'ot!	לְהִתְרָאוֹת!
despedir-se (dizer adeus)	lomar lehitra'ot	לוֹמַר לְהִתְרָאוֹת
Até mais!	bai!	בַּיי!
Obrigado! -a!	toda!	תּוֹדָה!
Muito obrigado! -a!	toda raba!	תּוֹדָה רַבָּה!
De nada	bevakaʃa	בְּבַקָּשָׁה

| Não tem de quê | al lo davar | עַל לֹא דָבָר |
| Não foi nada! | ein be'ad ma | אֵין בְּעַד מָה |

Desculpa!	sliχa!	סְלִיחָה!
Desculpe!	sliχa!	סְלִיחָה!
desculpar (vt)	lis'loaχ	לִסְלוֹחַ

desculpar-se (vr)	lehitnatsel	לְהִתְנַצֵּל
Me desculpe	ani mitnatsel, ani mitna'tselet	אֲנִי מִתְנַצֵּל (ז), אֲנִי מִתְנַצֶּלֶת (נ)
Desculpe!	ani mitsta'er, ani mitsta''eret	אֲנִי מִצְטַעֵר (ז), אֲנִי מִצְטַעֶרֶת (נ)
perdoar (vt)	lis'loaχ	לִסְלוֹחַ
Não faz mal	lo nora	לֹא נוֹרָא
por favor	bevakaʃa	בְּבַקָּשָׁה

Não se esqueça!	al tiʃkaχ!	אַל תִּשְׁכַּח! (ז)
Com certeza!	'betaχ!	בֶּטַח!
Claro que não!	'betaχ ʃelo!	בֶּטַח שֶׁלֹּא!
Está bem! De acordo!	okei!	אוֹקֵיי!
Chega!	maspik!	מַסְפִּיק!

3. Números cardinais. Parte 1

zero	'efes	אֶפֶס (ז)
um	eχad	אֶחָד (ז)
uma	aχat	אַחַת (נ)
dois	'ʃtayim	שְׁתַּיִם (נ)
três	ʃaloʃ	שָׁלוֹשׁ (נ)
quatro	arba	אַרְבַּע (נ)

cinco	χameʃ	חָמֵשׁ (נ)
seis	ʃeʃ	שֵׁשׁ (נ)
sete	'ʃeva	שֶׁבַע (נ)
oito	'ʃmone	שְׁמוֹנֶה (נ)
nove	'teʃa	תֵּשַׁע (נ)

dez	'eser	עֶשֶׂר (נ)
onze	aχat esre	אַחַת-עֶשְׂרֵה (נ)
doze	ʃteim esre	שְׁתֵּים-עֶשְׂרֵה (נ)
treze	ʃloʃ esre	שְׁלוֹשׁ-עֶשְׂרֵה (נ)
catorze	arba esre	אַרְבַּע-עֶשְׂרֵה (נ)

quinze	χameʃ esre	חֲמֵשׁ-עֶשְׂרֵה (נ)
dezesseis	ʃeʃ esre	שֵׁשׁ-עֶשְׂרֵה (נ)
dezessete	ʃva esre	שְׁבַע-עֶשְׂרֵה (נ)
dezoito	ʃmone esre	שְׁמוֹנֶה-עֶשְׂרֵה (נ)
dezenove	tʃa esre	תְּשַׁע-עֶשְׂרֵה (נ)

vinte	esrim	עֶשְׂרִים
vinte e um	esrim ve'eχad	עֶשְׂרִים וְאֶחָד
vinte e dois	esrim u'ʃnayim	עֶשְׂרִים וּשְׁנַיִם
vinte e três	esrim uʃloʃa	עֶשְׂרִים וּשְׁלוֹשָׁה

| trinta | ʃloʃim | שְׁלוֹשִׁים |
| trinta e um | ʃloʃim ve'eχad | שְׁלוֹשִׁים וְאֶחָד |

trinta e dois	ʃloʃim u'ʃnayim	שְׁלוֹשִׁים וּשְׁנַיִים
trinta e três	ʃloʃim uʃloʃa	שְׁלוֹשִׁים וּשְׁלוֹשָׁה
quarenta	arba'im	אַרְבָּעִים
quarenta e um	arba'im ve'eχad	אַרְבָּעִים וְאֶחָד
quarenta e dois	arba'im u'ʃnayim	אַרְבָּעִים וּשְׁנַיִים
quarenta e três	arba'im uʃloʃa	אַרְבָּעִים וּשְׁלוֹשָׁה
cinquenta	χamiʃim	חֲמִישִׁים
cinquenta e um	χamiʃim ve'eχad	חֲמִישִׁים וְאֶחָד
cinquenta e dois	χamiʃim u'ʃnayim	חֲמִישִׁים וּשְׁנַיִים
cinquenta e três	χamiʃim uʃloʃa	חֲמִישִׁים וּשְׁלוֹשָׁה
sessenta	ʃiʃim	שִׁישִׁים
sessenta e um	ʃiʃim ve'eχad	שִׁישִׁים וְאֶחָד
sessenta e dois	ʃiʃim u'ʃnayim	שִׁישִׁים וּשְׁנַיִים
sessenta e três	ʃiʃim uʃloʃa	שִׁישִׁים וּשְׁלוֹשָׁה
setenta	ʃiv'im	שִׁבְעִים
setenta e um	ʃiv'im ve'eχad	שִׁבְעִים וְאֶחָד
setenta e dois	ʃiv'im u'ʃnayim	שִׁבְעִים וּשְׁנַיִים
setenta e três	ʃiv'im uʃloʃa	שִׁבְעִים וּשְׁלוֹשָׁה
oitenta	ʃmonim	שְׁמוֹנִים
oitenta e um	ʃmonim ve'eχad	שְׁמוֹנִים וְאֶחָד
oitenta e dois	ʃmonim u'ʃnayim	שְׁמוֹנִים וּשְׁנַיִים
oitenta e três	ʃmonim uʃloʃa	שְׁמוֹנִים וּשְׁלוֹשָׁה
noventa	tiʃim	תִּשְׁעִים
noventa e um	tiʃim ve'eχad	תִּשְׁעִים וְאֶחָד
noventa e dois	tiʃim u'ʃayim	תִּשְׁעִים וּשְׁנַיִים
noventa e três	tiʃim uʃloʃa	תִּשְׁעִים וּשְׁלוֹשָׁה

4. Números cardinais. Parte 2

cem	'me'a	מֵאָה (ב)
duzentos	ma'tayim	מָאתַיִים
trezentos	ʃloʃ me'ot	שְׁלוֹשׁ מֵאוֹת (ב)
quatrocentos	arba me'ot	אַרְבַּע מֵאוֹת (ב)
quinhentos	χameʃ me'ot	חֲמֵשׁ מֵאוֹת (ב)
seiscentos	ʃeʃ me'ot	שֵׁשׁ מֵאוֹת (ב)
setecentos	ʃva me'ot	שְׁבַע מֵאוֹת (ב)
oitocentos	ʃmone me'ot	שְׁמוֹנֶה מֵאוֹת (ב)
novecentos	tʃa me'ot	תְּשַׁע מֵאוֹת (ב)
mil	'elef	אֶלֶף (ז)
dois mil	al'payim	אַלְפַּיִים (ז)
três mil	'ʃloʃet alafim	שְׁלוֹשֶׁת אֲלָפִים (ז)
dez mil	a'seret alafim	עֲשֶׂרֶת אֲלָפִים (ז)
cem mil	'me'a 'elef	מֵאָה אֶלֶף (ז)
um milhão	milyon	מִילְיוֹן (ז)
um bilhão	milyard	מִילְיַארְד (ז)

5. Números. Frações

fração (f)	'ʃever	שֶׁבֶר (ז)
um meio	'χetsi	חֲצִי (ז)
um terço	ʃliʃ	שְׁלִישׁ (ז)
um quarto	'reva	רֶבַע (ז)
um oitavo	ʃminit	שְׁמִינִית (נ)
um décimo	asirit	עֲשִׂירִית (נ)
dois terços	ʃnei ʃliʃim	שְׁנֵי שְׁלִישִׁים (ז)
três quartos	'ʃloʃet riv'ei	שְׁלוֹשֶׁת רְבָעֵי

6. Números. Operações básicas

subtração (f)	χisur	חִיסוּר (ז)
subtrair (vi, vt)	leχaser	לְחַסֵר
divisão (f)	χiluk	חִילוּק (ז)
dividir (vt)	leχalek	לְחַלֵק
adição (f)	χibur	חִיבּוּר (ז)
somar (vt)	leχaber	לְחַבֵּר
adicionar (vt)	leχaber	לְחַבֵּר
multiplicação (f)	'kefel	כֶּפֶל (ז)
multiplicar (vt)	lehaχpil	לְהַכְפִּיל

7. Números. Diversos

algarismo, dígito (m)	sifra	סִפְרָה (נ)
número (m)	mispar	מִסְפָּר (ז)
numeral (m)	ʃem mispar	שֵׁם מִסְפָּר (ז)
menos (m)	'minus	מִינוּס (ז)
mais (m)	plus	פְּלוּס (ז)
fórmula (f)	nusχa	נוּסְחָה (נ)
cálculo (m)	χiʃuv	חִישׁוּב (ז)
contar (vt)	lispor	לִסְפּוֹר
calcular (vt)	leχaʃev	לְחַשֵׁב
comparar (vt)	lehaʃvot	לְהַשְׁווֹת
Quanto, -os, -as?	'kama?	כַּמָה?
soma (f)	sχum	סְכוּם (ז)
resultado (m)	totsa'a	תּוֹצָאָה (נ)
resto (m)	ʃe'erit	שְׁאֵרִית (נ)
alguns, algumas ...	'kama	כַּמָה
pouco (~ tempo)	ktsat	קְצָת
poucos, poucas	me'at	מְעַט
um pouco de ...	me'at	מְעַט
resto (m)	ʃe'ar	שְׁאָר (ז)
um e meio	eχad va'χetsi	אֶחָד וָחֵצִי (ז)
dúzia (f)	tresar	תְּרֵיסָר (ז)

15

ao meio	'χetsi 'χetsi	חֲצִי חֲצִי
em partes iguais	ʃave beʃave	שָׁוֶה בְּשָׁוֶה
metade (f)	'χetsi	חֲצִי (ז)
vez (f)	'pa'am	פַּעַם (נ)

8. Os verbos mais importantes. Parte 1

abrir (vt)	lifˈtoaχ	לִפְתּוֹחַ
acabar, terminar (vt)	lesayem	לְסַיֵּם
aconselhar (vt)	leya'ets	לְיַיֵּץ
adivinhar (vt)	lenaχeʃ	לְנַחֵשׁ
advertir (vt)	lehazhir	לְהַזְהִיר

ajudar (vt)	la'azor	לַעֲזוֹר
almoçar (vi)	le'eχol aruχat tsaha'rayim	לֶאֱכוֹל אֲרוּחַת צָהֳרַיִם
alugar (~ um apartamento)	liskor	לִשְׂכּוֹר
amar (pessoa)	le'ehov	לֶאֱהוֹב
ameaçar (vt)	le'ayem	לְאַיֵּם

anotar (escrever)	lirʃom	לִרְשׁוֹם
apressar-se (vr)	lemaher	לְמַהֵר
arrepender-se (vr)	lehitsta'er	לְהִצְטַעֵר

| assinar (vt) | laχtom | לַחְתּוֹם |
| brincar (vi) | lehitba'deaχ | לְהִתְבַּדֵּחַ |

brincar, jogar (vi, vt)	lesaχek	לְשַׂחֵק
buscar (vt)	leχapes	לְחַפֵּשׂ
caçar (vi)	latsud	לָצוּד
cair (vi)	lipol	לִיפּוֹל

| cavar (vt) | laχpor | לַחְפּוֹר |
| chamar (~ por socorro) | likro | לִקְרוֹא |

chegar (vi)	leha'gi'a	לְהַגִּיעַ
chorar (vi)	livkot	לִבְכּוֹת
começar (vt)	lehatχil	לְהַתְחִיל

| comparar (vt) | lehaʃvot | לְהַשְׁווֹת |
| concordar (dizer "sim") | lehaskim | לְהַסְכִּים |

confiar (vt)	liv'toaχ	לִבְטוֹחַ
confundir (equivocar-se)	lehitbalbel	לְהִתְבַּלְבֵּל
conhecer (vt)	lehakir et	לְהַכִּיר אֶת
contar (fazer contas)	lispor	לִסְפּוֹר

| contar com ... | lismoχ al | לִסְמוֹךְ עַל |
| continuar (vt) | lehamʃiχ | לְהַמְשִׁיךְ |

controlar (vt)	liʃlot	לִשְׁלוֹט
convidar (vt)	lehazmin	לְהַזְמִין
correr (vi)	laruts	לָרוּץ
criar (vt)	litsor	לִיצוֹר
custar (vt)	la'alot	לַעֲלוֹת

9. Os verbos mais importantes. Parte 2

dar (vt)	latet	לָתֵת
dar uma dica	lirmoz	לִרְמֹז
decorar (enfeitar)	lekaʃet	לְקַשֵּׁט
defender (vt)	lehagen	לְהָגֵן
deixar cair (vt)	lehapil	לְהַפִּיל
descer (para baixo)	la'redet	לָרֶדֶת
desculpar (vt)	lis'loax	לִסְלֹחַ
desculpar-se (vr)	lehitnatsel	לְהִתְנַצֵּל
dirigir (~ uma empresa)	lenahel	לְנַהֵל
discutir (notícias, etc.)	ladun	לָדוּן
disparar, atirar (vi)	lirot	לִירוֹת
dizer (vt)	lomar	לוֹמַר
duvidar (vt)	lefakpek	לְפַקְפֵּק
encontrar (achar)	limtso	לִמְצֹא
enganar (vt)	leramot	לְרַמּוֹת
entender (vt)	lehavin	לְהָבִין
entrar (na sala, etc.)	lehikanes	לְהִיכָּנֵס
enviar (uma carta)	liʃ'loax	לִשְׁלוֹחַ
errar (enganar-se)	lit'ot	לִטְעוֹת
escolher (vt)	livxor	לִבְחוֹר
esconder (vt)	lehastir	לְהַסְתִּיר
escrever (vt)	lixtov	לִכְתּוֹב
esperar (aguardar)	lehamtin	לְהַמְתִּין
esperar (ter esperança)	lekavot	לְקַווֹת
esquecer (vt)	liʃ'koax	לִשְׁכּוֹחַ
estar (vi)	lihyot	לִהְיוֹת
estudar (vt)	lilmod	לִלְמוֹד
exigir (vt)	lidroʃ	לִדְרוֹשׁ
existir (vi)	lehitkayem	לְהִתְקַיֵּם
explicar (vt)	lehasbir	לְהַסְבִּיר
falar (vi)	ledaber	לְדַבֵּר
faltar (a la escuela, etc.)	lehaxsir	לְהַחְסִיר
fazer (vt)	la'asot	לַעֲשׂוֹת
ficar em silêncio	liʃtok	לִשְׁתּוֹק
gabar-se (vr)	lehitravrev	לְהִתְרַבְרֵב
gostar (apreciar)	limtso xen be'ei'nayim	לִמְצֹא חֵן בְּעֵינַיִם
gritar (vi)	lits'ok	לִצְעוֹק
guardar (fotos, etc.)	liʃmor	לִשְׁמוֹר
informar (vt)	leho'dia	לְהוֹדִיעַ
insistir (vi)	lehit'akeʃ	לְהִתְעַקֵּשׁ
insultar (vt)	leha'aliv	לְהַעֲלִיב
interessar-se (vr)	lehit'anyen be...	לְהִתְעַנְיֵין בְּ...
ir (a pé)	la'lexet	לָלֶכֶת
ir nadar	lehitraxets	לְהִתְרַחֵץ
jantar (vi)	le'exol aruxat 'erev	לֶאֱכוֹל אֲרוּחַת עֶרֶב

10. Os verbos mais importantes. Parte 3

ler (vt)	likro	לִקְרוֹא
libertar, liberar (vt)	leʃaxrer	לְשַׁחְרֵר
matar (vt)	laharog	לַהֲרוֹג
mencionar (vt)	lehazkir	לְהַזְכִּיר
mostrar (vt)	lehar'ot	לְהַרְאוֹת
mudar (modificar)	leʃanot	לְשַׁנּוֹת
nadar (vi)	lisxot	לִשְׂחוֹת
negar-se a ... (vr)	lesarev	לְסָרֵב
objetar (vt)	lehitnaged	לְהִתְנַגֵּד
observar (vt)	litspot, lehaʃkif	לִצְפּוֹת, לְהַשְׁקִיף
ordenar (mil.)	lifkod	לִפְקוֹד
ouvir (vt)	liʃ'mo'a	לִשְׁמוֹעַ
pagar (vt)	leʃalem	לְשַׁלֵּם
parar (vi)	la'atsor	לַעֲצוֹר
parar, cessar (vt)	lehafsik	לְהַפְסִיק
participar (vi)	lehiʃtatef	לְהִשְׁתַּתֵּף
pedir (comida, etc.)	lehazmin	לְהַזְמִין
pedir (um favor, etc.)	levakeʃ	לְבַקֵּשׁ
pegar (tomar)	la'kaxat	לָקַחַת
pegar (uma bola)	litfos	לִתְפּוֹס
pensar (vi, vt)	laxʃov	לַחְשׁוֹב
perceber (ver)	lasim lev	לָשִׂים לֵב
perdoar (vt)	lis'loax	לִסְלוֹחַ
perguntar (vt)	liʃ'ol	לִשְׁאוֹל
permitir (vt)	leharʃot	לְהַרְשׁוֹת
pertencer a ... (vi)	lehiʃtayex	לְהִשְׁתַּיֵּךְ
planejar (vt)	letaxnen	לְתַכְנֵן
poder (~ fazer algo)	yaxol	יָכוֹל
possuir (uma casa, etc.)	lihyot 'ba'al ʃel	לִהְיוֹת בַּעַל שֶׁל
preferir (vt)	leha'adif	לְהַעֲדִיף
preparar (vt)	levaʃel	לְבַשֵּׁל
prever (vt)	laxazot	לַחֲזוֹת
prometer (vt)	lehav'tiax	לְהַבְטִיחַ
pronunciar (vt)	levate	לְבַטֵּא
propor (vt)	leha'tsi'a	לְהַצִּיעַ
punir (castigar)	leha'aniʃ	לְהַעֲנִישׁ
quebrar (vt)	liʃbor	לִשְׁבּוֹר
queixar-se de ...	lehitlonen	לְהִתְלוֹנֵן
querer (desejar)	lirtsot	לִרְצוֹת

11. Os verbos mais importantes. Parte 4

ralhar, repreender (vt)	linzof	לִנְזוֹף
recomendar (vt)	lehamlits	לְהַמְלִיץ

repetir (dizer outra vez)	laxazor al	לַחֲזוֹר עַל
reservar (~ um quarto)	lehazmin meroʃ	לְהַזְמִין מֵרֹאשׁ
responder (vt)	la'anot	לַעֲנוֹת

rezar, orar (vi)	lehitpalel	לְהִתְפַּלֵּל
rir (vi)	litsxok	לִצְחוֹק
roubar (vt)	lignov	לִגְנוֹב
saber (vt)	la'da'at	לָדַעַת
sair (~ de casa)	latset	לָצֵאת

salvar (resgatar)	lehatsil	לְהַצִּיל
seguir (~ alguém)	la'akov axarei	לַעֲקוֹב אַחֲרֵי
sentar-se (vr)	lehityaʃev	לְהִתְיַישֵׁב
ser (vi)	lihyot	לִהְיוֹת
ser necessário	lehidareʃ	לְהִידָרֵשׁ

significar (vt)	lomar	לוֹמַר
sorrir (vi)	lexayex	לְחַיֵּיךְ
subestimar (vt)	leham'it be''erex	לְהַמְעִיט בְּעֵרֶךְ
surpreender-se (vr)	lehitpale	לְהִתְפַּלֵּא

tentar (~ fazer)	lenasot	לְנַסּוֹת
ter (vt)	lehaxzik	לְהַחְזִיק
ter fome	lihyot ra'ev	לִהְיוֹת רָעֵב

ter medo	lefaxed	לְפַחֵד
ter sede	lihyot tsame	לִהְיוֹת צָמֵא
tocar (com as mãos)	la'ga'at	לָגַעַת
tomar café da manhã	le'exol aruxat 'boker	לֶאֱכוֹל אֲרוּחַת בּוֹקֶר
trabalhar (vi)	la'avod	לַעֲבוֹד
traduzir (vt)	letargem	לְתַרְגֵּם

unir (vt)	le'axed	לְאַחֵד
vender (vt)	limkor	לִמְכּוֹר
ver (vt)	lir'ot	לִרְאוֹת
virar (~ para a direita)	lifnot	לִפְנוֹת
voar (vi)	la'uf	לָעוּף

12. Cores

cor (f)	'tseva	צֶבַע (ז)
tom (m)	gavan	גָּווֶן (ז)
tonalidade (m)	gavan	גָּווֶן (ז)
arco-íris (m)	'keʃet	קֶשֶׁת (נ)

branco (adj)	lavan	לָבָן
preto (adj)	ʃaxor	שָׁחוֹר
cinza (adj)	afor	אָפוֹר

verde (adj)	yarok	יָרוֹק
amarelo (adj)	tsahov	צָהוֹב
vermelho (adj)	adom	אָדוֹם
azul (adj)	kaxol	כָּחוֹל
azul claro (adj)	taxol	תָּכוֹל

rosa (adj)	varod	וָרֹד
laranja (adj)	katom	כָּתֹם
violeta (adj)	segol	סָגֹל
marrom (adj)	χum	חוּם

dourado (adj)	zahov	זָהוֹב
prateado (adj)	kasuf	כָּסוּף

bege (adj)	beʒ	בֶּז'
creme (adj)	be'tseva krem	בְּצֶבַע קְרֶם
turquesa (adj)	turkiz	טוּרְקִיז
vermelho cereja (adj)	bordo	בּוֹרְדוֹ
lilás (adj)	segol	סָגֹל
carmim (adj)	patol	פָּטֹל

claro (adj)	bahir	בָּהִיר
escuro (adj)	kehe	כֵּהֶה
vivo (adj)	bohek	בּוֹהֵק

de cor	tsiv'oni	צִבְעוֹנִי
a cores	tsiv'oni	צִבְעוֹנִי
preto e branco (adj)	ʃaχor lavan	שָׁחוֹר-לָבָן
unicolor (de uma só cor)	χad tsiv'i	חַד-צִבְעִי
multicolor (adj)	sasgoni	סַסְגּוֹנִי

13. Questões

Quem?	mi?	מִי?
O que?	ma?	מָה?
Onde?	'eifo?	אֵיפֹה?
Para onde?	le'an?	לְאָן?
De onde?	me"eifo?	מֵאֵיפֹה?
Quando?	matai?	מָתַי?
Para quê?	'lama?	לָמָה?
Por quê?	ma'du'a?	מַדּוּעַ?

Para quê?	biʃvil ma?	בִּשְׁבִיל מָה?
Como?	eiχ, keitsad?	כֵּיצַד? אֵיךְ?
Qual (~ é o problema?)	'eize?	אֵיזֶה?
Qual (~ deles?)	'eize?	אֵיזֶה?
A quem?	lemi?	לְמִי?
De quem?	al mi?	עַל מִי?
Do quê?	al ma?	עַל מָה?
Com quem?	im mi?	עִם מִי?

Quanto, -os, -as?	'kama?	כַּמָּה?
De quem (~ é isto?)	ʃel mi?	שֶׁל מִי?

14. Palavras funcionais. Advérbios. Parte 1

Onde?	'eifo?	אֵיפֹה?
aqui	po, kan	פֹּה, כָּאן

lá, ali	ʃam	שָׁם
em algum lugar	'eifo ʃehu	אֵיפֹה שֶׁהוּא
em lugar nenhum	beʃum makom	בְּשׁוּם מָקוֹם
perto de …	leyad …	לְיַד …
perto da janela	leyad haχalon	לְיַד הַחַלוֹן
Para onde?	le'an?	לְאָן?
aqui	'hena, lekan	הֵנָּה; לְכָאן
para lá	leʃam	לְשָׁם
daqui	mikan	מִכָּאן
de lá, dali	miʃam	מִשָּׁם
perto	karov	קָרוֹב
longe	raχok	רָחוֹק
perto de …	leyad	לְיַד
à mão, perto	karov	קָרוֹב
não fica longe	lo raχok	לֹא רָחוֹק
esquerdo (adj)	smali	שְׂמָאלִי
à esquerda	mismol	מִשְּׂמֹאל
para a esquerda	'smola	שְׂמֹאלָה
direito (adj)	yemani	יְמָנִי
à direita	miyamin	מִיָּמִין
para a direita	ya'mina	יָמִינָה
em frente	mika'dima	מִקָּדִימָה
da frente	kidmi	קָדְמִי
adiante (para a frente)	ka'dima	קָדִימָה
atrás de …	me'aχor	מֵאָחוֹר
de trás	me'aχor	מֵאָחוֹר
para trás	a'χora	אֲחוֹרָה
meio (m), metade (f)	'emtsa	אֶמְצַע (ז)
no meio	ba''emtsa	בָּאֶמְצַע
do lado	mehatsad	מֵהַצַּד
em todo lugar	beχol makom	בְּכָל מָקוֹם
por todos os lados	misaviv	מִסָּבִיב
de dentro	mibifnim	מִבִּפְנִים
para algum lugar	le'an ʃehu	לְאָן שֶׁהוּא
diretamente	yaʃar	יָשָׁר
de volta	baχazara	בַּחֲזָרָה
de algum lugar	me'ei ʃam	מֵאֵי שָׁם
de algum lugar	me'ei ʃam	מֵאֵי שָׁם
em primeiro lugar	reʃit	רֵאשִׁית
em segundo lugar	ʃenit	שֵׁנִית
em terceiro lugar	ʃliʃit	שְׁלִישִׁית
de repente	pit'om	פִּתְאוֹם
no início	behatslaχa	בַּהַתְחָלָה

pela primeira vez	lariʃona	לָרִאשׁוֹנָה
muito antes de …	zman rav lifnei …	זְמַן רַב לִפְנֵי …
de novo	meχadaʃ	מֵחָדָשׁ
para sempre	letamid	לְתָמִיד
nunca	af 'pa'am, me'olam	מֵעוֹלָם, אַף פַּעַם
de novo	ʃuv	שׁוּב
agora	aχʃav, ka'et	עַכְשָׁיו, כָּעֵת
frequentemente	le'itim krovot	לְעִיתִּים קְרוֹבוֹת
então	az	אָז
urgentemente	bidχifut	בִּדְחִיפוּת
normalmente	be'dereχ klal	בְּדֶרֶךְ כְּלָל
a propósito, …	'dereχ 'agav	דֶּרֶךְ אַגָּב
é possível	efʃari	אֶפְשָׁרִי
provavelmente	kanir'e	כַּנִּרְאָה
talvez	ulai	אוּלַי
além disso, …	χuts mize …	חוּץ מִזֶּה …
por isso …	laχen	לָכֵן
apesar de …	lamrot …	לַמְרוֹת …
graças a …	hodot le…	הוֹדוֹת לְ…
que (pron.)	ma	מָה
que (conj.)	ʃe	שֶׁ
algo	'maʃehu	מַשֶׁהוּ
alguma coisa	'maʃehu	מַשֶׁהוּ
nada	klum	כְּלוּם
quem	mi	מִי
alguém (~ que …)	'miʃehu, 'miʃehi	מִישֶׁהוּ (ז), מִישֶׁהִי (נ)
alguém (com ~)	'miʃehu, 'miʃehi	מִישֶׁהוּ (ז), מִישֶׁהִי (נ)
ninguém	af eχad, af aχat	אַף אֶחָד (ז), אַף אַחַת (נ)
para lugar nenhum	leʃum makom	לְשׁוּם מָקוֹם
de ninguém	lo ʃayaχ le'af eχad	לֹא שַׁיָּךְ לְאַף אֶחָד
de alguém	ʃel 'miʃehu	שֶׁל מִישֶׁהוּ
tão	kol kaχ	כָּל־כָּךְ
também (gostaria ~ de …)	gam	גַּם
também (~ eu)	gam	גַּם

15. Palavras funcionais. Advérbios. Parte 2

Por quê?	ma'du'a?	מַדּוּעַ?
por alguma razão	miʃum ma	מִשּׁוּם־מָה
porque …	miʃum ʃe	מִשּׁוּם שֶׁ
por qualquer razão	lematara 'kolʃehi	לְמַטָּרָה כָּלְשֶׁהִי
e (tu ~ eu)	ve …	וְ …
ou (ser ~ não ser)	o	אוֹ
mas (porém)	aval, ulam	אֲבָל, אוּלָם
para (~ a minha mãe)	biʃvil	בִּשְׁבִיל
muito, demais	yoter midai	יוֹתֵר מִדַּי
só, somente	rak	רַק

exatamente	bediyuk	בְּדִיּוּק
cerca de (~ 10 kg)	be"ereχ	בְּעֵרֶךְ
aproximadamente	be"ereχ	בְּעֵרֶךְ
aproximado (adj)	meʃo'ar	מְשׁוֹעָר
quase	kim'at	כִּמְעַט
resto (m)	ʃe'ar	שְׁאָר (ז)
o outro (segundo)	aχer	אַחֵר
outro (adj)	aχer	אַחֵר
cada (adj)	kol	כֹּל
qualquer (adj)	kolʃehu	כָּלְשֶׁהוּ
muitos, muitas	harbe	הַרְבֵּה
muito, muitos, muitas	harbe	הַרְבֵּה
muitas pessoas	harbe	הַרְבֵּה
todos	kulam	כּוּלָם
em troca de …	tmurat …	תְּמוּרַת …
em troca	bitmura	בִּתְמוּרָה
à mão	bayad	בַּיָּד
pouco provável	safek im	סָפֵק אִם
provavelmente	karov levadai	קָרוֹב לְוַודַּאי
de propósito	'davka	דַּוְוקָא
por acidente	bemikre	בְּמִקְרֶה
muito	me'od	מְאוֹד
por exemplo	lemaʃal	לְמָשָׁל
entre	bein	בֵּין
entre (no meio de)	be'kerev	בְּקֶרֶב
tanto	kol kaχ harbe	כָּל־כָּךְ הַרְבֵּה
especialmente	bimyuχad	בִּמְיוּחָד

Conceitos básicos. Parte 2

16. Opostos

rico (adj)	aʃir	עָשִׁיר
pobre (adj)	ani	עָנִי
doente (adj)	χole	חוֹלֶה
bem (adj)	bari	בָּרִיא
grande (adj)	gadol	גָּדוֹל
pequeno (adj)	katan	קָטָן
rapidamente	maher	מַהֵר
lentamente	le'at	לְאַט
rápido (adj)	mahir	מָהִיר
lento (adj)	iti	אִיטִי
alegre (adj)	sa'meaχ	שָׂמֵחַ
triste (adj)	atsuv	עָצוּב
juntos (ir ~)	be'yaχad	בְּיַחַד
separadamente	levad	לְבַד
em voz alta (ler ~)	bekol ram	בְּקוֹל רָם
para si (em silêncio)	belev, be'ʃeket	בְּלֵב, בְּשֶׁקֶט
alto (adj)	ga'voha	גָּבוֹהַ
baixo (adj)	namuχ	נָמוּךְ
profundo (adj)	amok	עָמוֹק
raso (adj)	radud	רָדוּד
sim	ken	כֵּן
não	lo	לֹא
distante (adj)	raχok	רָחוֹק
próximo (adj)	karov	קָרוֹב
longe	raχok	רָחוֹק
à mão, perto	samuχ	סָמוּךְ
longo (adj)	aroχ	אָרוֹךְ
curto (adj)	katsar	קָצָר
bom (bondoso)	tov lev	טוֹב לֵב
mal (adj)	raʃa	רָשָׁע
casado (adj)	nasui	נָשׂוּי

solteiro (adj)	ravak	רָווָק
proibir (vt)	le'esor al	לָאֱסוֹר עַל
permitir (vt)	leharʃot	לְהַרְשׁוֹת
fim (m)	sof	סוֹף (ז)
início (m)	hatχala	הַתְחָלָה (נ)
esquerdo (adj)	smali	שְׂמָאלִי
direito (adj)	yemani	יְמָנִי
primeiro (adj)	riʃon	רִאשׁוֹן
último (adj)	aχaron	אַחֲרוֹן
crime (m)	'peʃa	פֶּשַׁע (ז)
castigo (m)	'oneʃ	עוֹנֶשׁ (ז)
ordenar (vt)	letsavot	לְצַוּוֹת
obedecer (vt)	letsayet	לְצַיֵּת
reto (adj)	yaʃar	יָשָׁר
curvo (adj)	me'ukal	מְעוּקָל
paraíso (m)	gan 'eden	גַּן עֵדֶן (ז)
inferno (m)	gehinom	גֵּיהִינוֹם (ז)
nascer (vi)	lehivaled	לְהִיוָּלֵד
morrer (vi)	lamut	לָמוּת
forte (adj)	χazak	חָזָק
fraco, débil (adj)	χalaʃ	חַלָּשׁ
velho, idoso (adj)	zaken	זָקֵן
jovem (adj)	tsa'ir	צָעִיר
velho (adj)	yaʃan	יָשָׁן
novo (adj)	χadaʃ	חָדָשׁ
duro (adj)	kaʃe	קָשֶׁה
macio (adj)	raχ	רַךְ
quente (adj)	χamim	חָמִים
frio (adj)	kar	קַר
gordo (adj)	ʃamen	שָׁמֵן
magro (adj)	raze	רָזֶה
estreito (adj)	tsar	צַר
largo (adj)	raχav	רָחָב
bom (adj)	tov	טוֹב
mau (adj)	ra	רַע
valente, corajoso (adj)	amits	אַמִּיץ
covarde (adj)	paχdani	פַחְדָנִי

17. Dias da semana

segunda-feira (f)	yom ʃeni	יוֹם שֵׁנִי (ז)
terça-feira (f)	yom ʃliʃi	יוֹם שְׁלִישִׁי (ז)
quarta-feira (f)	yom reviʻi	יוֹם רְבִיעִי (ז)
quinta-feira (f)	yom χamiʃi	יוֹם חֲמִישִׁי (ז)
sexta-feira (f)	yom ʃiʃi	יוֹם שִׁשִּׁי (ז)
sábado (m)	ʃabat	שַׁבָּת (נ)
domingo (m)	yom riʃon	יוֹם רִאשׁוֹן (ז)

hoje	hayom	הַיּוֹם
amanhã	maχar	מָחָר
depois de amanhã	maχara'tayim	מָחֳרָתַיִם
ontem	etmol	אֶתְמוֹל
anteontem	ʃilʃom	שִׁלְשׁוֹם

dia (m)	yom	יוֹם (ז)
dia (m) de trabalho	yom avoda	יוֹם עֲבוֹדָה (ז)
feriado (m)	yom χag	יוֹם חַג (ז)
dia (m) de folga	yom menuχa	יוֹם מְנוּחָה (ז)
fim (m) de semana	sof ʃa'vu'a	סוֹף שָׁבוּעַ

o dia todo	kol hayom	כָּל הַיּוֹם
no dia seguinte	lamaχarat	לַמָּחֳרָת
há dois dias	lifnei yo'mayim	לִפְנֵי יוֹמַיִם
na véspera	'erev	עֶרֶב
diário (adj)	yomyomi	יוֹמְיוֹמִי
todos os dias	midei yom	מְדֵי יוֹם

semana (f)	ʃa'vua	שָׁבוּעַ (ז)
na semana passada	baʃa'vu'a ʃe'avar	בַּשָּׁבוּעַ שֶׁעָבַר
semana que vem	baʃa'vu'a haba	בַּשָּׁבוּעַ הַבָּא
semanal (adj)	ʃvu'i	שְׁבוּעִי
toda semana	kol ʃa'vu'a	כָּל שָׁבוּעַ
duas vezes por semana	pa'a'mayim beʃa'vu'a	פַּעֲמַיִם בְּשָׁבוּעַ
toda terça-feira	kol yom ʃliʃi	כָּל יוֹם שְׁלִישִׁי

18. Horas. Dia e noite

manhã (f)	'boker	בּוֹקֶר (ז)
de manhã	ba'boker	בַּבּוֹקֶר
meio-dia (m)	tsaha'rayim	צָהֳרַיִם (ז"ר)
à tarde	aχar hatsaha'rayim	אַחַר הַצָּהֳרַיִם

tardinha (f)	'erev	עֶרֶב (ז)
à tardinha	ba''erev	בָּעֶרֶב
noite (f)	'laila	לַיְלָה (ז)
à noite	ba'laila	בַּלַּיְלָה
meia-noite (f)	χatsot	חֲצוֹת (נ)

segundo (m)	ʃniya	שְׁנִיָּה (נ)
minuto (m)	daka	דַּקָּה (נ)
hora (f)	ʃa'a	שָׁעָה (נ)

meia hora (f)	χatsi ʃaʿa	חֲצִי שָׁעָה (ג)
quarto (m) de hora	'reva ʃaʿa	רֶבַע שָׁעָה (ז)
quinze minutos	χameʃ esre dakot	חֲמֵשׁ עֶשְׂרֵה דַּקּוֹת
vinte e quatro horas	yemama	יְמָמָה (ג)
nascer (m) do sol	zriχa	זְרִיחָה (ג)
amanhecer (m)	ʃaχar	שַׁחַר (ז)
madrugada (f)	ʃaχar	שַׁחַר (ז)
pôr-do-sol (m)	ʃkiʿa	שְׁקִיעָה (ג)
de madrugada	mukdam ba'boker	מוּקְדָּם בַּבּוֹקֶר
esta manhã	ha'boker	הַבּוֹקֶר
amanhã de manhã	maχar ba'boker	מָחָר בַּבּוֹקֶר
esta tarde	hayom aχarei hatzahaʿrayim	הַיּוֹם אַחֲרֵי הַצָּהֳרַיִם
à tarde	aχar hatsahaʿrayim	אַחַר הַצָּהֳרַיִם
amanhã à tarde	maχar aχarei hatsahaʿrayim	מָחָר אַחֲרֵי הַצָּהֳרַיִם
esta noite, hoje à noite	haʿerev	הָעֶרֶב
amanhã à noite	maχar baʿerev	מָחָר בָּעֶרֶב
às três horas em ponto	baʃaʿa ʃaloʃ bediyuk	בְּשָׁעָה שָׁלוֹשׁ בְּדִיּוּק
por volta das quatro	bisvivot arba	בִּסְבִיבוֹת אַרְבַּע
às doze	ad ʃteim esre	עַד שְׁתֵּים-עֶשְׂרֵה
em vinte minutos	beʿod esrim dakot	בְּעוֹד עֶשְׂרִים דַּקּוֹת
em uma hora	beʿod ʃaʿa	בְּעוֹד שָׁעָה
a tempo	bazman	בַּזְמַן
… um quarto para	'reva le…	רֶבַע לְ…
dentro de uma hora	toχ ʃaʿa	תּוֹךְ שָׁעָה
a cada quinze minutos	kol 'reva ʃaʿa	כָּל רֶבַע שָׁעָה
as vinte e quatro horas	misaviv laʃaʿon	מִסָּבִיב לַשָּׁעוֹן

19. Meses. Estações

janeiro (m)	'yanuʾar	יָנוּאָר (ז)
fevereiro (m)	'februʾar	פֶבְּרוּאָר (ז)
março (m)	merts	מֵרְץ (ז)
abril (m)	april	אַפְּרִיל (ז)
maio (m)	mai	מַאִי (ז)
junho (m)	'yuni	יוּנִי (ז)
julho (m)	'yuli	יוּלִי (ז)
agosto (m)	'ogust	אוֹגוּסְט (ז)
setembro (m)	sep'tember	סֶפְּטֶמְבָּר (ז)
outubro (m)	ok'tober	אוֹקְטוֹבָּר (ז)
novembro (m)	no'vember	נוֹבֶמְבָּר (ז)
dezembro (m)	de'tsember	דֶּצֶמְבָּר (ז)
primavera (f)	aviv	אָבִיב (ז)
na primavera	ba'aviv	בָּאָבִיב
primaveril (adj)	avivi	אֲבִיבִי
verão (m)	'kayits	קַיִץ (ז)

no verão	ba'kayits	בַּקַיִץ
de verão	ketsi	קַיצִי

outono (m)	stav	סְתָיו (ז)
no outono	bestav	בַּסתָיו
outonal (adj)	stavi	סְתָווִי

inverno (m)	'χoref	חוֹרֶף (ז)
no inverno	ba'χoref	בַּחוֹרֶף
de inverno	χorpi	חוֹרפִּי
mês (m)	'χodeʃ	חוֹדֶש (ז)
este mês	ha'χodeʃ	הַחוֹדֶש
mês que vem	ba'χodeʃ haba	בַּחוֹדֶש הַבָּא
no mês passado	ba'χodeʃ ʃe'avar	בַּחוֹדֶש שֶׁעָבַר

um mês atrás	lifnei 'χodeʃ	לִפְנֵי חוֹדֶש
em um mês	be'od 'χodeʃ	בְּעוֹד חוֹדֶש
em dois meses	be'od χod'ʃayim	בְּעוֹד חוֹדשַׁיִים
todo o mês	kol ha'χodeʃ	כָּל הַחוֹדֶש
um mês inteiro	kol ha'χodeʃ	כָּל הַחוֹדֶש

mensal (adj)	χodʃi	חוֹדשִׁי
mensalmente	χodʃit	חוֹדשִׁית
todo mês	kol 'χodeʃ	כָּל חוֹדֶש
duas vezes por mês	pa'a'mayim be'χodeʃ	פַּעֲמַיים בְּחוֹדֶש

ano (m)	ʃana	שָׁנָה (נ)
este ano	haʃana	הַשָׁנָה
ano que vem	baʃana haba'a	בַּשָׁנָה הַבָּאָה
no ano passado	baʃana ʃe'avra	בַּשָׁנָה שֶׁעָבְרָה
há um ano	lifnei ʃana	לִפְנֵי שָׁנָה
em um ano	be'od ʃana	בְּעוֹד שָׁנָה
dentro de dois anos	be'od ʃna'tayim	בְּעוֹד שנָתַיים
todo o ano	kol haʃana	כָּל הַשָׁנָה
um ano inteiro	kol haʃana	כָּל הַשָׁנָה

cada ano	kol ʃana	כָּל שָׁנָה
anual (adj)	ʃnati	שנָתִי
anualmente	midei ʃana	מִדֵי שָׁנָה
quatro vezes por ano	arba pa'amim be'χodeʃ	אַרבַּע פְּעָמִים בְּחוֹדֶש

data (~ de hoje)	ta'ariχ	תַאֲרִיך (ז)
data (ex. ~ de nascimento)	ta'ariχ	תַאֲרִיך (ז)
calendário (m)	'luaχ ʃana	לוּח שָׁנָה (ז)

meio ano	χatsi ʃana	חֲצִי שָׁנָה (ז)
seis meses	ʃiʃa χodaʃim, χatsi ʃana	חֲצִי שָׁנָה, שִׁישָׁה חוֹדָשִׁים
estação (f)	ona	עוֹנָה (נ)
século (m)	'me'a	מֵאָה (נ)

20. Tempo. Diversos

tempo (m)	zman	זמָן (ז)
momento (m)	'rega	רֶגַע (ז)

instante (m)	'rega	רֶגַע (ז)
instantâneo (adj)	miyadi	מִיָּדִי
lapso (m) de tempo	tkufa	תְּקוּפָה (נ)
vida (f)	χayim	חַיִּים (ז"ר)
eternidade (f)	'netsaχ	נֶצַח (ז)

época (f)	idan	עִידָן (ז)
era (f)	idan	עִידָן (ז)
ciclo (m)	maχzor	מַחְזוֹר (ז)
período (m)	tkufa	תְּקוּפָה (נ)
prazo (m)	tkufa	תְּקוּפָה (נ)

futuro (m)	atid	עָתִיד (ז)
futuro (adj)	haba	הַבָּא
da próxima vez	ba'pa'am haba'a	בַּפַּעַם הַבָּאָה
passado (m)	avar	עָבָר (ז)
passado (adj)	ʃe'avar	שֶׁעָבַר
na última vez	ba'pa'am hako'demet	בַּפַּעַם הַקּוֹדֶמֶת
mais tarde	me'uχar yoter	מְאוּחָר יוֹתֵר
depois de ...	aχarei	אַחֲרֵי
atualmente	kayom	כַּיּוֹם
agora	aχʃav, ka'et	עַכְשָׁיו, כָּעֵת
imediatamente	miyad	מִיָּד
em breve	bekarov	בְּקָרוֹב
de antemão	meroʃ	מֵרֹאשׁ

há muito tempo	mizman	מִזְמַן
recentemente	lo mizman	לֹא מִזְמַן
destino (m)	goral	גּוֹרָל (ז)
recordações (f pl)	ziχronot	זִיכְרוֹנוֹת (ז"ר)
arquivo (m)	arχiyon	אַרְכִיּוֹן (ז)
durante ...	bezman ʃel ...	בְּזְמַן שֶׁל ...
durante muito tempo	zman rav	זְמַן רַב
pouco tempo	lo zman rav	לֹא זְמַן רַב
cedo (levantar-se ~)	mukdam	מוּקְדָּם
tarde (deitar-se ~)	me'uχar	מְאוּחָר

para sempre	la'netsaχ	לָנֶצַח
começar (vt)	lehatχil	לְהַתְחִיל
adiar (vt)	lidχot	לִדְחוֹת

ao mesmo tempo	bo zmanit	בּוֹ זְמַנִּית
permanentemente	bikvi'ut	בִּקְבִיעוּת
constante (~ ruído, etc.)	ka'vu'a	קָבוּעַ
temporário (adj)	zmani	זְמַנִּי

às vezes	lif'amim	לִפְעָמִים
raras vezes, raramente	le'itim reχokot	לְעִיתִים רְחוֹקוֹת
frequentemente	le'itim krovot	לְעִיתִים קְרוֹבוֹת

21. Linhas e formas

quadrado (m)	ri'bu'a	רִיבּוּעַ (ז)
quadrado (adj)	meruba	מְרוּבָּע

círculo (m)	ma'agal, igul	מַעֲגָל, עִיגוּל (ז)
redondo (adj)	agol	עָגוֹל
triângulo (m)	meʃulaʃ	מְשׁוּלָשׁ (ז)
triangular (adj)	meʃulaʃ	מְשׁוּלָשׁ

oval (f)	e'lipsa	אֶלִיפְּסָה (נ)
oval (adj)	e'lipti	אֶלִיפְּטִי
retângulo (m)	malben	מַלְבֵּן (ז)
retangular (adj)	malbeni	מַלְבֵּנִי

pirâmide (f)	pira'mida	פִּירָמִידָה (נ)
losango (m)	me'uyan	מְעוּיָן (ז)
trapézio (m)	trapez	טְרַפֵּז (ז)
cubo (m)	kubiya	קוּבִּיָּה (נ)
prisma (m)	minsara	מִנְסָרָה (נ)

circunferência (f)	ma'agal	מַעֲגָל (ז)
esfera (f)	sfira	סְפִירָה (נ)
globo (m)	kadur	כַּדוּר (ז)
diâmetro (m)	'koter	קוֹטֶר (ז)
raio (m)	'radyus	רַדְיוּס (ז)
perímetro (m)	hekef	הֶיקֵף (ז)
centro (m)	merkaz	מֶרְכָּז (ז)

horizontal (adj)	ofki	אוֹפְקִי
vertical (adj)	anaχi	אֲנָכִי
paralela (f)	kav makbil	קַו מַקְבִּיל (ז)
paralelo (adj)	makbil	מַקְבִּיל

linha (f)	kav	קַו (ז)
traço (m)	kav	קַו (ז)
reta (f)	kav yaʃar	קַו יָשָׁר (ז)
curva (f)	akuma	עֲקוּמָה (נ)
fino (linha ~a)	dak	דַק
contorno (m)	mit'ar	מִתְאָר (ז)

interseção (f)	χituχ	חִיתוּךְ (ז)
ângulo (m) reto	zavit yaʃara	זָווִית יְשָׁרָה (נ)
segmento (m)	mikta	מִקְטָע (ז)
setor (m)	gizra	גִזְרָה (נ)
lado (de um triângulo, etc.)	'tsela	צֶלַע (ז)
ângulo (m)	zavit	זָווִית (נ)

22. Unidades de medida

peso (m)	miʃkal	מִשְׁקָל (ז)
comprimento (m)	'oreχ	אוֹרֶךְ (ז)
largura (f)	'roχav	רוֹחַב (ז)
altura (f)	'gova	גוֹבַה (ז)
profundidade (f)	'omek	עוֹמֶק (ז)
volume (m)	'nefaχ	נֶפַח (ז)
área (f)	ʃetaχ	שֶׁטַח (ז)
grama (m)	gram	גְרַם (ז)
miligrama (m)	miligram	מִילִיגְרַם (ז)

quilograma (m)	kilogram	קילוֹגְרָם (ז)
tonelada (f)	ton	טוֹן (ז)
libra (453,6 gramas)	'pa'und	פָּאוּנד (ז)
onça (f)	'unkiya	אוּנקיָה (נ)

metro (m)	'meter	מֶטֶר (ז)
milímetro (m)	mili'meter	מילימֶטֶר (ז)
centímetro (m)	senti'meter	סָנטימֶטֶר (ז)
quilômetro (m)	kilo'meter	קילוֹמֶטֶר (ז)
milha (f)	mail	מָייל (ז)

polegada (f)	intʃ	אינצ' (ז)
pé (304,74 mm)	'regel	רֶגֶל (נ)
jarda (914,383 mm)	yard	יַרד (ז)

metro (m) quadrado	'meter ra'vu'a	מֶטֶר רָבוּעַ (ז)
hectare (m)	hektar	הֶקטָר (ז)

litro (m)	litr	ליטר (ז)
grau (m)	ma'ala	מַעֲלָה (נ)
volt (m)	volt	ווֹלט (ז)
ampère (m)	amper	אַמפֶּר (ז)
cavalo (m) de potência	'koaχ sus	כּוֹחַ סוּס (ז)

quantidade (f)	kamut	כַּמוּת (נ)
um pouco de ...	ktsat ...	קצָת ...
metade (f)	'χetsi	חֵצִי (ז)
dúzia (f)	tresar	תריסָר (ז)
peça (f)	yeχida	יְחידָה (נ)

tamanho (m), dimensão (f)	'godel	גוֹדֶל (ז)
escala (f)	kne mida	קנֵה מידָה (ז)

mínimo (adj)	mini'mali	מינימָאלי
menor, mais pequeno	hakatan beyoter	הַקָטָן בְּיוֹתֵר
médio (adj)	memutsa	מְמוּצָע
máximo (adj)	maksi'mali	מַקסימָלי
maior, mais grande	hagadol beyoter	הַגָדוֹל בְּיוֹתֵר

23. Recipientes

pote (m) de vidro	tsin'tsenet	צנצֶנֶת (נ)
lata (~ de cerveja)	paχit	פַּחית (נ)
balde (m)	dli	דלי (ז)
barril (m)	χavit	חָבית (נ)

bacia (~ de plástico)	gigit	גיגית (נ)
tanque (m)	meiχal	מֵיכָל (ז)
cantil (m) de bolso	meimiya	מֵימִיָה (נ)
galão (m) de gasolina	'dʒerikan	ג'ריקָן (ז)
cisterna (f)	meχalit	מֵיכָלית (נ)

caneca (f)	'sefel	סֵפֶל (ז)
xícara (f)	'sefel	סֵפֶל (ז)

pires (m)	taχtit	תַּחְתִּית (נ)
copo (m)	kos	כּוֹס (נ)
taça (f) de vinho	ga'vi'a	גָּבִיעַ (ז)
panela (f)	sir	סִיר (ז)

| garrafa (f) | bakbuk | בַּקְבּוּק (ז) |
| gargalo (m) | tsavar habakbuk | צַוָּאר הַבַּקְבּוּק (ז) |

jarra (f)	kad	כַּד (ז)
jarro (m)	kankan	קַנְקָן (ז)
recipiente (m)	kli	כְּלִי (ז)
pote (m)	sir 'χeres	סִיר חֶרֶס (ז)
vaso (m)	agartal	אֲגַרְטָל (ז)

frasco (~ de perfume)	tsloχit	צְלוֹחִית (נ)
frasquinho (m)	bakbukon	בַּקְבּוּקוֹן (ז)
tubo (m)	ʃfo'feret	שְׁפוֹפֶרֶת (נ)

saco (ex. ~ de açúcar)	sak	שַׂק (ז)
sacola (~ plastica)	sakit	שַׂקִּית (נ)
maço (de cigarros, etc.)	χafisa	חֲפִיסָה (נ)

caixa (~ de sapatos, etc.)	kufsa	קוּפְסָה (נ)
caixote (~ de madeira)	argaz	אַרְגָּז (ז)
cesto (m)	sal	סַל (ז)

24. Materiais

material (m)	'χomer	חוֹמֶר (ז)
madeira (f)	ets	עֵץ (ז)
de madeira	me'ets	מֵעֵץ

| vidro (m) | zχuχit | זְכוּכִית (נ) |
| de vidro | mizχuχit | מִזְכוּכִית |

| pedra (f) | 'even | אֶבֶן (נ) |
| de pedra | me''even | מֵאֶבֶן |

| plástico (m) | 'plastik | פְּלַסְטִיק (ז) |
| plástico (adj) | mi'plastik | מִפְּלַסְטִיק |

| borracha (f) | 'gumi | גוּמִי (ז) |
| de borracha | mi'gumi | מִגּוּמִי |

| tecido, pano (m) | bad | בַּד (ז) |
| de tecido | mibad | מִבַּד |

| papel (m) | neyar | נְיָיר (ז) |
| de papel | mineyar | מִנְּיָיר |

papelão (m)	karton	קַרְטוֹן (ז)
de papelão	mikarton	מִקַּרְטוֹן
polietileno (m)	'nailon	נַיְילוֹן (ז)
celofane (m)	tselofan	צֶלוֹפָן (ז)

linóleo (m)	li'nole'um	לִינוֹלְיָאוּם (ז)
madeira (f) compensada	dikt	דִיקְט (ז)

porcelana (f)	χar'sina	חַרְסִינָה (נ)
de porcelana	meχar'sina	מֵחַרְסִינָה
argila (f), barro (m)	χarsit	חַרְסִית (נ)
de barro	me'χeres	מֵחֶרֶס
cerâmica (f)	ke'ramika	קֵרָמִיקָה (נ)
de cerâmica	ke'rami	קֵרָמִי

25. Metais

metal (m)	ma'teχet	מַתֶּכֶת (נ)
metálico (adj)	mataχti	מַתַּכְתִּי
liga (f)	sag'soget	סַגְסֹגֶת (נ)

ouro (m)	zahav	זָהָב (ז)
de ouro	mizahav, zahov	מִזָּהָב, זָהוֹב
prata (f)	'kesef	כֶּסֶף (ז)
de prata	kaspi	כַּסְפִּי

ferro (m)	barzel	בַּרְזֶל (ז)
de ferro	mibarzel	מִבַּרְזֶל
aço (m)	plada	פְּלָדָה (נ)
de aço (adj)	miplada	מִפְּלָדָה
cobre (m)	ne'χoſet	נְחֹשֶׁת (נ)
de cobre	mine'χoſet	מִנְחֹשֶׁת

alumínio (m)	alu'minyum	אֲלוּמִינְיוּם (ז)
de alumínio	me'alu'minyum	מֵאֲלוּמִינְיוּם
bronze (m)	arad	אָרָד (ז)
de bronze	me'arad	מֵאָרָד

latão (m)	pliz	פְּלִיז (ז)
níquel (m)	'nikel	נִיקֶל (ז)
platina (f)	'platina	פְּלָטִינָה (נ)
mercúrio (m)	kaspit	כַּסְפִּית (נ)
estanho (m)	bdil	בְּדִיל (ז)
chumbo (m)	o'feret	עוֹפֶרֶת (נ)
zinco (m)	avats	אָבָץ (ז)

O SER HUMANO

O ser humano. O corpo

26. Humanos. Conceitos básicos

ser (m) humano	ben adam	בֶּן אָדָם (ז)
homem (m)	'gever	גֶּבֶר (ז)
mulher (f)	iʃa	אִשָּׁה (נ)
criança (f)	'yeled	יֶלֶד (ז)

menina (f)	yalda	יַלְדָּה (נ)
menino (m)	'yeled	יֶלֶד (ז)
adolescente (m)	'na'ar	נַעַר (ז)
velho (m)	zaken	זָקֵן (ז)
velha (f)	zkena	זְקֵנָה (נ)

27. Anatomia humana

organismo (m)	guf ha'adam	גּוּף הָאָדָם (ז)
coração (m)	lev	לֵב (ז)
sangue (m)	dam	דָּם (ז)
artéria (f)	'orek	עוֹרֵק (ז)
veia (f)	vrid	וְרִיד (ז)

cérebro (m)	'moaχ	מוֹחַ (ז)
nervo (m)	atsav	עָצָב (ז)
nervos (m pl)	atsabim	עֲצַבִּים (ז״ר)
vértebra (f)	χulya	חוּלְיָה (נ)
coluna (f) vertebral	amud haʃidra	עַמּוּד הַשִּׁדְרָה (ז)

estômago (m)	keiva	קֵיבָה (נ)
intestinos (m pl)	me''ayim	מֵעַיִם (ז״ר)
intestino (m)	me'i	מְעִי (ז)
fígado (m)	kaved	כָּבֵד (ז)
rim (m)	kilya	כְּלָיָה (נ)

osso (m)	'etsem	עֶצֶם (נ)
esqueleto (m)	'ʃeled	שֶׁלֶד (ז)
costela (f)	'tsela	צֵלָע (ז)
crânio (m)	gul'golet	גּוּלְגֹּלֶת (נ)

músculo (m)	ʃrir	שְׁרִיר (ז)
bíceps (m)	ʃrir du raʃi	שְׁרִיר דּוּ־רָאשִׁי (ז)
tríceps (m)	ʃrir tlat raʃi	שְׁרִיר תְּלָת־רָאשִׁי (ז)
tendão (m)	gid	גִּיד (ז)
articulação (f)	'perek	פֶּרֶק (ז)

pulmões (m pl)	re'ot	רֵיאוֹת (ז"ר)
órgãos (m pl) genitais	evrei min	אֶבְרֵי מִין (ז"ר)
pele (f)	or	עוֹר (ז)

28. Cabeça

cabeça (f)	roʃ	רֹאשׁ (ז)
rosto, cara (f)	panim	פָּנִים (ז"ר)
nariz (m)	af	אַף (ז)
boca (f)	pe	פֶּה (ז)

olho (m)	'ayin	עַיִן (נ)
olhos (m pl)	ei'nayim	עֵינַיִם (נ"ר)
pupila (f)	iʃon	אִישׁוֹן (ז)
sobrancelha (f)	gaba	גַּבָּה (נ)
cílio (f)	ris	רִיס (ז)
pálpebra (f)	af'af	עַפְעַף (ז)

língua (f)	laʃon	לָשׁוֹן (נ)
dente (m)	ʃen	שֵׁן (נ)
lábios (m pl)	sfa'tayim	שְׂפָתַיִם (נ"ר)
maçãs (f pl) do rosto	atsamot leχa'yayim	עַצְמוֹת לְחָיַיִם (נ"ר)
gengiva (f)	χani'χayim	חֲנִיכַיִם (ז"ר)
palato (m)	χeχ	חֵךְ (ז)

narinas (f pl)	neχi'rayim	נְחִירַיִם (ז"ר)
queixo (m)	santer	סַנְטֵר (ז)
mandíbula (f)	'leset	לֶסֶת (נ)
bochecha (f)	'leχi	לֶחִי (נ)

testa (f)	'metsaχ	מֵצַח (ז)
têmpora (f)	raka	רַקָּה (נ)
orelha (f)	'ozen	אוֹזֶן (נ)
costas (f pl) da cabeça	'oref	עוֹרֶף (ז)
pescoço (m)	tsavar	צַוָּאר (ז)
garganta (f)	garon	גָּרוֹן (ז)

cabelo (m)	se'ar	שֵׂעָר (ז)
penteado (m)	tis'roket	תִּסְרֹקֶת (נ)
corte (m) de cabelo	tis'poret	תִּסְפֹּרֶת (נ)
peruca (f)	pe'a	פֵּאָה (נ)

bigode (m)	safam	שָׂפָם (ז)
barba (f)	zakan	זָקָן (ז)
ter (~ barba, etc.)	legadel	לְגַדֵּל
trança (f)	tsama	צַמָּה (נ)
suíças (f pl)	pe'ot leχa'yayim	פֵּאוֹת לְחָיַיִם (נ"ר)

ruivo (adj)	'dʒindʒi	ג'ינג'י
grisalho (adj)	kasuf	כָּסוּף
careca (adj)	ke'reaχ	קֵירֵחַ
calva (f)	ka'raχat	קָרַחַת (נ)
rabo-de-cavalo (m)	'kuku	קוּקוּ (ז)
franja (f)	'poni	פּוֹנִי (ז)

29. Corpo humano

Português	Transliteração	Hebraico
mão (f)	kaf yad	כַּף יָד (נ)
braço (m)	yad	יָד (נ)
dedo (m)	'etsba	אֶצְבַּע (נ)
dedo (m) do pé	'bohen	בּוֹהֶן (נ)
polegar (m)	agudal	אֲגוּדָל (ז)
dedo (m) mindinho	'zeret	זֶרֶת (נ)
unha (f)	tsi'poren	צִיפּוֹרֶן (ז)
punho (m)	egrof	אֶגְרוֹף (ז)
palma (f)	kaf yad	כַּף יָד (נ)
pulso (m)	'ʃoreʃ kaf hayad	שׁוֹרֶשׁ כַּף הַיָד (ז)
antebraço (m)	ama	אַמָה (נ)
cotovelo (m)	marpek	מַרְפֵּק (ז)
ombro (m)	katef	כָּתֵף (נ)
perna (f)	'regel	רֶגֶל (נ)
pé (m)	kaf 'regel	כַּף רֶגֶל (נ)
joelho (m)	'bereχ	בֶּרֶךְ (נ)
panturrilha (f)	ʃok	שׁוֹק (ז)
quadril (m)	yareχ	יָרֵךְ (ז)
calcanhar (m)	akev	עָקֵב (ז)
corpo (m)	guf	גוּף (ז)
barriga (f), ventre (m)	'beten	בֶּטֶן (נ)
peito (m)	χaze	חָזֶה (ז)
seio (m)	ʃad	שַׁד (ז)
lado (m)	tsad	צַד (ז)
costas (dorso)	gav	גַב (ז)
região (f) lombar	mot'nayim	מוֹתְנַיִים (ז"ר)
cintura (f)	'talya	טַלְיָה (נ)
umbigo (m)	tabur	טַבּוּר (ז)
nádegas (f pl)	aχo'rayim	אֲחוֹרַיִים (ז"ר)
traseiro (m)	yaʃvan	יַשְׁבָן (ז)
sinal (m), pinta (f)	nekudat χen	נְקוּדַת חֵן (נ)
sinal (m) de nascença	'ketem leida	כֶּתֶם לֵידָה (ז)
tatuagem (f)	ka'a'ku'a	קַעֲקוּעַ (ז)
cicatriz (f)	tsa'leket	צַלֶּקֶת (נ)

Vestuário & Acessórios

30. Roupa exterior. Casacos

roupa (f)	bgadim	בְּגָדִים (ז״ר)
roupa (f) exterior	levuʃ elyon	לְבוּש עֶלְיוֹן (ז)
roupa (f) de inverno	bigdei 'xoref	בִּגְדֵי חוֹרֶף (ז״ר)
sobretudo (m)	me'il	מְעִיל (ז)
casaco (m) de pele	me'il parva	מְעִיל פַּרְוָה (ז)
jaqueta (f) de pele	me'il parva katsar	מְעִיל פַּרְוָה קָצָר (ז)
casaco (m) acolchoado	me'il pux	מְעִיל פּוּךְ (ז)
casaco (m), jaqueta (f)	me'il katsar	מְעִיל קָצָר (ז)
impermeável (m)	me'il 'geʃem	מְעִיל גֶשֶם (ז)
a prova d'água	amid be'mayim	עָמִיד בְּמַיִם

31. Vestuário de homem & mulher

camisa (f)	xultsa	חוּלְצָה (נ)
calça (f)	mixna'sayim	מִכְנָסַיִים (ז״ר)
jeans (m)	mixnesei 'dʒins	מִכְנְסֵי ג׳ִינְס (ז״ר)
paletó, terno (m)	ʒaket	ז׳קֶט (ז)
terno (m)	xalifa	חֲלִיפָה (נ)
vestido (ex. ~ de noiva)	simla	שִׂמְלָה (נ)
saia (f)	xatsa'it	חֲצָאִית (נ)
blusa (f)	xultsa	חוּלְצָה (נ)
casaco (m) de malha	ʒaket 'tsemer	ז׳קֶט צֶמֶר (ז)
casaco, blazer (m)	ʒaket	ז׳קֶט (ז)
camiseta (f)	ti ʃert	טִי שֶרְט (ז)
short (m)	mixna'sayim ktsarim	מִכְנָסַיִים קְצָרִים (ז״ר)
training (m)	'trening	טְרֶנִינְג (ז)
roupão (m) de banho	xaluk raxatsa	חָלוּק רַחְצָה (ז)
pijama (m)	pi'dʒama	פִּיג׳ָ'מָה (נ)
suéter (m)	'sveder	סְווֶדֶר (ז)
pulôver (m)	afuda	אֲפוּדָה (נ)
colete (m)	vest	וֶסְט (ז)
fraque (m)	frak	פְרַאק (ז)
smoking (m)	tuk'sido	טוּקְסִידוֹ (ז)
uniforme (m)	madim	מַדִים (ז״ר)
roupa (f) de trabalho	bigdei avoda	בִּגְדֵי עֲבוֹדָה (ז״ר)
macacão (m)	sarbal	סַרְבָּל (ז)
jaleco (m), bata (f)	xaluk	חָלוּק (ז)

32. Vestuário. Roupa interior

roupa (f) íntima	levanim	לְבָנִים (ז"ר)
cueca boxer (f)	taxtonim	תַחְתוֹנִים (ז"ר)
calcinha (f)	taxtonim	תַחְתוֹנִים (ז"ר)
camiseta (f)	gufiya	גוּפִיָה (נ)
meias (f pl)	gar'bayim	גַרְבַּיִם (ז"ר)
camisola (f)	'ktonet 'laila	כֻּתוֹנֶת לַיְלָה (נ)
sutiã (m)	xaziya	חֲזִיָה (נ)
meias longas (f pl)	birkon	בִּרְכּוֹן (ז)
meias-calças (f pl)	garbonim	גַרְבּוֹנִים (ז"ר)
meias (~ de nylon)	garbei 'nailon	גַרְבֵּי נַיְלוֹן (ז"ר)
maiô (m)	'beged yam	בֶּגֶד יָם (ז)

33. Adereços de cabeça

chapéu (m), touca (f)	'kova	כּוֹבַע (ז)
chapéu (m) de feltro	'kova 'leved	כּוֹבַע לֶבֶד (ז)
boné (m) de beisebol	'kova 'beisbol	כּוֹבַע בֵּייסְבּוֹל (ז)
boina (~ italiana)	'kova mitsxiya	כּוֹבַע מִצְחִיָה (ז)
boina (ex. ~ basca)	baret	בֶּרֶט (ז)
capuz (m)	bardas	בַּרְדָס (ז)
chapéu panamá (m)	'kova 'tembel	כּוֹבַע טֶמְבֶּל (ז)
touca (f)	'kova 'gerev	כּוֹבַע גֶרֶב (ז)
lenço (m)	mit'paxat	מִטְפַּחַת (נ)
chapéu (m) feminino	'kova	כּוֹבַע (ז)
capacete (m) de proteção	kasda	קַסְדָה (נ)
bibico (m)	kumta	כּוּמְתָה (נ)
capacete (m)	kasda	קַסְדָה (נ)
chapéu-coco (m)	mig'ba'at me'u'gelet	מִגְבַּעַת מְעוּגֶלֶת (נ)
cartola (f)	tsi'linder	צִילִינְדֶר (ז)

34. Calçado

calçado (m)	han'ala	הַנְעָלָה (נ)
botinas (f pl), sapatos (m pl)	na'a'layim	נַעֲלַיִם (נ"ר)
sapatos (de salto alto, etc.)	na'a'layim	נַעֲלַיִם (נ"ר)
botas (f pl)	maga'fayim	מַגָפַיִם (ז"ר)
pantufas (f pl)	na'alei 'bayit	נַעֲלֵי בַּיִת (נ"ר)
tênis (~ Nike, etc.)	na'alei sport	נַעֲלֵי סְפּוֹרְט (נ"ר)
tênis (~ Converse)	na'alei sport	נַעֲלֵי סְפּוֹרְט (נ"ר)
sandálias (f pl)	sandalim	סַנְדָלִים (ז"ר)
sapateiro (m)	sandlar	סַנְדְלָר (ז)
salto (m)	akev	עָקֵב (ז)

par (m)	zug	זוּג (ז)
cadarço (m)	sroχ	שְׂרוֹךְ (ז)
amarrar os cadarços	lisroχ	לִשְׂרוֹךְ
calçadeira (f)	kaf na'a'layim	כַּף נַעֲלַיִם (נ)
graxa (f) para calçado	miʃχat na'a'layim	מִשְׁחַת נַעֲלַיִם (נ)

35. Têxtil. Tecidos

algodão (m)	kutna	כּוּתְנָה (נ)
de algodão	mikutna	מְכּוּתְנָה
linho (m)	piʃtan	פִּשְׁתָּן (ז)
de linho	mipiʃtan	מִפִּשְׁתָּן

seda (f)	'meʃi	מֶשִׁי (ז)
de seda	miʃyi	מְשִׁיִּי
lã (f)	'tsemer	צֶמֶר (ז)
de lã	tsamri	צַמְרִי

veludo (m)	ktifa	קְטִיפָה (נ)
camurça (f)	zamʃ	זָמְשׁ (ז)
veludo (m) cotelê	'korderoi	קוֹרְדָּרוֹי (ז)

nylon (m)	'nailon	נַיְילוֹן (ז)
de nylon	mi'nailon	מִנַּיְילוֹן
poliéster (m)	poli"ester	פּוֹלִיאֶסְטֶר (ז)
de poliéster	mipoli"ester	מִפּוֹלִיאֶסְטֶר

couro (m)	or	עוֹר (ז)
de couro	me'or	מֵעוֹר
pele (f)	parva	פַּרְוָה (נ)
de pele	miparva	מִפַּרְוָה

36. Acessórios pessoais

luva (f)	kfafot	כְּפָפוֹת (נ"ר)
mitenes (f pl)	kfafot	כְּפָפוֹת (נ"ר)
cachecol (m)	tsa'if	צָעִיף (ז)

óculos (m pl)	miʃka'fayim	מִשְׁקָפַיִם (ז"ר)
armação (f)	mis'geret	מִסְגֶּרֶת (נ)
guarda-chuva (m)	mitriya	מִטְרִיָּיה (נ)
bengala (f)	makel haliχa	מַקֵּל הֲלִיכָה (ז)
escova (f) para o cabelo	miv'reʃet se'ar	מִבְרֶשֶׁת שֵׂיעָר (נ)
leque (m)	menifa	מְנִיפָה (נ)

gravata (f)	aniva	עֲנִיבָה (נ)
gravata-borboleta (f)	anivat parpar	עֲנִיבַת פַּרְפַּר (נ)
suspensórios (m pl)	ktefiyot	כְּתֵפִיּוֹת (נ"ר)
lenço (m)	mimχata	מִמְחָטָה (נ)

| pente (m) | masrek | מַסְרֵק (ז) |
| fivela (f) para cabelo | sikat roʃ | סִיכַּת רֹאשׁ (נ) |

| grampo (m) | sikat se'ar | סִיכַּת שֵׂעָר (נ) |
| fivela (f) | avzam | אַבְזָם (ז) |

| cinto (m) | χagora | חֲגוֹרָה (נ) |
| alça (f) de ombro | retsu'at katef | רְצוּעַת כָּתֵף (נ) |

bolsa (f)	tik	תִּיק (ז)
bolsa (feminina)	tik	תִּיק (ז)
mochila (f)	tarmil	תַּרְמִיל (ז)

37. Vestuário. Diversos

moda (f)	ofna	אוֹפְנָה (נ)
na moda (adj)	ofnati	אוֹפְנָתִי
estilista (m)	me'atsev ofna	מְעַצֵּב אוֹפְנָה (ז)

colarinho (m)	tsavaron	צַוָּוארוֹן (ז)
bolso (m)	kis	כִּיס (ז)
de bolso	ʃel kis	שֶׁל כִּיס
manga (f)	ʃarvul	שַׁרְווּל (ז)
ganchinho (m)	mitle	מִתְלֶה (ז)
bragueta (f)	χanut	חֲנוּת (נ)

zíper (m)	roχsan	רוֹכְסָן (ז)
colchete (m)	'keres	קֶרֶס (ז)
botão (m)	kaftor	כַּפְתּוֹר (ז)
botoeira (casa de botão)	lula'a	לוּלָאָה (נ)
soltar-se (vr)	lehitaleʃ	לְהִיתָּלֵשׁ

costurar (vi)	litpor	לִתְפּוֹר
bordar (vt)	lirkom	לִרְקוֹם
bordado (m)	rikma	רִקְמָה (נ)
agulha (f)	'maχat tfira	מַחַט תְּפִירָה (נ)
fio, linha (f)	χut	חוּט (ז)
costura (f)	'tefer	תֶּפֶר (ז)

sujar-se (vr)	lehitlaχleχ	לְהִתְלַכְלֵךְ
mancha (f)	'ketem	כֶּתֶם (ז)
amarrotar-se (vr)	lehitkamet	לְהִתְקַמֵּט
rasgar (vt)	lik'ro'a	לִקְרוֹעַ
traça (f)	aʃ	עָשׁ (ז)

38. Cuidados pessoais. Cosméticos

pasta (f) de dente	miʃχat ʃi'nayim	מִשְׁחַת שִׁינַּיִים (נ)
escova (f) de dente	miv'reʃet ʃi'nayim	מִבְרֶשֶׁת שִׁינַּיִים (נ)
escovar os dentes	letsaχ'tseaχ ʃi'nayim	לְצַחְצֵחַ שִׁינַּיִים

gilete (f)	'ta'ar	תַּעַר (ז)
creme (m) de barbear	'ketsef gi'luaχ	קֶצֶף גִּילּוּחַ (ז)
barbear-se (vr)	lehitga'leaχ	לְהִתְגַּלֵּחַ
sabonete (m)	sabon	סַבּוֹן (ז)

xampu (m)	ʃampu	שַׁמְפּוּ (ז)
tesoura (f)	mispa'rayim	מִסְפָּרַיִם (ז"ר)
lixa (f) de unhas	ptsira	פְּצִירָה (נ)
corta-unhas (m)	gozez tsipor'nayim	גּוֹזֵז צִיפּוֹרְנַיִים (ז)
pinça (f)	pin'tseta	פִּינְצֶטָה (נ)
cosméticos (m pl)	tamrukim	תַּמְרוּקִים (ז"ר)
máscara (f)	maseχa	מַסֵכָה (נ)
manicure (f)	manikur	מָנִיקוּר (ז)
fazer as unhas	la'asot manikur	לַעֲשׂוֹת מָנִיקוּר
pedicure (f)	pedikur	פֶּדִיקוּר (ז)
bolsa (f) de maquiagem	tik ipur	תִּיק אִיפּוּר (ז)
pó (de arroz)	'pudra	פּוּדְרָה (נ)
pó (m) compacto	pudriya	פּוּדְרִיָּה (נ)
blush (m)	'somek	סוֹמֶק (ז)
perfume (m)	'bosem	בּוֹשֶׂם (ז)
água-de-colônia (f)	mei 'bosem	מֵי בּוֹשֶׂם (ז"ר)
loção (f)	mei panim	מֵי פָּנִים (ז"ר)
colônia (f)	mei 'bosem	מֵי בּוֹשֶׂם (ז"ר)
sombra (f) de olhos	tslalit	צְלָלִית (נ)
delineador (m)	ai 'lainer	אַיי לַיינֶר (ז)
máscara (f), rímel (m)	'maskara	מַסְקָרָה (נ)
batom (m)	sfaton	שְׂפָתוֹן (ז)
esmalte (m)	'laka letsipor'nayim	לַכָּה לְצִיפּוֹרְנַיִים (נ)
laquê (m), spray fixador (m)	tarsis lese'ar	תַּרְסִיס לְשֵׂיעָר (ז)
desodorante (m)	de'odo'rant	דָּאוֹדוֹרַנְט (ז)
creme (m)	krem	קְרֶם (ז)
creme (m) de rosto	krem panim	קְרֶם פָּנִים (ז)
creme (m) de mãos	krem ya'dayim	קְרֶם יָדַיִים (ז)
creme (m) antirrugas	krem 'neged kmatim	קְרֶם נֶגֶד קְמָטִים (ז)
creme (m) de dia	krem yom	קְרֶם יוֹם (ז)
creme (m) de noite	krem 'laila	קְרֶם לַיְלָה (ז)
de dia	yomi	יוֹמִי
da noite	leili	לֵילִי
absorvente (m) interno	tampon	טַמְפּוֹן (ז)
papel (m) higiênico	neyar tu'alet	נְיַיר טוּאָלֶט (ז)
secador (m) de cabelo	meyabeʃ se'ar	מְייַבֵּשׁ שֵׂיעָר (ז)

39. Joalheria

joias (f pl)	taχʃitim	תַּכְשִׁיטִים (ז"ר)
precioso (adj)	yekar 'ereχ	יְקַר עֵרֶךְ
marca (f) de contraste	tav tsorfim, bχina	תָּו צוֹרְפִים (ז), בְּחִינָה (נ)
anel (m)	ta'ba'at	טַבַּעַת (נ)
aliança (f)	ta'ba'at nisu'in	טַבַּעַת נִישׂוּאִין (נ)
pulseira (f)	tsamid	צָמִיד (ז)
brincos (m pl)	agilim	עֲגִילִים (ז"ר)

colar (m)	maχ'rozet	מַחֲרוֹזֶת (נ)
coroa (f)	'keter	כֶּתֶר (ז)
colar (m) de contas	maχ'rozet	מַחֲרוֹזֶת (נ)

diamante (m)	yahalom	יַהֲלוֹם (ז)
esmeralda (f)	ba'reket	בָּרֶקֶת (נ)
rubi (m)	'odem	אוֹדֶם (ז)
safira (f)	sapir	סַפִּיר (ז)
pérola (f)	pnina	פְּנִינָה (נ)
âmbar (m)	inbar	עִנְבָּר (ז)

40. Relógios de pulso. Relógios

relógio (m) de pulso	ʃe'on yad	שְׁעוֹן יָד (ז)
mostrador (m)	'luaχ ʃa'on	לוּחַ שָׁעוֹן (ז)
ponteiro (m)	maχog	מָחוֹג (ז)
bracelete (em aço)	tsamid	צָמִיד (ז)
bracelete (em couro)	retsu'a leʃa'on	רְצוּעָה לְשָׁעוֹן (נ)

pilha (f)	solela	סוֹלְלָה (נ)
acabar (vi)	lehitroken	לְהִתְרוֹקֵן
trocar a pilha	lehaχlif	לְהַחֲלִיף
estar adiantado	lemaher	לְמַהֵר
estar atrasado	lefager	לְפַגֵּר

relógio (m) de parede	ʃe'on kir	שְׁעוֹן קִיר (ז)
ampulheta (f)	ʃe'on χol	שְׁעוֹן חוֹל (ז)
relógio (m) de sol	ʃe'on 'ʃemeʃ	שְׁעוֹן שֶׁמֶשׁ (ז)
despertador (m)	ʃa'on me'orer	שְׁעוֹן מְעוֹרֵר (ז)
relojoeiro (m)	ʃa'an	שָׁעָן (ז)
reparar (vt)	letaken	לְתַקֵּן

Alimentação. Nutrição

41. Comida

carne (f)	basar	בָּשָׂר (ז)
galinha (f)	of	עוֹף (ז)
frango (m)	pargit	פַּרְגִּית (נ)
pato (m)	barvaz	בַּרְוָז (ז)
ganso (m)	avaz	אַוָּז (ז)
caça (f)	'tsayid	צַיִד (ז)
peru (m)	'hodu	הוֹדוּ (ז)

carne (f) de porco	basar χazir	בָּשָׂר חֲזִיר (ז)
carne (f) de vitela	basar 'egel	בָּשָׂר עֵגֶל (ז)
carne (f) de carneiro	basar 'keves	בָּשָׂר כֶּבֶשׂ (ז)
carne (f) de vaca	bakar	בָּקָר (ז)
carne (f) de coelho	arnav	אַרְנָב (ז)

linguiça (f), salsichão (m)	naknik	נַקְנִיק (ז)
salsicha (f)	naknikiya	נַקְנִיקִיָּה (נ)
bacon (m)	'kotel χazir	קוֹתֶל חֲזִיר (ז)
presunto (m)	basar χazir me'uʃan	בָּשָׂר חֲזִיר מְעוּשָׁן (ז)
pernil (m) de porco	'kotel χazir me'uʃan	קוֹתֶל חֲזִיר מְעוּשָׁן (ז)

patê (m)	pate	פָּטֶה (ז)
fígado (m)	kaved	כָּבֵד (ז)
guisado (m)	basar taχun	בָּשָׂר טָחוּן (ז)
língua (f)	laʃon	לָשׁוֹן (נ)

ovo (m)	beitsa	בֵּיצָה (נ)
ovos (m pl)	beitsim	בֵּיצִים (ז"ר)
clara (f) de ovo	χelbon	חֶלְבּוֹן (ז)
gema (f) de ovo	χelmon	חֶלְמוֹן (ז)

peixe (m)	dag	דָּג (ז)
mariscos (m pl)	perot yam	פֵּירוֹת יָם (ז"ר)
crustáceos (m pl)	sartana'im	סַרְטָנָאִים (ז"ר)
caviar (m)	kavyar	קָוִויאָר (ז)

caranguejo (m)	sartan yam	סַרְטָן יָם (ז)
camarão (m)	ʃrimps	שְׁרִימְפְּס (ז"ר)
ostra (f)	tsidpat ma'aχal	צִדְפַּת מַאֲכָל (נ)
lagosta (f)	'lobster kotsani	לוֹבְּסְטֶר קוֹצָנִי (ז)
polvo (m)	tamnun	תַּמְנוּן (ז)
lula (f)	kala'mari	קָלָמָארִי (ז)

esturjão (m)	basar haχidkan	בָּשָׂר הַחִדְקָן (ז)
salmão (m)	'salmon	סַלְמוֹן (ז)
halibute (m)	putit	פּוּטִית (נ)
bacalhau (m)	ʃibut	שִׁיבּוּט (ז)

cavala, sarda (f)	kolyas	קוֹלְיָס (ז)
atum (m)	'tuna	טוּנָה (נ)
enguia (f)	tslofaχ	צְלוֹפָח (ז)
truta (f)	forel	פוֹרֶל (ז)
sardinha (f)	sardin	סַרְדִּין (ז)
lúcio (m)	ze'ev 'mayim	זְאֵב מַיִם (ז)
arenque (m)	ma'liaχ	מָלִיחַ (ז)
pão (m)	'leχem	לֶחֶם (ז)
queijo (m)	gvina	גְּבִינָה (נ)
açúcar (m)	sukar	סוּכָּר (ז)
sal (m)	'melaχ	מֶלַח (ז)
arroz (m)	'orez	אוֹרֶז (ז)
massas (f pl)	'pasta	פַּסְטָה (נ)
talharim, miojo (m)	irtiyot	אִטְרִיּוֹת (נ״ר)
manteiga (f)	χem'a	חֶמְאָה (נ)
óleo (m) vegetal	'ʃemen tsimχi	שֶׁמֶן צִמְחִי (ז)
óleo (m) de girassol	'ʃemen χamaniyot	שֶׁמֶן חַמָּנִיּוֹת (ז)
margarina (f)	marga'rina	מַרְגָּרִינָה (נ)
azeitonas (f pl)	zeitim	זֵיתִים (ז״ר)
azeite (m)	'ʃemen 'zayit	שֶׁמֶן זַיִת (ז)
leite (m)	χalav	חָלָב (ז)
leite (m) condensado	χalav merukaz	חָלָב מְרֻכָּז (ז)
iogurte (m)	'yogurt	יוֹגוּרְט (ז)
creme (m) azedo	ʃa'menet	שַׁמֶּנֶת (נ)
creme (m) de leite	ʃa'menet	שַׁמֶּנֶת (נ)
maionese (f)	mayonez	מָיוֹנֵז (ז)
creme (m)	ka'tsefet χem'a	קַצֶּפֶת חֶמְאָה (נ)
grãos (m pl) de cereais	grisim	גְּרִיסִים (ז״ר)
farinha (f)	'kemaχ	קֶמַח (ז)
enlatados (m pl)	ʃimurim	שִׁימּוּרִים (ז״ר)
flocos (m pl) de milho	ptitei 'tiras	פְּתִיתֵי תִּירָס (ז״ר)
mel (m)	dvaʃ	דְּבַשׁ (ז)
geleia (m)	riba	רִיבָּה (נ)
chiclete (m)	'mastik	מַסְטִיק (ז)

42. Bebidas

água (f)	'mayim	מַיִם (ז״ר)
água (f) potável	mei ʃtiya	מֵי שְׁתִיָּה (ז״ר)
água (f) mineral	'mayim mine'raliyim	מַיִם מִינֶרָלִיִּים (ז״ר)
sem gás (adj)	lo mugaz	לֹא מוּגָז
gaseificada (adj)	mugaz	מוּגָז
com gás	mugaz	מוּגָז
gelo (m)	'keraχ	קֶרַח (ז)

com gelo	im 'kerax	עִם קֶרַח
não alcoólico (adj)	natul alkohol	נָטוּל אַלְכּוֹהוֹל
refrigerante (m)	maʃke kal	מַשְׁקֶה קַל (ז)
refresco (m)	maʃke meraʻanen	מַשְׁקֶה מְרַעֲנֵן (ז)
limonada (f)	limo'nada	לִימוֹנָדָה (נ)

bebidas (f pl) alcoólicas	maʃka'ot xarifim	מַשְׁקָאוֹת חֲרִיפִים (ז"ר)
vinho (m)	'yayin	יַיִן (ז)
vinho (m) branco	'yayin lavan	יַיִן לָבָן (ז)
vinho (m) tinto	'yayin adom	יַיִן אָדוֹם (ז)

licor (m)	liker	לִיקֶר (ז)
champanhe (m)	ʃam'panya	שַׁמְפַּנְיָה (נ)
vermute (m)	'vermut	וֶרְמוּט (ז)

uísque (m)	'viski	וִיסְקִי (ז)
vodca (f)	'vodka	ווֹדְקָה (נ)
gim (m)	dʒin	גִ'ין (ז)
conhaque (m)	'konyak	קוֹנְיָאק (ז)
rum (m)	rom	רוֹם (ז)

café (m)	kafe	קָפֶה (ז)
café (m) preto	kafe ʃaxor	קָפֶה שָׁחוֹר (ז)
café (m) com leite	kafe hafux	קָפֶה הָפוּךְ (ז)
cappuccino (m)	kapu'tʃino	קָפוּצִ'ינוֹ (ז)
café (m) solúvel	kafe names	קָפֶה נָמֵס (ז)

leite (m)	xalav	חָלָב (ז)
coquetel (m)	kokteil	קוֹקְטֵיל (ז)
batida (f), milkshake (m)	'milkʃeik	מִילְקְשַׁיְיק (ז)

suco (m)	mits	מִיץ (ז)
suco (m) de tomate	mits agvaniyot	מִיץ עַגְבָנִיּוֹת (ז)
suco (m) de laranja	mits tapuzim	מִיץ תַּפּוּזִים (ז)
suco (m) fresco	mits saxut	מִיץ סָחוּט (ז)

cerveja (f)	'bira	בִּירָה (נ)
cerveja (f) clara	'bira bahira	בִּירָה בָּהִירָה (נ)
cerveja (f) preta	'bira keha	בִּירָה כֵּהָה (נ)

chá (m)	te	תֵּה (ז)
chá (m) preto	te ʃaxor	תֵּה שָׁחוֹר (ז)
chá (m) verde	te yarok	תֵּה יָרֹק (ז)

43. Vegetais

| vegetais (m pl) | yerakot | יְרָקוֹת (ז"ר) |
| verdura (f) | 'yerek | יָרָק (ז) |

tomate (m)	agvaniya	עַגְבָנִיָּה (נ)
pepino (m)	melafefon	מְלָפְפוֹן (ז)
cenoura (f)	'gezer	גֶּזֶר (ז)
batata (f)	ta'puax adama	תַּפּוּחַ אֲדָמָה (ז)
cebola (f)	batsal	בָּצָל (ז)

alho (m)	ʃum	שׁוּם (ז)
couve (f)	kruv	פְּרוּב (ז)
couve-flor (f)	kruvit	כְּרוּבִית (נ)
couve-de-bruxelas (f)	kruv niʦanim	כְּרוּב נִצָּנִים (ז)
brócolis (m pl)	'brokoli	בְּרוֹקוֹלִי (ז)

beterraba (f)	'selek	סֶלֶק (ז)
berinjela (f)	χaʦil	חָצִיל (ז)
abobrinha (f)	kiʃu	קִישׁוּא (ז)
abóbora (f)	'dla'at	דְּלַעַת (נ)
nabo (m)	'lefet	לֶפֶת (נ)

salsa (f)	petro'zilya	פֶּטְרוֹזִילְיָה (נ)
endro, aneto (m)	ʃamir	שָׁמִיר (ז)
alface (f)	'χasa	חַסָּה (נ)
aipo (m)	'seleri	סֶלֶרִי (ז)
aspargo (m)	aspa'ragos	אַסְפָּרָגוֹס (ז)
espinafre (m)	'tered	תֶּרֶד (ז)

ervilha (f)	afuna	אֲפוּנָה (נ)
feijão (~ soja, etc.)	pol	פּוֹל (ז)
milho (m)	'tiras	תִּירָס (ז)
feijão (m) roxo	ʃu'it	שְׁעוּעִית (נ)

pimentão (m)	'pilpel	פִּלְפֵּל (ז)
rabanete (m)	ʦnonit	צְנוֹנִית (נ)
alcachofra (f)	artiʃok	אַרְטִישׁוֹק (ז)

44. Frutos. Nozes

fruta (f)	pri	פְּרִי (ז)
maçã (f)	ta'puaχ	תַּפּוּחַ (ז)
pera (f)	agas	אַגָּס (ז)
limão (m)	limon	לִימוֹן (ז)
laranja (f)	tapuz	תַּפּוּז (ז)
morango (m)	tut sade	תּוּת שָׂדֶה (ז)

tangerina (f)	klemen'tina	קְלֶמֶנְטִינָה (נ)
ameixa (f)	ʃezif	שְׁזִיף (ז)
pêssego (m)	afarsek	אֲפַרְסֵק (ז)
damasco (m)	'miʃmeʃ	מִשְׁמֵשׁ (ז)
framboesa (f)	'petel	פֶּטֶל (ז)
abacaxi (m)	'ananas	אָנָנָס (ז)

banana (f)	ba'nana	בַּנָנָה (נ)
melancia (f)	ava'tiaχ	אֲבַטִּיחַ (ז)
uva (f)	anavim	עֲנָבִים (ז"ר)
ginja (f)	duvdevan	דוּבְדְּבָן (ז)
cereja (f)	gudgedan	גּוּדְגְּדָן (ז)
melão (m)	melon	מֵלוֹן (ז)

toranja (f)	eʃkolit	אֶשְׁכּוֹלִית (נ)
abacate (m)	avo'kado	אֲבוֹקָדוֹ (ז)
mamão (m)	pa'paya	פַּפָּאיָה (נ)

| manga (f) | 'mango | מַנגּוֹ (ז) |
| romã (f) | rimon | רִימוֹן (ז) |

groselha (f) vermelha	dumdemanit aduma	דוּמדְּמָנִית אֲדוּמָה (נ)
groselha (f) negra	dumdemanit ʃχora	דוּמדְּמָנִית שׁחוֹרָה (נ)
groselha (f) espinhosa	χazarzar	חֲזַרזַר (ז)
mirtilo (m)	uχmanit	אוּכמָנִית (נ)
amora (f) silvestre	'petel ʃaχor	פֶּטֶל שָׁחוֹר (ז)

passa (f)	tsimukim	צִימוּקִים (ז"ר)
figo (m)	te'ena	תְּאֵנָה (נ)
tâmara (f)	tamar	תָּמָר (ז)

amendoim (m)	botnim	בּוֹטנִים (ז"ר)
amêndoa (f)	ʃaked	שָׁקֵד (ז)
noz (f)	egoz 'meleχ	אֱגוֹז מֶלֶךְ (ז)
avelã (f)	egoz ilsar	אֱגוֹז אִלסָר (ז)
coco (m)	'kokus	קוֹקוּס (ז)
pistaches (m pl)	'fistuk	פִּיסטוּק (ז)

45. Pão. Bolaria

pastelaria (f)	mutsrei kondi'torya	מוּצרֵי קוֹנדִּיטוֹריָה (ז"ר)
pão (m)	'leχem	לֶחֶם (ז)
biscoito (m), bolacha (f)	ugiya	עוּגִיָה (נ)

chocolate (m)	'ʃokolad	שׁוֹקוֹלָד (ז)
de chocolate	mi'ʃokolad	מְשׁוֹקוֹלָד
bala (f)	sukariya	סוּכָּרִייָה (נ)
doce (bolo pequeno)	uga	עוּגָה (נ)
bolo (m) de aniversário	uga	עוּגָה (נ)

| torta (f) | pai | פָּאי (ז) |
| recheio (m) | milui | מִילוּי (ז) |

geleia (m)	riba	רִיבָּה (נ)
marmelada (f)	marme'lada	מַרמֶלָדָה (נ)
wafers (m pl)	'vaflim	וַפלִים (ז"ר)
sorvete (m)	'glida	גלִידָה (נ)
pudim (m)	'puding	פּוּדִינג (ז)

46. Pratos cozinhados

prato (m)	mana	מָנָה (נ)
cozinha (~ portuguesa)	mitbaχ	מִטבָּח (ז)
receita (f)	matkon	מַתכּוֹן (ז)
porção (f)	mana	מָנָה (נ)

salada (f)	salat	סָלָט (ז)
sopa (f)	marak	מָרָק (ז)
caldo (m)	marak tsaχ, tsir	מָרָק צַח, צִיר (ז)
sanduíche (m)	kariχ	כָּרִיךְ (ז)

ovos (m pl) fritos	beitsat ain	בֵּיצַת עַיִן (נ)
hambúrguer (m)	'hamburger	הַמְבּוּרְגֶּר (ז)
bife (m)	umtsa, steik	אוּמְצָה (נ), סְטֵייק (ז)

acompanhamento (m)	to'sefet	תּוֹסֶפֶת (נ)
espaguete (m)	spa'geti	סְפַּגֶּטִי (ז)
purê (m) de batata	meχit tapuχei adama	מְחִית תַּפּוּחֵי אֲדָמָה (נ)
pizza (f)	'pitsa	פִּיצָה (נ)
mingau (m)	daysa	דַּייְסָה (נ)
omelete (f)	χavita	חֲבִיתָה (נ)

fervido (adj)	mevuʃal	מְבוּשָׁל
defumado (adj)	me'uʃan	מְעוּשָׁן
frito (adj)	metugan	מְטוּגָּן
seco (adj)	meyubaʃ	מְיוּבָּש
congelado (adj)	kafu	קָפוּא
em conserva (adj)	kavuʃ	כָּבוּש

doce (adj)	matok	מָתוֹק
salgado (adj)	ma'luaχ	מָלוּחַ
frio (adj)	kar	קַר
quente (adj)	χam	חַם
amargo (adj)	marir	מָרִיר
gostoso (adj)	ta'im	טָעִים

cozinhar em água fervente	levaʃel be'mayim rotχim	לְבַשֵּׁל בְּמַיִם רוֹתְחִים
preparar (vt)	levaʃel	לְבַשֵּׁל
fritar (vt)	letagen	לְטַגֵּן
aquecer (vt)	leχamem	לְחַמֵּם

salgar (vt)	leham'liaχ	לְהַמְלִיחַ
apimentar (vt)	lefalpel	לְפַלְפֵּל
ralar (vt)	lerasek	לְרַסֵּק
casca (f)	klipa	קְלִיפָּה (נ)
descascar (vt)	lekalef	לְקַלֵּף

47. Especiarias

sal (m)	'melaχ	מֶלַח (ז)
salgado (adj)	ma'luaχ	מָלוּחַ
salgar (vt)	leham'liaχ	לְהַמְלִיחַ

pimenta-do-reino (f)	'pilpel ʃaχor	פִּלְפֵּל שָׁחוֹר (ז)
pimenta (f) vermelha	'pilpel adom	פִּלְפֵּל אָדוֹם (ז)
mostarda (f)	χardal	חַרְדָּל (ז)
raiz-forte (f)	χa'zeret	חֲזֶרֶת (נ)

condimento (m)	'rotev	רוֹטֶב (ז)
especiaria (f)	tavlin	תַּבְלִין (ז)
molho (~ inglês)	'rotev	רוֹטֶב (ז)
vinagre (m)	'χomets	חוֹמֶץ (ז)

anis estrelado (m)	kamnon	כַּמְנוֹן (ז)
manjericão (m)	reχan	רֵיחָן (ז)

cravo (m)	tsi'poren	צִיפּוֹרֶן (ז)
gengibre (m)	'dʒindʒer	ג׳ינג׳ר (ז)
coentro (m)	'kusbara	כּוּסְבָּרָה (נ)
canela (f)	kinamon	קִינָמוֹן (ז)

gergelim (m)	'ʃumʃum	שׁוּמְשׁוּם (ז)
folha (f) de louro	ale dafna	עֲלֵה דַפְנָה (ז)
páprica (f)	'paprika	פַּפְּרִיקָה (נ)
cominho (m)	'kimel	קִימֶל (ז)
açafrão (m)	ze'afran	זַעְפְרָן (ז)

48. Refeições

comida (f)	'oχel	אוֹכֶל (ז)
comer (vt)	le'eχol	לֶאֱכוֹל

café (m) da manhã	aruχat 'boker	אֲרוּחַת בּוֹקֶר (נ)
tomar café da manhã	le'eχol aruχat 'boker	לֶאֱכוֹל אֲרוּחַת בּוֹקֶר
almoço (m)	aruχat tsaha'rayim	אֲרוּחַת צָהֳרַיִים (נ)
almoçar (vi)	le'eχol aruχat tsaha'rayim	לֶאֱכוֹל אֲרוּחַת צָהֳרַיִים
jantar (m)	aruχat 'erev	אֲרוּחַת עֶרֶב (נ)
jantar (vi)	le'eχol aruχat 'erev	לֶאֱכוֹל אֲרוּחַת עֶרֶב

apetite (m)	te'avon	תֵיאָבוֹן (ז)
Bom apetite!	betei'avon!	בְּתֵיאָבוֹן!

abrir (~ uma lata, etc.)	lif'toaχ	לִפְתּוֹחַ
derramar (~ líquido)	liʃpoχ	לִשְׁפּוֹךְ
derramar-se (vr)	lehiʃapeχ	לְהִישָׁפֵךְ

ferver (vi)	lir'toaχ	לִרְתּוֹחַ
ferver (vt)	lehar'tiaχ	לְהַרְתִּיחַ
fervido (adj)	ra'tuaχ	רָתוּחַ

esfriar (vt)	lekarer	לְקָרֵר
esfriar-se (vr)	lehitkarer	לְהִתְקָרֵר

sabor, gosto (m)	'ta'am	טַעַם (ז)
fim (m) de boca	'ta'am levai	טַעַם לְוַואי (ז)

emagrecer (vi)	lirzot	לִרְזוֹת
dieta (f)	di"eta	דִיאֶטָה (נ)
vitamina (f)	vitamin	וִיטָמִין (ז)
caloria (f)	ka'lorya	קָלוֹרְיָה (נ)

vegetariano (m)	tsimχoni	צִמְחוֹנִי (ז)
vegetariano (adj)	tsimχoni	צִמְחוֹנִי

gorduras (f pl)	ʃumanim	שׁוּמָנִים (ז"ר)
proteínas (f pl)	χelbonim	חֶלְבּוֹנִים (ז"ר)
carboidratos (m pl)	paχmema	פַּחְמִימָה (נ)
fatia (~ de limão, etc.)	prusa	פְרוּסָה (נ)
pedaço (~ de bolo)	χatiχa	חֲתִיכָה (נ)
migalha (f), farelo (m)	perur	פֵּירוּר (ז)

49. Por a mesa

colher (f)	kaf	כַּף (ז)
faca (f)	sakin	סַכִּין (ז, נ)
garfo (m)	mazleg	מַזְלֵג (ז)

xícara (f)	'sefel	סֵפֶל (ז)
prato (m)	tsa'laχat	צַלַּחַת (נ)
pires (m)	taχtit	תַּחְתִּית (נ)
guardanapo (m)	mapit	מַפִּית (נ)
palito (m)	keisam ʃi'nayim	קֵיסָם שִׁינַּיִים (ז)

50. Restaurante

restaurante (m)	mis'ada	מִסְעָדָה (נ)
cafeteria (f)	beit kafe	בֵּית קָפֶה (ז)
bar (m), cervejaria (f)	bar, pab	בָּר, פָּאב (ז)
salão (m) de chá	beit te	בֵּית תֶּה (ז)

garçom (m)	meltsar	מֶלְצָר (ז)
garçonete (f)	meltsarit	מֶלְצָרִית (נ)
barman (m)	'barmen	בַּרְמֶן (ז)

cardápio (m)	tafrit	תַּפְרִיט (ז)
lista (f) de vinhos	reʃimat yeynot	רְשִׁימַת יֵינוֹת (נ)
reservar uma mesa	lehazmin ʃulχan	לְהַזְמִין שׁוּלְחָן

prato (m)	mana	מָנָה (נ)
pedir (vt)	lehazmin	לְהַזְמִין
fazer o pedido	lehazmin	לְהַזְמִין

aperitivo (m)	maʃke meta'aven	מַשְׁקֶה מְתַאֲבֵן (ז)
entrada (f)	meta'aven	מְתַאֲבֵן (ז)
sobremesa (f)	ki'nuaχ	קִינּוּחַ (ז)

conta (f)	χeʃbon	חֶשְׁבּוֹן (ז)
pagar a conta	leʃalem	לְשַׁלֵּם
dar o troco	latet 'odef	לָתֵת עוֹדֶף
gorjeta (f)	tip	טִיפּ (ז)

Família, parentes e amigos

51. Informação pessoal. Formulários

nome (m)	ʃem	שֵׁם (ז)
sobrenome (m)	ʃem miʃpaχa	שֵׁם מִשְׁפָּחָה (ז)
data (f) de nascimento	ta'ariχ leda	תַּאֲרִיךְ לֵידָה (ז)
local (m) de nascimento	mekom leda	מְקוֹם לֵידָה (ז)
nacionalidade (f)	le'om	לְאוֹם (ז)
lugar (m) de residência	mekom megurim	מְקוֹם מְגוּרִים (ז)
país (m)	medina	מְדִינָה (נ)
profissão (f)	mik'tso'a	מִקְצוֹעַ (ז)
sexo (m)	min	מִין (ז)
estatura (f)	'gova	גּוֹבַה (ז)
peso (m)	miʃkal	מִשְׁקָל (ז)

52. Membros da família. Parentes

mãe (f)	em	אֵם (נ)
pai (m)	av	אָב (ז)
filho (m)	ben	בֵּן (ז)
filha (f)	bat	בַּת (נ)
caçula (f)	habat haktana	הַבַּת הַקְּטַנָּה (נ)
caçula (m)	haben hakatan	הַבֵּן הַקָּטָן (ז)
filha (f) mais velha	habat habχora	הַבַּת הַבְּכוֹרָה (נ)
filho (m) mais velho	haben habχor	הַבֵּן הַבְּכוֹר (ז)
irmão (m)	aχ	אָח (ז)
irmão (m) mais velho	aχ gadol	אָח גָּדוֹל (ז)
irmão (m) mais novo	aχ katan	אָח קָטָן (ז)
irmã (f)	aχot	אָחוֹת (נ)
irmã (f) mais velha	aχot gdola	אָחוֹת גְדוֹלָה (נ)
irmã (f) mais nova	aχot ktana	אָחוֹת קְטַנָּה (נ)
primo (m)	ben dod	בֶּן דוֹד (ז)
prima (f)	bat 'doda	בַּת דּוֹדָה (נ)
mamãe (f)	'ima	אִמָּא (נ)
papai (m)	'aba	אַבָּא (ז)
pais (pl)	horim	הוֹרִים (ז"ר)
criança (f)	'yeled	יֶלֶד (ז)
crianças (f pl)	yeladim	יְלָדִים (ז"ר)
avó (f)	'savta	סָבְתָא (נ)
avô (m)	'saba	סָבָּא (ז)
neto (m)	'neχed	נֶכֶד (ז)

neta (f)	neχda	נֶבְדָּה (נ)
netos (pl)	neχadim	נְבָדִים (ז"ר)

tio (m)	dod	דּוֹד (ז)
tia (f)	'doda	דּוֹדָה (נ)
sobrinho (m)	aχyan	אַחְיָין (ז)
sobrinha (f)	aχyanit	אַחְיָינִית (נ)

sogra (f)	χamot	חָמוֹת (נ)
sogro (m)	χam	חָם (ז)
genro (m)	χatan	חָתָן (ז)
madrasta (f)	em χoreget	אֵם חוֹרֶגֶת (נ)
padrasto (m)	av χoreg	אָב חוֹרֵג (ז)

criança (f) de colo	tinok	תִּינוֹק (ז)
bebê (m)	tinok	תִּינוֹק (ז)
menino (m)	pa'ot	פָּעוֹט (ז)

mulher (f)	iʃa	אִשָּׁה (נ)
marido (m)	'ba'al	בַּעַל (ז)
esposo (m)	ben zug	בֶּן זוּג (ז)
esposa (f)	bat zug	בַּת זוּג (נ)

casado (adj)	nasui	נָשׂוּי
casada (adj)	nesu'a	נְשׂוּאָה
solteiro (adj)	ravak	רַוָּק
solteirão (m)	ravak	רַוָּק (ז)
divorciado (adj)	garuʃ	גָּרוּשׁ
viúva (f)	almana	אַלְמָנָה (נ)
viúvo (m)	alman	אַלְמָן (ז)

parente (m)	karov miʃpaχa	קָרוֹב מִשְׁפָּחָה (ז)
parente (m) próximo	karov miʃpaχa	קָרוֹב מִשְׁפָּחָה (ז)
parente (m) distante	karov raχok	קָרוֹב רָחוֹק (ז)
parentes (m pl)	krovei miʃpaχa	קְרוֹבֵי מִשְׁפָּחָה (ז"ר)

órfão (m), órfã (f)	yatom	יָתוֹם (ז)
órfão (m)	yatom	יָתוֹם (ז)
órfã (f)	yetoma	יְתוֹמָה (נ)
tutor (m)	apo'tropos	אַפּוֹטְרוֹפּוֹס (ז)
adotar (um filho)	le'amets	לְאַמֵּץ
adotar (uma filha)	le'amets	לְאַמֵּץ

53. Amigos. Colegas de trabalho

amigo (m)	χaver	חָבֵר (ז)
amiga (f)	χavera	חֲבֵרָה (נ)
amizade (f)	yedidut	יְדִידוּת (נ)
ser amigos	lihyot yadidim	לִהְיוֹת יָדִידִים
parceiro (m)	ʃutaf	שׁוּתָף (ז)

chefe (m)	menahel, roʃ	מְנַהֵל (ז), רֹאשׁ (ז)
superior (m)	memune	מְמוּנֶה (ז)
proprietário (m)	be'alim	בְּעָלִים (ז)

subordinado (m)	kafuf le	כָּפוּף ל (ז)
colega (m, f)	amit	עָמִית (ז)

conhecido (m)	makar	מַכָּר (ז)
companheiro (m) de viagem	ben levaya	בֶּן לְוָיָה (ז)
colega (m) de classe	χaver lekita	חָבֵר לְכִּיתָה (ז)

vizinho (m)	ʃaχen	שָׁכֵן (ז)
vizinha (f)	ʃχena	שְׁכֵנָה (נ)
vizinhos (pl)	ʃχenim	שְׁכֵנִים (ז"ר)

54. Homem. Mulher

mulher (f)	iʃa	אִשָׁה (נ)
menina (f)	baχura	בָּחוּרָה (נ)
noiva (f)	kala	כַּלָה (נ)

bonita, bela (adj)	yafa	יָפָה
alta (adj)	gvoha	גְבוֹהָה
esbelta (adj)	tmira	תְמִירָה
baixa (adj)	namuχ	נָמוּך

loira (f)	blon'dinit	בְּלוֹנְדִינִית (נ)
morena (f)	bru'netit	בְּרוּנֶטִית (נ)

de senhora	ʃel naʃim	שֶׁל נָשִׁים
virgem (f)	betula	בְּתוּלָה (נ)
grávida (adj)	hara	הָרָה

homem (m)	'gever	גֶבֶר (ז)
loiro (m)	blon'dini	בְּלוֹנְדִינִי (ז)
moreno (m)	ʃχarχar	שְׁחַרְחַר
alto (adj)	ga'voha	גָבוֹהַ
baixo (adj)	namuχ	נָמוּך

rude (adj)	gas	גַס
atarracado (adj)	guts	גוּץ
robusto (adj)	χason	חָסוֹן
forte (adj)	χazak	חָזָק
força (f)	'koaχ	כּוֹחַ (ז)

gordo (adj)	ʃamen	שָׁמֵן
moreno (adj)	ʃaχum	שָׁחוּם
esbelto (adj)	tamir	תָמִיר
elegante (adj)	ele'ganti	אֶלֶגַנְטִי

55. Idade

idade (f)	gil	גִיל (ז)
juventude (f)	ne'urim	נְעוּרִים (ז"ר)
jovem (adj)	tsa'ir	צָעִיר
mais novo (adj)	tsa'ir yoter	צָעִיר יוֹתֵר

mais velho (adj)	mevugar yoter	מְבוּגָּר יוֹתֵר
jovem (m)	baxur	בָּחוּר (ז)
adolescente (m)	'na'ar	נַעַר (ז)
rapaz (m)	baxur	בָּחוּר (ז)

velho (m)	zaken	זָקֵן (ז)
velha (f)	zkena	זְקֵנָה (נ)

adulto	mevugar	מְבוּגָּר (ז)
de meia-idade	bagil ha'amida	בְּגִיל הָעֲמִידָה
idoso, de idade (adj)	zaken	זָקֵן
velho (adj)	zaken	זָקֵן

aposentadoria (f)	'pensya	פֶּנְסְיָה (נ)
aposentar-se (vr)	latset legimla'ot	לָצֵאת לְגִימְלָאוֹת
aposentado (m)	pensyoner	פֶּנְסְיוֹנֶר (ז)

56. Crianças

criança (f)	'yeled	יֶלֶד (ז)
crianças (f pl)	yeladim	יְלָדִים (ז"ר)
gêmeos (m pl), gêmeas (f pl)	te'omim	תְאוֹמִים (ז"ר)

berço (m)	arisa	עֲרִיסָה (נ)
chocalho (m)	ra'afan	רַעֲשָׁן (ז)
fralda (f)	xitul	חִיתוּל (ז)

chupeta (f), bico (m)	motsets	מוֹצֵץ (ז)
carrinho (m) de bebê	agala	עֲגָלָה (נ)
jardim (m) de infância	gan yeladim	גַן יְלָדִים (ז)
babysitter, babá (f)	beibi'siter	בֵּיבִּיסִיטֶר (ז, נ)

infância (f)	yaldut	יַלְדוּת (נ)
boneca (f)	buba	בּוּבָּה (נ)

brinquedo (m)	tsa'a'tsu'a	צַעֲצוּעַ (ז)
jogo (m) de montar	misxak harkava	מִשְׂחָק הַרְכָּבָה (ז)

bem-educado (adj)	mexunax	מְחוּנָךְ
malcriado (adj)	lo mexunax	לֹא מְחוּנָךְ
mimado (adj)	mefunak	מְפוּנָק

ser travesso	lehiftovev	לְהִשְׁתּוֹבֵב
travesso, traquinas (adj)	fovav	שׁוֹבָב

travessura (f)	ma'ase 'kundes	מַעֲשֵׂה קוּנְדֵּס (ז)
criança (f) travessa	'yeled fovav	יֶלֶד שׁוֹבָב (ז)

obediente (adj)	tsaytan	צַיְיתָן
desobediente (adj)	lo memufma	לֹא מְמוּשְׁמָע

dócil (adj)	ka'nu'a	כָּנוּעַ
inteligente (adj)	xaxam	חָכָם
prodígio (m)	'yeled 'pele	יֶלֶד פֶּלֶא (ז)

57. Casais. Vida de família

beijar (vt)	lenaʃek	לִנְשֹׁק
beijar-se (vr)	lehitnaʃek	לְהִתְנַשֵׁק
família (f)	miʃpaχa	מִשְׁפָּחָה (נ)
familiar (vida ~)	miʃpaχti	מִשְׁפַּחְתִּי
casal (m)	zug	זוּג (ז)
matrimônio (m)	nisu'im	נִישׂוּאִים (ז"ר)
lar (m)	aχ, ken	אָח (ז), קֵן (ז)
dinastia (f)	ʃo'ʃelet	שׁוֹשֶׁלֶת (נ)

encontro (m)	deit	דֵּייט (ז)
beijo (m)	neʃika	נְשִׁיקָה (נ)

amor (m)	ahava	אַהֲבָה (נ)
amar (pessoa)	le'ehov	לָאֱהוֹב
amado, querido (adj)	ahuv	אָהוּב

ternura (f)	roχ	רוֹך (ז)
afetuoso (adj)	adin, raχ	עָדִין, רַך
fidelidade (f)	ne'emanut	נֶאֱמָנוּת (נ)
fiel (adj)	masur	מָסוּר
cuidado (m)	de'aga	דְּאָגָה (נ)
carinhoso (adj)	do'eg	דּוֹאֵג

recém-casados (pl)	zug tsa'ir	זוּג צָעִיר (ז)
lua (f) de mel	ya'reaχ dvaʃ	יֶרַח דְּבַשׁ (ז)
casar-se (com um homem)	lehitχaten	לְהִתְחַתֵן
casar-se (com uma mulher)	lehitχaten	לְהִתְחַתֵן

casamento (m)	χatuna	חֲתוּנָה (נ)
bodas (f pl) de ouro	χatunat hazahav	חֲתוּנַת הַזָּהָב (נ)
aniversário (m)	yom nisu'in	יוֹם נִישׂוּאִין (ז)

amante (m)	me'ahev	מְאַהֵב (ז)
amante (f)	mea'hevet	מְאַהֶבֶת (נ)

adultério (m), traição (f)	bgida	בְּגִידָה (נ)
cometer adultério	livgod be...	לִבְגּוֹד בָּ...
ciumento (adj)	kanai	קַנַּאי
ser ciumento, -a	lekane	לְקַנֵּא
divórcio (m)	geruʃin	גֵּרוּשִׁין (ז"ר)
divorciar-se (vr)	lehitgareʃ mi...	לְהִתְגָּרֵשׁ מֵ...

brigar (discutir)	lariv	לָרִיב
fazer as pazes	lehitpayes	לְהִתְפַּיֵּיס
juntos (ir ~)	be'yaχad	בְּיַחַד
sexo (m)	min	מִין (ז)

felicidade (f)	'oʃer	אוֹשֶׁר (ז)
feliz (adj)	me'uʃar	מְאוּשָׁר
infelicidade (f)	ason	אָסוֹן (ז)
infeliz (adj)	umlal	אוּמְלָל

Caráter. Sentimentos. Emoções

58. Sentimentos. Emoções

sentimento (m)	'regef	רֶגֶשׁ (ז)
sentimentos (m pl)	regafot	רְגָשׁוֹת (ז"ר)
sentir (vt)	lehargif	לְהַרְגִּישׁ
fome (f)	'ra'av	רָעָב (ז)
ter fome	lihyot ra'ev	לִהְיוֹת רָעֵב
sede (f)	tsima'on	צָמָאוֹן (ז)
ter sede	lihyot tsame	לִהְיוֹת צָמֵא
sonolência (f)	yafnuniyut	יַשְׁנוּנִיּוּת (נ)
estar sonolento	lirtsot lifon	לִרְצוֹת לִישׁוֹן
cansaço (m)	ayefut	עֲיֵפוּת (נ)
cansado (adj)	ayef	עָיֵף
ficar cansado	lehit'ayef	לְהִתְעַיֵּף
humor (m)	matsav 'ruax	מַצַּב רוּחַ (ז)
tédio (m)	fi'amum	שִׁעֲמוּם (ז)
entediar-se (vr)	lehifta'amem	לְהִשְׁתַּעֲמֵם
reclusão (isolamento)	hitbodedut	הִתְבּוֹדְדוּת (נ)
isolar-se (vr)	lehitboded	לְהִתְבּוֹדֵד
preocupar (vt)	lehad'ig	לְהַדְאִיג
estar preocupado	lid'og	לִדְאוֹג
preocupação (f)	de'aga	דְּאָגָה (נ)
ansiedade (f)	xarada	חֲרָדָה (נ)
preocupado (adj)	mutrad	מוּטְרָד
estar nervoso	lihyot atsbani	לִהְיוֹת עַצְבָּנִי
entrar em pânico	lehibahel	לְהִיבָּהֵל
esperança (f)	tikva	תִּקְוָה (נ)
esperar (vt)	lekavot	לְקַווֹת
certeza (f)	vada'ut	וַדָּאוּת (נ)
certo, seguro de ...	vada'i	וַדָּאִי
indecisão (f)	i vada'ut	אִי וַדָּאוּת (נ)
indeciso (adj)	lo ba'tuax	לֹא בָּטוּחַ
bêbado (adj)	fikor	שִׁיכּוֹר
sóbrio (adj)	pi'keax	פִּיכֵּחַ
fraco (adj)	xalaf	חַלָשׁ
feliz (adj)	me'ufar	מְאוּשָׁר
assustar (vt)	lehafxid	לְהַפְחִיד
fúria (f)	teruf	טֵירוּף
ira, raiva (f)	'za'am	זַעַם (ז)
depressão (f)	dika'on	דִּיכָּאוֹן (ז)
desconforto (m)	i noxut	אִי נוֹחוּת (נ)

conforto (m)	noχut	נוֹחוּת (נ)
arrepender-se (vr)	lehitsta'er	לְהִצְטַעֵר
arrependimento (m)	χarata	חֲרָטָה (נ)
azar (m), má sorte (f)	'χoser mazal	חוֹסֶר מַזָל (ז)
tristeza (f)	'etsev	עֶצֶב (ז)
vergonha (f)	buʃa	בּוּשָׁה (נ)
alegria (f)	simχa	שִׂמְחָה (נ)
entusiasmo (m)	hitlahavut	הִתְלַהֲבוּת (נ)
entusiasta (m)	mitlahev	מִתְלַהֵב
mostrar entusiasmo	lehitlahev	לְהִתְלַהֵב

59. Caráter. Personalidade

caráter (m)	'ofi	אוֹפִי (ז)
falha (f) de caráter	pgam be"ofi	פְּגָם בָּאוֹפִי (ז)
mente (f)	'seχel	שֵׂכֶל (ז)
razão (f)	bina	בִּינָה (נ)
consciência (f)	matspun	מַצְפּוּן (ז)
hábito, costume (m)	hergel	הֶרְגֵּל (ז)
habilidade (f)	ye'χolet	יְכוֹלֶת (נ)
saber (~ nadar, etc.)	la'da'at	לָדַעַת
paciente (adj)	savlan	סַבְלָן
impaciente (adj)	χasar savlanut	חֲסַר סַבְלָנוּת
curioso (adj)	sakran	סַקְרָן
curiosidade (f)	sakranut	סַקְרָנוּת (נ)
modéstia (f)	tsni'ut	צְנִיעוּת (נ)
modesto (adj)	tsa'nu'a	צָנוּעַ
imodesto (adj)	lo tsa'nu'a	לֹא צָנוּעַ
preguiça (f)	atslut	עַצְלוּת (נ)
preguiçoso (adj)	atsel	עָצֵל
preguiçoso (m)	atslan	עַצְלָן (ז)
astúcia (f)	armumiyut	עַרְמוּמִיוּת (נ)
astuto (adj)	armumi	עַרְמוּמִי
desconfiança (f)	'χoser emun	חוֹסֶר אֵמוּן (ז)
desconfiado (adj)	χadʃani	חַדְשָׁנִי
generosidade (f)	nedivut	נְדִיבוּת (נ)
generoso (adj)	nadiv	נָדִיב
talentoso (adj)	muχʃar	מוּכְשָׁר
talento (m)	kiʃaron	כִּישָׁרוֹן (ז)
corajoso (adj)	amits	אַמִיץ
coragem (f)	'omets	אוֹמֶץ (ז)
honesto (adj)	yaʃar	יָשָׁר
honestidade (f)	'yoʃer	יוֹשֶׁר (ז)
prudente, cuidadoso (adj)	zahir	זָהִיר
valoroso (adj)	amits	אַמִיץ

| sério (adj) | retsini | רְצִינִי |
| severo (adj) | χamur | חָמוּר |

decidido (adj)	neχrats	נֶחֱרָץ
indeciso (adj)	hasesan	הַסַּסָן
tímido (adj)	baiʃan	בַּיְשָׁן
timidez (f)	baiʃanut	בַּיְשָׁנוּת (נ)

confiança (f)	emun	אֵמוּן (ז)
confiar (vt)	leha'amin	לְהַאֲמִין
crédulo (adj)	tam	תָּם

sinceramente	beχenut	בְּכֵנוּת
sincero (adj)	ken	כֵּן
sinceridade (f)	kenut	כֵּנוּת (נ)
aberto (adj)	pa'tuaχ	פָּתוּחַ

calmo (adj)	ʃalev	שָׁלֵו
franco (adj)	glui lev	גְּלוּי לֵב
ingênuo (adj)	na''ivi	נָאִיבִי
distraído (adj)	mefuzar	מְפֻזָּר
engraçado (adj)	matsχik	מַצְחִיק

ganância (f)	ta'avat 'betsa	תַּאֲוַת בֶּצַע (נ)
ganancioso (adj)	rodef 'betsa	רוֹדֵף בֶּצַע
avarento, sovina (adj)	kamtsan	קַמְצָן
mal (adj)	raʃa	רָשָׁע
teimoso (adj)	akʃan	עַקְשָׁן
desagradável (adj)	lo na'im	לֹא נָעִים

egoísta (m)	ego'ist	אֶגּוֹאִיסְט (ז)
egoísta (adj)	anoχi	אֲנוֹכִי
covarde (m)	paχdan	פַּחְדָן (ז)
covarde (adj)	paχdani	פַּחְדָנִי

60. O sono. Sonhos

dormir (vi)	liʃon	לִישׁוֹן
sono (m)	ʃena	שֵׁינָה (נ)
sonho (m)	χalom	חֲלוֹם (ז)
sonhar (ver sonhos)	laχalom	לַחֲלוֹם
sonolento (adj)	radum	רָדוּם

cama (f)	mita	מִיטָה (נ)
colchão (m)	mizran	מִזְרָן (ז)
cobertor (m)	smiχa	שְׂמִיכָה (נ)
travesseiro (m)	karit	כָּרִית (נ)
lençol (m)	sadin	סָדִין (ז)

insônia (f)	nedudei ʃena	נְדוּדֵי שֵׁינָה (ז"ר)
sem sono (adj)	χasar ʃena	חֲסַר שֵׁינָה
sonífero (m)	kadur ʃena	כַּדּוּר שֵׁינָה (ז)
tomar um sonífero	la'kaχat kadur ʃena	לָקַחַת כַּדּוּר שֵׁינָה
estar sonolento	lirtsot liʃon	לִרְצוֹת לִישׁוֹן

bocejar (vi)	lefahek	לְפַהֵק
ir para a cama	la'leχet lifon	לָלֶכֶת לִישׁוֹן
fazer a cama	leha'tsi'a mita	לְהַצִּיעַ מִיטָה
adormecer (vi)	leheradem	לְהֵירָדֵם

pesadelo (m)	siyut	סִיוּט (ז)
ronco (m)	neχira	נְחִירָה (נ)
roncar (vi)	linχor	לִנְחוֹר

despertador (m)	fa'on me'orer	שָׁעוֹן מְעוֹרֵר (ז)
acordar, despertar (vt)	leha'ir	לְהָעִיר
acordar (vi)	lehit'orer	לְהִתְעוֹרֵר
levantar-se (vr)	lakum	לָקוּם
lavar-se (vr)	lehitraχets	לְהִתְרַחֵץ

61. Humor. Riso. Alegria

humor (m)	humor	הוּמוֹר (ז)
senso (m) de humor	χuf humor	חוּשׁ הוּמוֹר (ז)
divertir-se (vr)	lehanot	לֵיהָנוֹת
alegre (adj)	sa'meaχ	שָׂמֵחַ
diversão (f)	alitsut	עֲלִיצוּת (נ)

sorriso (m)	χiyuχ	חִיוּךְ (ז)
sorrir (vi)	leχayeχ	לְחַיֵּךְ
começar a rir	lifrots bitsχok	לִפְרוֹץ בִּצְחוֹק
rir (vi)	litsχok	לִצְחוֹק
riso (m)	tsχok	צְחוֹק (ז)

anedota (f)	anek'dota	אֲנֶקְדּוֹטָה (נ)
engraçado (adj)	matsχik	מַצְחִיק
ridículo, cômico (adj)	mefa'a'fe'a	מְשַׁעֲשֵׁעַ

brincar (vi)	lehitba'deaχ	לְהִתְבַּדֵּחַ
piada (f)	bdiχa	בְּדִיחָה (נ)
alegria (f)	simχa	שִׂמְחָה (נ)
regozijar-se (vr)	lis'moaχ	לִשְׂמוֹחַ
alegre (adj)	sa'meaχ	שָׂמֵחַ

62. Discussão, conversação. Parte 1

comunicação (f)	'kefer	קֶשֶׁר (ז)
comunicar-se (vr)	letakfer	לְתַקְשֵׁר

conversa (f)	siχa	שִׂיחָה (נ)
diálogo (m)	du 'siaχ	דּוּ־שִׂיחַ (ז)
discussão (f)	diyun	דִּיּוּן (ז)
debate (m)	vi'kuaχ	וִיכּוּחַ (ז)
debater (vt)	lehitva'keaχ	לְהִתְוַוכֵּחַ

interlocutor (m)	ben 'siaχ	בֶּן שִׂיחַ (ז)
tema (m)	nose	נוֹשֵׂא (ז)

ponto (m) de vista	nekudat mabat	נְקוּדַת מַבָּט (נ)
opinião (f)	de'a	דֵעָה (נ)
discurso (m)	ne'um	נְאוּם (ז)

discussão (f)	diyun	דִיוּן (ז)
discutir (vt)	ladun	לָדוּן
conversa (f)	siχa	שִׂיחָה (נ)
conversar (vi)	leso'χeaχ	לְשׂוֹחֵחַ
reunião (f)	pgiʃa	פְּגִישָׁה (נ)
encontrar-se (vr)	lehipageʃ	לְהִיפָּגֵשׁ

provérbio (m)	pitgam	פִּתְגָם (ז)
ditado, provérbio (m)	pitgam	פִּתְגָם (ז)
adivinha (f)	χida	חִידָה (נ)
dizer uma adivinha	laχud χida	לָחוּד חִידָה
senha (f)	sisma	סִיסְמָה (נ)
segredo (m)	sod	סוֹד (ז)

juramento (m)	ʃvu'a	שְׁבוּעָה (נ)
jurar (vi)	lehiʃava	לְהִישָּׁבַע
promessa (f)	havtaχa	הַבְטָחָה (נ)
prometer (vt)	lehav'tiaχ	לְהַבְטִיחַ

conselho (m)	etsa	עֵצָה (נ)
aconselhar (vt)	leya'ets	לְייַעֵץ
seguir o conselho	lif'ol lefi ha'etsa	לִפְעוֹל לְפִי הָעֵצָה
escutar (~ os conselhos)	lehiʃama	לְהִישָּׁמַע

novidade, notícia (f)	χadaʃot	חֲדָשׁוֹת (נ"ר)
sensação (f)	sen'satsya	סֶנְסַצְיָה (נ)
informação (f)	meida	מֵידָע (ז)
conclusão (f)	maskana	מַסְקָנָה (נ)
voz (f)	kol	קוֹל (ז)
elogio (m)	maχma'a	מַחְמָאָה (נ)
amável, querido (adj)	adiv	אָדִיב

palavra (f)	mila	מִילָה (נ)
frase (f)	miʃpat	מִשְׁפָּט (ז)
resposta (f)	tʃuva	תְשׁוּבָה (נ)
verdade (f)	emet	אֱמֶת (נ)
mentira (f)	'ʃeker	שֶׁקֶר (ז)

pensamento (m)	maχʃava	מַחְשָׁבָה (נ)
ideia (f)	ra'ayon	רַעְיוֹן (ז)
fantasia (f)	fan'tazya	פַנְטַזְיָה (נ)

63. Discussão, conversação. Parte 2

estimado, respeitado (adj)	meχubad	מְכוּבָּד
respeitar (vt)	leχabed	לְכַבֵּד
respeito (m)	kavod	כָּבוֹד (ז)
Estimado ..., Caro ...	hayakar ...	הַיָקָר ...
apresentar (alguém a alguém)	la'asot hekerut	לַעֲשׂוֹת הֵיכֵּרוּת

conhecer (vt)	lehakir	לְהַכִּיר
intenção (f)	kavana	כַּוָּנָה (נ)
tencionar (~ fazer algo)	lehitkaven	לְהִתְכַּוֵּן
desejo (de boa sorte)	iχul	אִיחוּל (ז)
desejar (ex. ~ boa sorte)	le'aχel	לְאַחֵל

surpresa (f)	hafta'a	הַפְתָּעָה (נ)
surpreender (vt)	lehaf'ti'a	לְהַפְתִּיעַ
surpreender-se (vr)	lehitpale	לְהִתְפַּלֵּא

dar (vt)	latet	לָתֵת
pegar (tomar)	la'kaχat	לָקַחַת
devolver (vt)	lehaχzir	לְהַחֲזִיר
retornar (vt)	lehaʃiv	לְהָשִׁיב

desculpar-se (vr)	lehitnatsel	לְהִתְנַצֵּל
desculpa (f)	hitnatslut	הִתְנַצְּלוּת (נ)
perdoar (vt)	lis'loaχ	לִסְלוֹחַ

falar (vi)	ledaber	לְדַבֵּר
escutar (vt)	lehakʃiv	לְהַקְשִׁיב
ouvir até o fim	liʃ'mo'a	לִשְׁמוֹעַ
entender (compreender)	lehavin	לְהָבִין

mostrar (vt)	lehar'ot	לְהַרְאוֹת
olhar para ...	lehistakel	לְהִסְתַּכֵּל
chamar (alguém para ...)	likro le...	לִקְרוֹא לְ...
perturbar, distrair (vt)	lehaf'ri'a	לְהַפְרִיעַ
perturbar (vt)	lehaf'ri'a	לְהַפְרִיעַ
entregar (~ em mãos)	limsor	לִמְסוֹר

pedido (m)	bakaʃa	בַּקָּשָׁה (נ)
pedir (ex. ~ ajuda)	levakeʃ	לְבַקֵּשׁ
exigência (f)	driʃa	דְּרִישָׁה (נ)
exigir (vt)	lidroʃ	לִדְרוֹשׁ

insultar (chamar nomes)	lehitgarot	לְהִתְגָּרוֹת
zombar (vt)	lil'og	לִלְעוֹג
zombaria (f)	'la'ag	לַעַג (ז)
alcunha (f), apelido (m)	kinui	כִּינוּי (ז)

insinuação (f)	'remez	רֶמֶז (ז)
insinuar (vt)	lirmoz	לִרְמוֹז
querer dizer	lehitkaven le...	לְהִתְכַּוֵּן לְ...

descrição (f)	te'ur	תֵּיאוּר (ז)
descrever (vt)	leta'er	לְתָאֵר
elogio (m)	'ʃevaχ	שֶׁבַח (ז)
elogiar (vt)	leʃa'beaχ	לְשַׁבֵּחַ

desapontamento (m)	aχzava	אַכְזָבָה (נ)
desapontar (vt)	le'aχzev	לְאַכְזֵב
desapontar-se (vr)	lehit'aχzev	לְהִתְאַכְזֵב

suposição (f)	hanaχa	הֲנָחָה (נ)
supor (vt)	leʃa'er	לְשַׁעֵר

| advertência (f) | azhara | אַזְהָרָה (נ) |
| advertir (vt) | lehazhir | לְהַזְהִיר |

64. Discussão, conversação. Parte 3

| convencer (vt) | leʃaχ'neʻa | לְשַׁכְנֵעַ |
| acalmar (vt) | lehar'giʻa | לְהַרְגִּיעַ |

silêncio (o ~ é de ouro)	ʃtika	שְׁתִיקָה (נ)
ficar em silêncio	liʃtok	לִשְׁתּוֹק
sussurrar (vt)	lilχoʃ	לִלְחוֹשׁ
sussurro (m)	leχiʃa	לְחִישָׁה (נ)

| francamente | beχenut | בְּכֵנוּת |
| na minha opinião ... | ledaʻati ... | לְדַעֲתִּי ... |

detalhe (~ da história)	prat	פְּרָט (ז)
detalhado (adj)	meforat	מְפוֹרָט
detalhadamente	bimfurat	בִּמְפוֹרָט

| dica (f) | 'remez | רֶמֶז (ז) |
| dar uma dica | lirmoz | לִרְמוֹז |

olhar (m)	mabat	מַבָּט (ז)
dar uma olhada	lehabit	לְהַבִּיט
fixo (olhada ~a)	kafu	קָפוּא
piscar (vi)	lematsmets	לְמַצְמֵץ
piscar (vt)	likrots	לִקְרוֹץ
acenar com a cabeça	lehanhen	לְהַנְהֵן

suspiro (m)	anaχa	אֲנָחָה (נ)
suspirar (vi)	lehe'anaχ	לְהֵאָנַח
estremecer (vi)	lir'od	לִרְעוֹד
gesto (m)	meχva	מֶחֱוָה (נ)
tocar (com as mãos)	la'ga'at be...	לָגַעַת בְּ...
agarrar (~ pelo braço)	litfos	לִתְפּוֹס
bater de leve	lit'poaχ	לִטְפּוֹחַ

Cuidado!	zehirut!	זְהִירוּת!
Sério?	be'emet?	בֶּאֱמֶת?
Tem certeza?	ata ba'tuaχ?	אַתָּה בָּטוּחַ?
Boa sorte!	behatslaχa!	בְּהַצְלָחָה!
Entendi!	muvan!	מוּבָן!
Que pena!	χaval!	חֲבָל!

65. Acordo. Recusa

consentimento (~ mútuo)	haskama	הַסְכָּמָה (נ)
consentir (vi)	lehaskim	לְהַסְכִּים
aprovação (f)	iʃur	אִישׁוּר (ז)
aprovar (vt)	le'aʃer	לְאַשֵׁר
recusa (f)	siruv	סִירוּב (ז)

negar-se a ...	lesarev	לְסָרֵב
Ótimo!	metsuyan!	מְצוּיָן!
Tudo bem!	tov!	טוֹב!
Está bem! De acordo!	be'seder!	בְּסֵדֶר!

proibido (adj)	asur	אָסוּר
é proibido	asur	אָסוּר
é impossível	'bilti efʃari	בִּלְתִּי אֶפְשָׁרִי
incorreto (adj)	ʃagui	שָׁגוּי

rejeitar (~ um pedido)	lidχot	לִדְחוֹת
apoiar (vt)	litmoχ be...	לִתְמוֹךְ בְּ...
aceitar (desculpas, etc.)	lekabel	לְקַבֵּל

confirmar (vt)	le'aʃer	לְאַשֵׁר
confirmação (f)	iʃur	אִישׁוּר (ז)
permissão (f)	reʃut	רְשׁוּת (נ)
permitir (vt)	leharʃot	לְהַרְשׁוֹת
decisão (f)	haχlata	הַחְלָטָה (נ)
não dizer nada	liʃtok	לִשְׁתוֹק

condição (com uma ~)	tnai	תְּנַאי (ז)
pretexto (m)	teruts	תֵּירוּץ (ז)
elogio (m)	'ʃevaχ	שֶׁבַח (ז)
elogiar (vt)	leʃa'beaχ	לְשַׁבֵּחַ

66. Sucesso. Boa sorte. Insucesso

êxito, sucesso (m)	hatsala	הַצְלָחָה (נ)
com êxito	behatslaχa	בְּהַצְלָחָה
bem sucedido (adj)	mutslaχ	מוֹצְלָח

sorte (fortuna)	mazal	מָזָל (ז)
Boa sorte!	behatslaχa!	בְּהַצְלָחָה!
de sorte	mutslaχ	מוֹצְלָח
sortudo, felizardo (adj)	bar mazal	בַּר מָזָל

fracasso (m)	kiʃalon	כִּישָׁלוֹן (ז)
pouca sorte (f)	'χoser mazal	חוֹסֶר מָזָל (ז)
azar (m), má sorte (f)	'χoser mazal	חוֹסֶר מָזָל (ז)

| mal sucedido (adj) | lo mutslaχ | לֹא מוֹצְלָח |
| catástrofe (f) | ason | אָסוֹן (ז) |

orgulho (m)	ga'ava	גַּאֲוָה (נ)
orgulhoso (adj)	ge'e	גֵּאֶה
estar orgulhoso, -a	lehitga'ot	לְהִתְגָּאוֹת

vencedor (m)	zoχe	זוֹכֶה (ז)
vencer (vi, vt)	lena'tseaχ	לְנַצֵּחַ
perder (vt)	lehafsid	לְהַפְסִיד
tentativa (f)	nisayon	נִיסָיוֹן (ז)
tentar (vt)	lenasot	לְנַסּוֹת
chance (m)	hizdamnut	הִזְדַּמְּנוּת (נ)

67. Conflitos. Emoções negativas

grito (m)	tse'aka	צְעָקָה (נ)
gritar (vi)	lits'ok	לִצְעֹוק
começar a gritar	lehatχil lits'ok	לְהַתְחִיל לִצְעֹוק
discussão (f)	riv	רִיב (ז)
brigar (discutir)	lariv	לָרִיב
escândalo (m)	riv	רִיב (ז)
criar escândalo	lariv	לָרִיב
conflito (m)	siχsuχ	סִכְסוּך (ז)
mal-entendido (m)	i havana	אִי הֲבָנָה (נ)
insulto (m)	elbon	עֶלְבּוֹן (ז)
insultar (vt)	leha'aliv	לְהַעֲלִיב
insultado (adj)	ne'elav	נֶעֱלָב
ofensa (f)	tina	טִינָה (נ)
ofender (vt)	lif'go'a	לִפְגֹוע
ofender-se (vr)	lehipaga	לְהִיפָּגַע
indignação (f)	hitmarmerut	הִתְמַרְמְרוּת (נ)
indignar-se (vr)	lehitra'em	לְהִתְרַעֵם
queixa (f)	tluna	תְלוּנָה (נ)
queixar-se (vr)	lehitlonen	לְהִתְלֹונֵן
desculpa (f)	hitnatslut	הִתְנַצְלוּת (נ)
desculpar-se (vr)	lehitnatsel	לְהִתְנַצֵל
pedir perdão	levakeʃ sliχa	לְבַקֵש סְלִיחָה
crítica (f)	bi'koret	בִּיקֹורֶת (נ)
criticar (vt)	levaker	לְבַקֵר
acusação (f)	ha'aʃama	הַאֲשָׁמָה (נ)
acusar (vt)	leha'aʃim	לְהַאֲשִׁים
vingança (f)	nekama	נְקָמָה (נ)
vingar (vt)	linkom	לִנְקֹום
vingar-se de	lehaχzir	לְהַחְזִיר
desprezo (m)	zilzul	זִלְזוּל (ז)
desprezar (vt)	lezalzel be...	לְזַלְזֵל בְּ...
ódio (m)	sin'a	שִׂנְאָה (נ)
odiar (vt)	lisno	לִשְׂנֹוא
nervoso (adj)	atsbani	עַצְבָּנִי
estar nervoso	lihyot atsbani	לִהְיֹות עַצְבָּנִי
zangado (adj)	ka'us	כָּעוּס
zangar (vt)	lehargiz	לְהַרְגִיז
humilhação (f)	haʃpala	הַשְׁפָּלָה (נ)
humilhar (vt)	lehaʃpil	לְהַשְׁפִּיל
humilhar-se (vr)	lehaʃpil et atsmo	לְהַשְׁפִּיל אֶת עַצְמֹו
choque (m)	'helem	הֶלֶם (ז)
chocar (vt)	leza'a'ze'a	לְזַעֲזֵע
aborrecimento (m)	tsara	צָרָה (נ)

desagradável (adj)	lo na'im	לֹא נָעִים
medo (m)	'paxad	פַּחַד (ז)
terrível (tempestade, etc.)	nora	נוֹרָא
assustador (ex. história ~a)	mafxid	מַפְחִיד
horror (m)	zva'a	זְוָועָה (נ)
horrível (crime, etc.)	ayom	אָיוֹם

começar a tremer	lehera'ed	לְהֵירָעֵד
chorar (vi)	livkot	לִבְכּוֹת
começar a chorar	lehatxil livkot	לְהַתְחִיל לִבְכּוֹת
lágrima (f)	dim'a	דִמְעָה (נ)

falta (f)	aʃma	אַשְׁמָה (נ)
culpa (f)	rigʃei aʃam	רִגְשֵׁי אָשָׁם (ז"ר)
desonra (f)	xerpa	חֶרְפָּה (נ)
protesto (m)	mexa'a	מְחָאָה (נ)
estresse (m)	'laxats	לַחַץ (ז)

perturbar (vt)	lehaf'ri'a	לְהַפְרִיעַ
zangar-se com …	lix'os	לִכְעוֹס
zangado (irritado)	zo'em	זוֹעֵם
terminar (vt)	lesayem	לְסַיֵים
praguejar	lekalel	לְקַלֵל

assustar-se	lehibahel	לְהִיבָּהֵל
golpear (vt)	lehakot	לְהַכּוֹת
brigar (na rua, etc.)	lehitkotet	לְהִתְקוֹטֵט

resolver (o conflito)	lehasdir	לְהַסְדִיר
descontente (adj)	lo merutse	לֹא מְרוּצֶה
furioso (adj)	metoraf	מְטוֹרָף

Não está bem!	ze lo tov!	זֶה לֹא טוֹב!
É ruim!	ze ra!	זֶה רַע!

Medicina

68. Doenças

doença (f)	maxala	מַחֲלָה (נ)
estar doente	lihyot xole	לִהְיוֹת חוֹלֶה
saúde (f)	bri'ut	בְּרִיאוּת (נ)
nariz (m) escorrendo	na'zelet	נַזֶּלֶת (נ)
amigdalite (f)	da'leket ʃkedim	דַּלֶּקֶת שְׁקֵדִים (נ)
resfriado (m)	hitstanenut	הִצְטַנְּנוּת (נ)
ficar resfriado	lehitstanen	לְהִצְטַנֵּן
bronquite (f)	bron'xitis	בְּרוֹנְכִיטִיס (ז)
pneumonia (f)	da'leket re'ot	דַּלֶּקֶת רֵיאוֹת (נ)
gripe (f)	ʃa'paʿat	שַׁפַּעַת (נ)
míope (adj)	ktsar re'iya	קְצַר רְאִיָּה
presbita (adj)	rexok re'iya	רְחוֹק־רְאִיָּה
estrabismo (m)	pzila	פְּזִילָה (נ)
estrábico, vesgo (adj)	pozel	פּוֹזֵל
catarata (f)	katarakt	קָטָרַקְט (ז)
glaucoma (m)	gla'u'koma	גְּלָאוּקוֹמָה (נ)
AVC (m), apoplexia (f)	ʃavats moxi	שָׁבָץ מוֹחִי (ז)
ataque (m) cardíaco	hetkef lev	הֶתְקֵף לֵב (ז)
enfarte (m) do miocárdio	'otem ʃrir halev	אוֹטֶם שְׁרִיר הַלֵּב (ז)
paralisia (f)	ʃituk	שִׁיתוּק (ז)
paralisar (vt)	leʃatek	לְשַׁתֵּק
alergia (f)	a'lergya	אָלֶרְגְּיָה (נ)
asma (f)	'astma, ka'tseret	אַסְתְּמָה, קַצֶּרֶת (נ)
diabetes (f)	su'keret	סֻכֶּרֶת (נ)
dor (f) de dente	ke'ev ʃi'nayim	כְּאֵב שִׁינַּיִים (ז)
cárie (f)	a'ʃeʃet	עֲשֶׁשֶׁת (נ)
diarreia (f)	ʃilʃul	שִׁלְשׁוּל (ז)
prisão (f) de ventre	atsirut	עֲצִירוּת (נ)
desarranjo (m) intestinal	kilkul keiva	קִלְקוּל קֵיבָה (ז)
intoxicação (f) alimentar	har'alat mazon	הַרְעָלַת מָזוֹן (נ)
intoxicar-se	laxatof har'alat mazon	לַחֲטוֹף הַרְעָלַת מָזוֹן
artrite (f)	da'leket mifrakim	דַּלֶּקֶת מִפְרָקִים (נ)
raquitismo (m)	ra'kexet	רַכֶּבֶת (נ)
reumatismo (m)	ʃigaron	שִׁיגָּרוֹן (ז)
arteriosclerose (f)	ar'teryo skle'rosis	אַרְטֶרְיוֹ־סְקְלֶרוֹסִיס (ז)
gastrite (f)	da'leket keiva	דַּלֶּקֶת קֵיבָה (נ)
apendicite (f)	da'leket toseftan	דַּלֶּקֶת תּוֹסֶפְתָּן (נ)

colecistite (f)	da'leket kis hamara	דַּלֶּקֶת כִּיס הַמָּרָה (נ)
úlcera (f)	'ulkus, kiv	אוּלְקוּס, כְּיב (ז)

sarampo (m)	χa'tsevet	חַצֶּבֶת (נ)
rubéola (f)	a'demet	אֲדֶמֶת (נ)
icterícia (f)	tsa'hevet	צַהֶבֶת (נ)
hepatite (f)	da'leket kaved	דַּלֶּקֶת כָּבֵד (נ)

esquizofrenia (f)	sχizo'frenya	סְכִיזוֹפְרֶנְיָה (נ)
raiva (f)	ka'levet	כַּלֶּבֶת (נ)
neurose (f)	noi'roza	נוֹירוֹזָה (נ)
contusão (f) cerebral	za'a'zu'a 'moaχ	זַעֲזוּעַ מֹחַ (ז)

câncer (m)	sartan	סַרְטָן (ז)
esclerose (f)	ta'refet	טָרֶשֶׁת (נ)
esclerose (f) múltipla	ta'refet nefotsa	טָרֶשֶׁת נְפֹוצָה (נ)

alcoolismo (m)	alkoholizm	אַלְכּוֹהוֹלִיזְם (ז)
alcoólico (m)	alkoholist	אַלְכּוֹהוֹלִיסְט (ז)
sífilis (f)	a'gevet	עַגֶּבֶת (נ)
AIDS (f)	eids	אֵיידְס (ז)

tumor (m)	gidul	גִּידוּל (ז)
maligno (adj)	mam'ir	מַמְאִיר
benigno (adj)	fapir	שָׁפִיר

febre (f)	ka'daχat	קַדַּחַת (נ)
malária (f)	ma'larya	מָלַרְיָה (נ)
gangrena (f)	gan'grena	נַגְרֶנָה (נ)
enjoo (m)	maχalat yam	מַחֲלַת יָם (נ)
epilepsia (f)	maχalat hanefila	מַחֲלַת הַנְּפִילָה (נ)

epidemia (f)	magefa	מַגֵּיפָה (נ)
tifo (m)	'tifus	טִיפוּס (ז)
tuberculose (f)	fa'χefet	שַׁחֶפֶת (נ)
cólera (f)	ko'lera	כּוֹלֶרָה (נ)
peste (f) bubônica	davar	דֶּבֶר (ז)

69. Sintomas. Tratamentos. Parte 1

sintoma (m)	simptom	סִימְפְּטוֹם (ז)
temperatura (f)	χom	חוֹם (ז)
febre (f)	χom ga'voha	חוֹם גָּבֹוהַּ (ז)
pulso (m)	'dofek	דֹּופֶק (ז)

vertigem (f)	sχar'χoret	סְחַרְחֹורֶת (נ)
quente (testa, etc.)	χam	חַם
calafrio (m)	tsmar'moret	צְמַרְמֹורֶת (נ)
pálido (adj)	χiver	חִיוֵּור

tosse (f)	fi'ul	שִׁיעוּל (ז)
tossir (vi)	lehifta'el	לְהִשְׁתַּעֵל
espirrar (vi)	lehit'atef	לְהִתְעַטֵשׁ
desmaio (m)	ilafon	עִילָפֹון (ז)

desmaiar (vi)	lehit'alef	לְהִתְעַלֵף
mancha (f) preta	χabura	חַבּוּרָה (נ)
galo (m)	blita	בְּלִיטָה (נ)
machucar-se (vr)	lekabel maka	לְקַבֵּל מַכָּה
contusão (f)	maka	מַכָּה (נ)
machucar-se (vr)	lekabel maka	לְקַבֵּל מַכָּה

mancar (vi)	lits'lo'a	לְצְלוֹעַ
deslocamento (f)	'neka	נֶקַע (ז)
deslocar (vt)	lin'ko'a	לִנְקוֹעַ
fratura (f)	'ʃever	שֶׁבֶר (ז)
fraturar (vt)	liʃbor	לִשְׁבּוֹר

corte (m)	χataχ	חַתָּךְ (ז)
cortar-se (vr)	lehiχateχ	לְהֵיחָתֵךְ
hemorragia (f)	dimum	דִימוּם (ז)

queimadura (f)	kviya	כְּווִיָה (נ)
queimar-se (vr)	laχatof kviya	לַחֲטוֹף כְּווִיָה

picar (vt)	lidkor	לִדְקוֹר
picar-se (vr)	lehidaker	לְהִידָקֵר
lesionar (vt)	lif'tso'a	לִפְצוֹעַ
lesão (m)	ptsi'a	פְּצִיעָה (נ)
ferida (f), ferimento (m)	'petsa	פֶּצַע (ז)
trauma (m)	'tra'uma	טְרָאוּמָה (נ)

delirar (vi)	lahazot	לַהֲזוֹת
gaguejar (vi)	legamgem	לְגַמְגֵם
insolação (f)	makat 'ʃemeʃ	מַכַּת שֶׁמֶשׁ (נ)

70. Sintomas. Tratamentos. Parte 2

dor (f)	ke'ev	כְּאֵב (ז)
farpa (no dedo, etc.)	kots	קוֹץ (ז)

suor (m)	ze'a	זֵיעָה (נ)
suar (vi)	leha'zi'a	לְהַזִיעַ
vômito (m)	haka'a	הֲקָאָה (נ)
convulsões (f pl)	pirkusim	פִּירְכּוּסִים (ז"ר)

grávida (adj)	hara	הָרָה
nascer (vi)	lehivaled	לְהִיווָלֵד
parto (m)	leda	לֵידָה (נ)
dar à luz	la'ledet	לָלֶדֶת
aborto (m)	hapala	הַפָּלָה (נ)

respiração (f)	neʃima	נְשִׁימָה (נ)
inspiração (f)	ʃe'ifa	שְׁאִיפָה (נ)
expiração (f)	neʃifa	נְשִׁיפָה (נ)
expirar (vi)	linʃof	לִנְשׁוֹף
inspirar (vi)	liʃof	לִשְׁאוֹף
inválido (m)	naχe	נָכֶה (ז)
aleijado (m)	naχe	נָכֶה (ז)

drogado (m)	narkoman	נַרקוֹמָן (ז)
surdo (adj)	xereʃ	חֵירֵשׁ
mudo (adj)	ilem	אִילֵם
surdo-mudo (adj)	xereʃ-ilem	חֵירֵשׁ-אִילֵם

louco, insano (adj)	meʃuga	מְשׁוּגָע
louco (m)	meʃuga	מְשׁוּגָע (ז)
louca (f)	meʃu'ga'at	מְשׁוּגַעַת (נ)
ficar louco	lehiʃta'ge'a	לְהִשְׁתַגֵעַ

gene (m)	gen	גֵן (ז)
imunidade (f)	xasinut	חֲסִינוּת (נ)
hereditário (adj)	toraʃti	תוֹרַשְׁתִי
congênito (adj)	mulad	מוּלָד

vírus (m)	'virus	וִירוּס (ז)
micróbio (m)	xaidak	חַיידָק (ז)
bactéria (f)	bak'terya	בַּקטֶריָה (נ)
infecção (f)	zihum	זִיהוּם (ז)

71. Sintomas. Tratamentos. Parte 3

hospital (m)	beit xolim	בֵּית חוֹלִים (ז)
paciente (m)	metupal	מְטוּפָל (ז)

diagnóstico (m)	avxana	אַבחָנָה (נ)
cura (f)	ripui	רִיפּוּי (ז)
tratamento (m) médico	tipul refu'i	טִיפּוּל רְפוּאִי (ז)
curar-se (vr)	lekabel tipul	לְקַבֵּל טִיפּוּל
tratar (vt)	letapel be...	לְטַפֵּל בְּ...
cuidar (pessoa)	letapel be...	לְטַפֵּל בְּ...
cuidado (m)	tipul	טִיפּוּל (ז)

operação (f)	ni'tuax	נִיתוּח (ז)
enfaixar (vt)	laxboʃ	לַחבּוֹשׁ
enfaixamento (m)	xaviʃa	חֲבִישָׁה (נ)

vacinação (f)	xisun	חִיסוּן (ז)
vacinar (vt)	lexasen	לְחַסֵן
injeção (f)	zrika	זרִיקָה (נ)
dar uma injeção	lehazrik	לְהַזרִיק

ataque (~ de asma, etc.)	hetkef	הֶתקֵף (ז)
amputação (f)	kti'a	קטִיעָה (נ)
amputar (vt)	lik'to'a	לִקטוֹעַ
coma (f)	tar'demet	תַרדֶמֶת (נ)
estar em coma	lihyot betar'demet	לִהיוֹת בְּתַרדֶמֶת
reanimação (f)	tipul nimrats	טִיפּוּל נִמרָץ (ז)

recuperar-se (vr)	lehaxlim	לְהַחלִים
estado (~ de saúde)	matsav	מַצָב (ז)
consciência (perder a ~)	hakara	הַכָּרָה (נ)
memória (f)	zikaron	זִיכָּרוֹן (ז)
tirar (vt)	la'akor	לַעֲקוֹר

obturação (f)	stima	סתימה (נ)
obturar (vt)	la'asot stima	לַעֲשׂוֹת סתימה

hipnose (f)	hip'noza	היפּנוֹזה (נ)
hipnotizar (vt)	lehapnet	לְהַפְנֵט

72. Médicos

médico (m)	rofe	רוֹפֵא (ז)
enfermeira (f)	aχot	אָחוֹת (נ)
médico (m) pessoal	rofe iʃi	רוֹפֵא אִישִׁי (ז)

dentista (m)	rofe ʃi'nayim	רוֹפֵא שִׁינַיִּים (ז)
oculista (m)	rofe ei'nayim	רוֹפֵא עֵינַיִּים (ז)
terapeuta (m)	rofe pnimi	רוֹפֵא פְּנִימִי (ז)
cirurgião (m)	kirurg	כִּירוּרג (ז)

psiquiatra (m)	psiχi''ater	פְּסִיכִיאָטֶר (ז)
pediatra (m)	rofe yeladim	רוֹפֵא יְלָדִים (ז)
psicólogo (m)	psiχolog	פְּסִיכוֹלוֹג (ז)
ginecologista (m)	rofe naʃim	רוֹפֵא נָשִׁים (ז)
cardiologista (m)	kardyolog	קַרְדִּיוֹלוֹג (ז)

73. Medicina. Drogas. Acessórios

medicamento (m)	trufa	תְּרוּפָה (נ)
remédio (m)	trufa	תְּרוּפָה (נ)
receitar (vt)	lirʃom	לִרְשׁוֹם
receita (f)	mirʃam	מִרְשָׁם (ז)

comprimido (m)	kadur	כַּדּוּר (ז)
unguento (m)	miʃχa	מִשְׁחָה (נ)
ampola (f)	'ampula	אַמְפּוּלָה (נ)
solução, preparado (m)	ta'a'rovet	תַּעֲרוֹבֶת (נ)
xarope (m)	sirop	סִירוֹפּ (ז)
cápsula (f)	gluya	גְּלוּיָה (נ)
pó (m)	avka	אַבְקָה (נ)

atadura (f)	taχ'boʃet 'gaza	תַּחְבּוֹשֶׁת גָּאזָה (ז)
algodão (m)	'tsemer 'gefen	צֶמֶר גֶּפֶן (ז)
iodo (m)	yod	יוֹד (ז)

curativo (m) adesivo	'plaster	פְּלַסְטֶר (ז)
conta-gotas (m)	taf'tefet	טַפְטֶפֶת (נ)
termômetro (m)	madχom	מַדְחוֹם (ז)
seringa (f)	mazrek	מַזְרֵק (ז)

cadeira (f) de rodas	kise galgalim	כִּיסֵא גַּלְגַּלִים (ז)
muletas (f pl)	ka'bayim	קַבַּיִים (ז"ר)

analgésico (m)	meʃakeχ ke'evim	מְשַׁכֵּךְ כְּאֵבִים (ז)
laxante (m)	trufa meʃal'ʃelet	תְּרוּפָה מְשַׁלְשֶׁלֶת (נ)

álcool (m)	'kohal	כֹּהֶל (ז)
ervas (f pl) medicinais	isvei marpe	עִשְׂבֵי מַרְפֵּא (ז"ר)
de ervas (chá ~)	ʃel asavim	שֶׁל עֲשָׂבִים

74. Fumar. Produtos tabágicos

tabaco (m)	'tabak	טַבָּק (ז)
cigarro (m)	si'garya	סִיגָרְיָה (נ)
charuto (m)	sigar	סִיגָר (ז)
cachimbo (m)	mik'teret	מִקְטֶרֶת (נ)
maço (~ de cigarros)	χafisa	חֲפִיסָה (נ)

fósforos (m pl)	gafrurim	גַּפְרוּרִים (ז"ר)
caixa (f) de fósforos	kufsat gafrurim	קֻפְסַת גַּפְרוּרִים (נ)
isqueiro (m)	matsit	מַצִּית (ז)
cinzeiro (m)	ma'afera	מַאֲפֵרָה (נ)
cigarreira (f)	nartik lesi'garyot	נַרְתִּיק לְסִיגָרִיּוֹת (ז)

piteira (f)	piya	פִּיָּה (נ)
filtro (m)	'filter	פִילְטֶר (ז)

fumar (vi, vt)	le'aʃen	לְעַשֵּׁן
acender um cigarro	lehadlik si'garya	לְהַדְלִיק סִיגָרְיָה
tabagismo (m)	iʃun	עִישׁוּן (ז)
fumante (m)	me'aʃen	מְעַשֵּׁן (ז)

bituca (f)	bdal si'garya	בְּדַל סִיגָרְיָה (ז)
fumaça (f)	aʃan	עָשָׁן (ז)
cinza (f)	'efer	אֵפֶר (ז)

HABITAT HUMANO

Cidade

75. Cidade. Vida na cidade

cidade (f)	ir	עִיר (ג)
capital (f)	ir bira	עִיר בִּירָה (ג)
aldeia (f)	kfar	כְּפָר (ז)
mapa (m) da cidade	mapat ha'ir	מַפַּת הָעִיר (ג)
centro (m) da cidade	merkaz ha'ir	מֶרְכַּז הָעִיר (ז)
subúrbio (m)	parvar	פַּרְוָר (ז)
suburbano (adj)	parvari	פַּרְוָרִי
periferia (f)	parvar	פַּרְוָר (ז)
arredores (m pl)	svivot	סְבִיבוֹת (נ"ר)
quarteirão (m)	ʃxuna	שְׁכוּנָה (ג)
quarteirão (m) residencial	ʃxunat megurim	שְׁכוּנַת מְגוּרִים (ג)
tráfego (m)	tnu'a	תְּנוּעָה (ג)
semáforo (m)	ramzor	רַמְזוֹר (ז)
transporte (m) público	taxbura tsiburit	תַּחְבּוּרָה צִיבּוּרִית (ג)
cruzamento (m)	'tsomet	צוֹמֶת (ז)
faixa (f)	ma'avar xatsaya	מַעֲבַר חֲצָיָה (ז)
túnel (m) subterrâneo	ma'avar tat karka'i	מַעֲבַר תַּת-קַרְקָעִי (ז)
cruzar, atravessar (vt)	laxatsot	לַחֲצוֹת
pedestre (m)	holex 'regel	הוֹלֵךְ רֶגֶל (ז)
calçada (f)	midraxa	מִדְרָכָה (ג)
ponte (f)	'geʃer	גֶּשֶׁר (ז)
margem (f) do rio	ta'yelet	טַיֶּלֶת (ג)
fonte (f)	mizraka	מִזְרָקָה (ג)
alameda (f)	sdera	שְׂדֵרָה (ג)
parque (m)	park	פַּארְק (ז)
bulevar (m)	sdera	שְׂדֵרָה (ג)
praça (f)	kikar	כִּיכָּר (ג)
avenida (f)	rexov raʃi	רְחוֹב רָאשִׁי (ז)
rua (f)	rexov	רְחוֹב (ז)
travessa (f)	simta	סִמְטָה (ג)
beco (m) sem saída	mavoi satum	מָבוֹי סָתוּם (ז)
casa (f)	'bayit	בַּיִת (ז)
edifício, prédio (m)	binyan	בִּנְיָין (ז)
arranha-céu (m)	gored ʃxakim	גּוֹרֵד שְׁחָקִים (ז)
fachada (f)	xazit	חֲזִית (ג)
telhado (m)	gag	גַּג (ז)

janela (f)	χalon	חַלּוֹן (ז)
arco (m)	'keʃet	קֶשֶׁת (נ)
coluna (f)	amud	עַמּוּד (ז)
esquina (f)	pina	פִּינָה (נ)

vitrine (f)	χalon ra'ava	חַלּוֹן רַאֲוָה (ז)
letreiro (m)	'ʃelet	שֶׁלֶט (ז)
cartaz (do filme, etc.)	kraza	כְּרָזָה (נ)
cartaz (m) publicitário	'poster	פּוֹסְטֶר (ז)
painel (m) publicitário	'luaχ pirsum	לוּחַ פִּרְסוּם (ז)

lixo (m)	'zevel	זֶבֶל (ז)
lata (f) de lixo	paχ aʃpa	פַּח אַשְׁפָּה (ז)
jogar lixo na rua	lelaχleχ	לְלַכְלֵךְ
aterro (m) sanitário	mizbala	מִזְבָּלָה (נ)

orelhão (m)	ta 'telefon	תָּא טֶלֶפוֹן (ז)
poste (m) de luz	amud panas	עַמּוּד פָּנָס (ז)
banco (m)	safsal	סַפְסָל (ז)

polícia (m)	ʃoter	שׁוֹטֵר (ז)
polícia (instituição)	miʃtara	מִשְׁטָרָה (נ)
mendigo, pedinte (m)	kabtsan	קַבְּצָן (ז)
desabrigado (m)	χasar 'bayit	חֲסַר בַּיִת (ז)

76. Instituições urbanas

loja (f)	χanut	חֲנוּת (נ)
drogaria (f)	beit mir'kaχat	בֵּית מִרְקַחַת (ז)
ótica (f)	χanut miʃka'fayim	חֲנוּת מִשְׁקָפַיִים (נ)
centro (m) comercial	kanyon	קַנְיוֹן (ז)
supermercado (m)	super'market	סוּפֶּרְמַרְקֶט (ז)

padaria (f)	ma'afiya	מַאֲפִיָּיה (נ)
padeiro (m)	ofe	אוֹפֶה (ז)
pastelaria (f)	χanut mamtakim	חֲנוּת מַמְתַּקִים (נ)
mercearia (f)	ma'kolet	מַכּוֹלֶת (נ)
açougue (m)	itliz	אָטְלִיז (ז)

fruteira (f)	χanut perot viyerakot	חֲנוּת פֵּירוֹת וִירָקוֹת (נ)
mercado (m)	ʃuk	שׁוּק (ז)

cafeteria (f)	beit kafe	בֵּית קָפֶה (ז)
restaurante (m)	mis'ada	מִסְעָדָה (נ)
bar (m)	pab	פָּאבּ (ז)
pizzaria (f)	pi'tseriya	פִּיצֶרִיָּיה (נ)

salão (m) de cabeleireiro	mispara	מִסְפָּרָה (נ)
agência (f) dos correios	'do'ar	דּוֹאַר (ז)
lavanderia (f)	nikui yaveʃ	נִיקּוּי יָבֵשׁ (ז)
estúdio (m) fotográfico	'studyo letsilum	סְטוּדְיוֹ לְצִילּוּם (ז)

sapataria (f)	χanut na'a'layim	חֲנוּת נַעֲלַיִים (נ)
livraria (f)	χanut sfarim	חֲנוּת סְפָרִים (נ)

loja (f) de artigos esportivos	χanut sport	חֲנוּת סְפּוֹרְט (נ)
costureira (m)	χanut tikun bgadim	חֲנוּת תִּיקוּן בְּגָדִים (נ)
aluguel (m) de roupa	χanut haskarat bgadim	חֲנוּת הַשְׂכָּרַת בְּגָדִים (נ)
videolocadora (f)	χanut haʃalat sratim	חֲנוּת הַשְׁאָלַת סְרָטִים (נ)

circo (m)	kirkas	קִרְקָס (ז)
jardim (m) zoológico	gan hayot	גַּן חַיּוֹת (ז)
cinema (m)	kol'no'a	קוֹלְנוֹעַ (ז)
museu (m)	muze'on	מוּזֵיאוֹן (ז)
biblioteca (f)	sifriya	סִפְרִיָּה (נ)

teatro (m)	te'atron	תִּיאַטְרוֹן (ז)
ópera (f)	beit 'opera	בֵּית אוֹפֶּרָה (ז)
boate (casa noturna)	mo'adon 'laila	מוֹעֲדוֹן לַיְלָה (ז)
cassino (m)	ka'zino	קָזִינוֹ (ז)

mesquita (f)	misgad	מִסְגָּד (ז)
sinagoga (f)	beit 'kneset	בֵּית כְּנֶסֶת (ז)
catedral (f)	kated'rala	קָתֶדְרָלָה (נ)
templo (m)	mikdaʃ	מִקְדָּשׁ (ז)
igreja (f)	knesiya	כְּנֵסִיָּה (נ)

faculdade (f)	miχlala	מִכְלָלָה (נ)
universidade (f)	uni'versita	אוּנִיבֶרְסִיטָה (נ)
escola (f)	beit 'sefer	בֵּית סֵפֶר (ז)

prefeitura (f)	maχoz	מָחוֹז (ז)
câmara (f) municipal	iriya	עִירִיָּה (נ)
hotel (m)	beit malon	בֵּית מָלוֹן (ז)
banco (m)	bank	בַּנְק (ז)

embaixada (f)	ʃagrirut	שַׁגְרִירוּת (נ)
agência (f) de viagens	soχnut nesi'ot	סוֹכְנוּת נְסִיעוֹת (נ)
agência (f) de informações	modi'in	מוֹדִיעִין (ז)
casa (f) de câmbio	misrad hamarat mat'be'a	מִשְׂרַד הֲמָרַת מַטְבֵּעַ (ז)

| metrô (m) | ra'kevet taχtit | רַכֶּבֶת תַּחְתִּית (נ) |
| hospital (m) | beit χolim | בֵּית חוֹלִים (ז) |

| posto (m) de gasolina | taχanat 'delek | תַּחֲנַת דֶּלֶק (נ) |
| parque (m) de estacionamento | migraʃ χanaya | מִגְרַשׁ חֲנָיָה (ז) |

77. Transportes urbanos

ônibus (m)	'otobus	אוֹטוֹבּוּס (ז)
bonde (m) elétrico	ra'kevet kala	רַכֶּבֶת קַלָּה (נ)
trólebus (m)	tro'leibus	טְרוֹלֵיבּוּס (ז)
rota (f), itinerário (m)	maslul	מַסְלוּל (ז)
número (m)	mispar	מִסְפָּר (ז)

ir de ... (carro, etc.)	lin'so'a be...	לִנְסוֹעַ בְּ...
entrar no ...	la'alot	לַעֲלוֹת
descer do ...	la'redet mi...	לָרֶדֶת מ...
parada (f)	taχana	תַּחֲנָה (נ)

próxima parada (f)	hataxana haba'a	הַתַּחֲנָה הַבָּאָה (נ)
terminal (m)	hataxana ha'axrona	הַתַּחֲנָה הָאַחֲרוֹנָה (נ)
horário (m)	'luax zmanim	לוּחַ זְמַנִּים (ז)
esperar (vt)	lehamtin	לְהַמְתִּין

| passagem (f) | kartis | כַּרְטִיס (ז) |
| tarifa (f) | mexir hanesiya | מְחִיר הַנְּסִיעָה (ז) |

bilheteiro (m)	kupai	קוּפַּאי (ז)
controle (m) de passagens	bi'koret kartisim	בִּיקּוֹרֶת כַּרְטִיסִים (נ)
revisor (m)	mevaker	מְבַקֵּר (ז)

atrasar-se (vr)	le'axer	לְאַחֵר
perder (o autocarro, etc.)	lefasfes	לְפַסְפֵּס
estar com pressa	lemaher	לְמַהֵר

táxi (m)	monit	מוֹנִית (נ)
taxista (m)	nahag monit	נֶהַג מוֹנִית (ז)
de táxi (ir ~)	bemonit	בְּמוֹנִית
ponto (m) de táxis	taxanat moniyot	תַּחֲנַת מוֹנִיּוֹת (נ)
chamar um táxi	lehazmin monit	לְהַזְמִין מוֹנִית
pegar um táxi	la'kaxat monit	לָקַחַת מוֹנִית

tráfego (m)	tnu'a	תְּנוּעָה (נ)
engarrafamento (m)	pkak	פְּקָק (ז)
horas (f pl) de pico	ʃa'ot 'omes	שְׁעוֹת עוֹמֶס (נ"ר)
estacionar (vi)	laxanot	לַחֲנוֹת
estacionar (vt)	lehaxnot	לְהַחֲנוֹת
parque (m) de estacionamento	xanaya	חֲנָיָה (נ)

metrô (m)	ra'kevet taxtit	רַכֶּבֶת תַּחְתִּית (נ)
estação (f)	taxana	תַּחֲנָה (נ)
ir de metrô	lin'so'a betaxtit	לִנְסוֹעַ בְּתַחְתִּית
trem (m)	ra'kevet	רַכֶּבֶת (נ)
estação (f) de trem	taxanat ra'kevet	תַּחֲנַת רַכֶּבֶת (נ)

78. Turismo

monumento (m)	an'darta	אַנְדַּרְטָה (נ)
fortaleza (f)	mivtsar	מִבְצָר (ז)
palácio (m)	armon	אַרְמוֹן (ז)
castelo (m)	tira	טִירָה (נ)
torre (f)	migdal	מִגְדָּל (ז)
mausoléu (m)	ma'uzo'le'um	מָאוּזוֹלֵיאוּם (ז)

arquitetura (f)	adrixalut	אַדְרִיכָלוּת (נ)
medieval (adj)	benaimi	בֵּינַיימִי
antigo (adj)	atik	עַתִּיק
nacional (adj)	le'umi	לְאוּמִי
famoso, conhecido (adj)	mefursam	מְפוּרְסָם

turista (m)	tayar	תַּיָּיר (ז)
guia (pessoa)	madrix tiyulim	מַדְרִיךְ טִיּוּלִים (ז)
excursão (f)	tiyul	טִיּוּל (ז)

| mostrar (vt) | lehar'ot | לְהַרְאוֹת |
| contar (vt) | lesaper | לְסַפֵּר |

encontrar (vt)	limtso	לִמְצֹא
perder-se (vr)	la'leχet le'ibud	לָלֶכֶת לְאִיבּוּד
mapa (~ do metrô)	mapa	מַפָּה (נ)
mapa (~ da cidade)	tarʃim	תַּרְשִׁים (ז)

lembrança (f), presente (m)	maz'keret	מַזְכֶּרֶת (נ)
loja (f) de presentes	χanut matanot	חֲנוּת מַתָּנוֹת (נ)
tirar fotos, fotografar	letsalem	לְצַלֵּם
fotografar-se (vr)	lehitstalem	לְהִצְטַלֵּם

79. Compras

comprar (vt)	liknot	לִקְנוֹת
compra (f)	kniya	קְנִיָּה (נ)
fazer compras	la'leχet lekniyot	לָלֶכֶת לִקְנִיּוֹת
compras (f pl)	ariχat kniyot	עֲרִיכַת קְנִיּוֹת (נ)

| estar aberta (loja) | pa'tuaχ | פָּתוּחַ |
| estar fechada | sagur | סָגוּר |

calçado (m)	na'a'layim	נַעֲלַיִים (נ"ר)
roupa (f)	bgadim	בְּגָדִים (ז"ר)
cosméticos (m pl)	tamrukim	תַּמְרוּקִים (ז"ר)
alimentos (m pl)	mutsrei mazon	מוּצְרֵי מָזוֹן (ז"ר)
presente (m)	matana	מַתָּנָה (נ)

| vendedor (m) | moχer | מוֹכֵר (ז) |
| vendedora (f) | mo'χeret | מוֹכֶרֶת (נ) |

caixa (f)	kupa	קוּפָּה (נ)
espelho (m)	mar'a	מַרְאָה (נ)
balcão (m)	duχan	דּוּכָן (ז)
provador (m)	'χeder halbaʃa	חֲדַר הַלְבָּשָׁה (ז)

provar (vt)	limdod	לִמְדֹד
servir (roupa, caber)	lehat'im	לְהַתְאִים
gostar (apreciar)	limtso χen be'ei'nayim	לִמְצֹא חֵן בְּעֵינַיִים

preço (m)	meχir	מְחִיר (ז)
etiqueta (f) de preço	tag meχir	תָּג מְחִיר (ז)
custar (vt)	la'alot	לַעֲלוֹת
Quanto?	'kama?	כַּמָּה?
desconto (m)	hanaχa	הֲנָחָה (נ)

não caro (adj)	lo yakar	לֹא יָקָר
barato (adj)	zol	זוֹל
caro (adj)	yakar	יָקָר
É caro	ze yakar	זֶה יָקָר

| aluguel (m) | haskara | הַשְׂכָּרָה (נ) |
| alugar (roupas, etc.) | liskor | לִשְׂכּוֹר |

| crédito (m) | aʃrai | אַשְׁרַאי (ז) |
| a crédito | be'aʃrai | בְּאַשְׁרַאי |

80. Dinheiro

dinheiro (m)	'kesef	כֶּסֶף (ז)
câmbio (m)	hamara	הָמָרָה (נ)
taxa (f) de câmbio	'ʃa'ar χalifin	שַׁעַר חֲלִיפִין (ז)
caixa (m) eletrônico	kaspomat	כַּסְפּוֹמָט (ז)
moeda (f)	mat'be'a	מַטְבֵּעַ (ז)

| dólar (m) | 'dolar | דּוֹלָר (ז) |
| euro (m) | 'eiro | אֵירוֹ (ז) |

lira (f)	'lira	לִירָה (נ)
marco (m)	mark germani	מַרק גֶּרְמָנִי (ז)
franco (m)	frank	פְרַנק (ז)
libra (f) esterlina	'lira 'sterling	לִירָה שְׁטֶרְלִינג (נ)
iene (m)	yen	יֶן (ז)

dívida (f)	χov	חוֹב (ז)
devedor (m)	'ba'al χov	בַּעַל חוֹב (ז)
emprestar (vt)	lehalvot	לְהַלְוֹת
pedir emprestado	lilvot	לִלְוֹת

banco (m)	bank	בַּנק (ז)
conta (f)	χeʃbon	חֶשְׁבּוֹן (ז)
depositar (vt)	lehafkid	לְהַפְקִיד
depositar na conta	lehafkid leχeʃbon	לְהַפְקִיד לְחֶשְׁבּוֹן
sacar (vt)	limʃoχ meχeʃbon	לִמְשׁוֹך מֵחֶשְׁבּוֹן

cartão (m) de crédito	kartis aʃrai	כַּרְטִיס אַשְׁרַאי (ז)
dinheiro (m) vivo	mezuman	מְזוּמָן
cheque (m)	tʃek	צֶ'ק (ז)
passar um cheque	liχtov tʃek	לִכְתוֹב צֶ'ק
talão (m) de cheques	pinkas 'tʃekim	פִּנְקָס צֶ'קִים (ז)

carteira (f)	arnak	אַרְנָק (ז)
niqueleira (f)	arnak lematbe''ot	אַרְנָק לְמַטְבְּעוֹת (ז)
cofre (m)	ka'sefet	כַּסֶּפֶת (נ)

herdeiro (m)	yoreʃ	יוֹרֵשׁ (ז)
herança (f)	yeruʃa	יְרוּשָׁה (נ)
fortuna (riqueza)	'oʃer	עוֹשֶׁר (ז)

arrendamento (m)	χoze sχirut	חוֹזֶה שְׂכִירוּת (ז)
aluguel (pagar o ~)	sχar dira	שְׂכַר דִּירָה (ז)
alugar (vt)	liskor	לִשְׂכּוֹר

preço (m)	meχir	מְחִיר (ז)
custo (m)	alut	עֲלוּת (נ)
soma (f)	sχum	סְכוּם (ז)
gastar (vt)	lehotsi	לְהוֹצִיא
gastos (m pl)	hotsa'ot	הוֹצָאוֹת (נ"ר)

| economizar (vi) | laxasox | לַחֲסוֹך |
| econômico (adj) | xesxoni | חֶסכוֹנִי |

pagar (vt)	leʃalem	לְשַׁלֵם
pagamento (m)	taʃlum	תַשׁלוּם (ז)
troco (m)	'odef	עוֹדֶף (ז)

imposto (m)	mas	מַס (ז)
multa (f)	knas	קנָס (ז)
multar (vt)	liknos	לִקנוֹס

81. Correios. Serviço postal

agência (f) dos correios	'do'ar	דוֹאַר (ז)
correio (m)	'do'ar	דוֹאַר (ז)
carteiro (m)	davar	דַוָוֹר (ז)
horário (m)	ʃa'ot avoda	שְׁעוֹת עֲבוֹדָה (נ"ר)

carta (f)	mixtav	מִכתָב (ז)
carta (f) registada	mixtav raʃum	מִכתָב רָשׁוּם (ז)
cartão (m) postal	gluya	גלוּיָה (נ)
telegrama (m)	mivrak	מִברָק (ז)
encomenda (f)	xavila	חֲבִילָה (נ)
transferência (f) de dinheiro	ha'avarat ksafim	הַעֲבָרַת כּסָפִים (נ)

receber (vt)	lekabel	לְקַבֵּל
enviar (vt)	liʃ'loax	לִשׁלוֹחַ
envio (m)	ʃlixa	שׁלִיחָה (ז)

endereço (m)	'ktovet	כּתוֹבֶת (נ)
código (m) postal	mikud	מִיקוּד (ז)
remetente (m)	ʃo'leax	שׁוֹלֵחַ (ז)
destinatário (m)	nim'an	נִמעָן (ז)

| nome (m) | ʃem prati | שֵׁם פּרָטִי (ז) |
| sobrenome (m) | ʃem miʃpaxa | שֵׁם מִשׁפָּחָה (ז) |

tarifa (f)	ta'arif	תַעֲרִיף (ז)
ordinário (adj)	ragil	רָגִיל
econômico (adj)	xesxoni	חֶסכוֹנִי

peso (m)	miʃkal	מִשׁקָל (ז)
pesar (estabelecer o peso)	liʃkol	לִשׁקוֹל
envelope (m)	ma'atafa	מַעֲטָפָה (נ)
selo (m) postal	bul 'do'ar	בּוּל דוֹאַר (ז)
colar o selo	lehadbik bul	לְהַדבִּיק בּוּל

Moradia. Casa. Lar

82. Casa. Habitação

casa (f)	'bayit	בַּיִת (ז)
em casa	ba'bayit	בַּבַּיִת
pátio (m), quintal (f)	χatser	חָצֵר (נ)
cerca, grade (f)	gader	גָּדֵר (נ)

tijolo (m)	levena	לְבֵנָה (נ)
de tijolos	milevenim	מִלְּבֵנִים
pedra (f)	'even	אֶבֶן (נ)
de pedra	me''even	מֵאֶבֶן
concreto (m)	beton	בֶּטוֹן (ז)
concreto (adj)	mibeton	מִבֶּטוֹן

novo (adj)	χadaʃ	חָדָשׁ
velho (adj)	yaʃan	יָשָׁן
decrépito (adj)	balui	בָּלוּי
moderno (adj)	mo'derni	מוֹדֶרְנִי
de vários andares	rav komot	רַב־קוֹמוֹת
alto (adj)	ga'voha	גָּבוֹהַ

andar (m)	'koma	קוֹמָה (נ)
de um andar	χad komati	חַד־קוֹמָתִי

térreo (m)	komat 'karka	קוֹמַת קַרְקַע (נ)
andar (m) de cima	hakoma ha'elyona	הַקּוֹמָה הָעֶלְיוֹנָה (נ)

telhado (m)	gag	גַּג (ז)
chaminé (f)	aruba	אֲרוּבָּה (נ)

telha (f)	'ra'af	רַעַף (ז)
de telha	mere'afim	מֵרְעָפִים
sótão (m)	aliyat gag	עֲלִיַּת גַּג (נ)

janela (f)	χalon	חַלּוֹן (ז)
vidro (m)	zχuχit	זְכוּכִית (נ)

parapeito (m)	'eden χalon	אֶדֶן חַלּוֹן (ז)
persianas (f pl)	trisim	תְּרִיסִים (ז"ר)

parede (f)	kir	קִיר (ז)
varanda (f)	mir'peset	מִרְפֶּסֶת (נ)
calha (f)	marzev	מַרְזֵב (ז)

em cima	le'mala	לְמַעְלָה
subir (vi)	la'alot bemadregot	לַעֲלוֹת בְּמַדְרֵגוֹת
descer (vi)	la'redet bemadregot	לָרֶדֶת בְּמַדְרֵגוֹת
mudar-se (vr)	la'avor	לַעֲבוֹר

83. Casa. Entrada. Elevador

entrada (f)	knisa	כְּנִיסָה (נ)
escada (f)	madregot	מַדְרֵגוֹת (נ״ר)
degraus (m pl)	madregot	מַדְרֵגוֹת (נ״ר)
corrimão (m)	ma'ake	מַעֲקֶה (ז)
hall (m) de entrada	'lobi	לוֹבִּי (ז)
caixa (f) de correio	teivat 'do'ar	תֵּיבַת דּוֹאַר (נ)
lata (f) do lixo	paχ 'zevel	פַּח זֶבֶל (ז)
calha (f) de lixo	merik aʃpa	מֵרִיק אַשְׁפָּה (ז)
elevador (m)	ma'alit	מַעֲלִית (נ)
elevador (m) de carga	ma'alit masa	מַעֲלִית מַשָּׂא (נ)
cabine (f)	ta ma'alit	תָּא מַעֲלִית (ז)
pegar o elevador	lin'so'a bema'alit	לִנְסוֹעַ בְּמַעֲלִית
apartamento (m)	dira	דִּירָה (נ)
residentes (pl)	dayarim	דַּיָּרִים (ז״ר)
vizinho (m)	ʃaχen	שָׁכֵן (ז)
vizinha (f)	ʃχena	שְׁכֵנָה (נ)
vizinhos (pl)	ʃχenim	שְׁכֵנִים (ז״ר)

84. Casa. Portas. Fechaduras

porta (f)	'delet	דֶּלֶת (נ)
portão (m)	'ʃa'ar	שַׁעַר (ז)
maçaneta (f)	yadit	יָדִית (נ)
destrancar (vt)	lif'toaχ	לִפְתּוֹחַ
abrir (vt)	lif'toaχ	לִפְתּוֹחַ
fechar (vt)	lisgor	לִסְגּוֹר
chave (f)	maf'teaχ	מַפְתֵּחַ (ז)
molho (m)	tsror mafteχot	צְרוֹר מַפְתְּחוֹת (ז)
ranger (vi)	laχarok	לַחֲרוֹק
rangido (m)	χarika	חֲרִיקָה (נ)
dobradiça (f)	tsir	צִיר (ז)
capacho (m)	ʃtiχon	שְׁטִיחוֹן (ז)
fechadura (f)	man'ul	מַנְעוּל (ז)
buraco (m) da fechadura	χor haman'ul	חוֹר הַמַּנְעוּל (ז)
barra (f)	'briaχ	בְּרִיחַ (ז)
fecho (ferrolho pequeno)	'briaχ	בְּרִיחַ (ז)
cadeado (m)	man'ul	מַנְעוּל (ז)
tocar (vt)	letsaltsel	לְצַלְצֵל
toque (m)	tsiltsul	צִלְצוּל (ז)
campainha (f)	pa'amon	פַּעֲמוֹן (ז)
botão (m)	kaftor	כַּפְתּוֹר (ז)
batida (f)	hakaʃa	הַקָּשָׁה (נ)
bater (vi)	lehakiʃ	לְהַקִּישׁ
código (m)	kod	קוֹד (ז)
fechadura (f) de código	man'ul kod	מַנְעוּל קוֹד (ז)

interfone (m)	'interkom	אִינְטֶרְקוֹם (ז)
número (m)	mispar	מִסְפָּר (ז)
placa (f) de porta	luχit	לוּחִית (נ)
olho (m) mágico	einit	עֵינִית (נ)

85. Casa de campo

aldeia (f)	kfar	כְּפָר (ז)
horta (f)	gan yarak	גַּן יָרָק (ז)
cerca (f)	gader	גָּדֵר (נ)
cerca (f) de piquete	gader yetedot	גָּדֵר יְתֵדוֹת (נ)
portão (f) do jardim	piʃpaʃ	פִּשְׁפָּשׁ (ז)
celeiro (m)	asam	אָסָם (ז)
adega (f)	martef	מַרְתֵּף (ז)
galpão, barracão (m)	maχsan	מַחְסָן (ז)
poço (m)	be'er	בְּאֵר (נ)
fogão (m)	aχ	אָח (נ)
atiçar o fogo	lehasik et ha'aχ	לְהַסִּיק אֶת הָאָח
lenha (carvão ou ~)	atsei hasaka	עֲצֵי הַסָּקָה (ז"ר)
acha, lenha (f)	bul ets	בּוּל עֵץ (ז)
varanda (f)	mir'peset mekora	מִרְפֶּסֶת מְקוֹרָה (נ)
alpendre (m)	mir'peset	מִרְפֶּסֶת (נ)
degraus (m pl) de entrada	madregot ba'petaχ 'bayit	מַדְרֵגוֹת בַּפֶּתַח בַּיִת (נ"ר)
balanço (m)	nadneda	נַדְנֵדָה (נ)

86. Castelo. Palácio

castelo (m)	tira	טִירָה (נ)
palácio (m)	armon	אַרְמוֹן (ז)
fortaleza (f)	mivtsar	מִבְצָר (ז)
muralha (f)	χoma	חוֹמָה (נ)
torre (f)	migdal	מִגְדָּל (ז)
calabouço (m)	migdal merkazi	מִגְדָּל מֶרְכָּזִי (ז)
grade (f) levadiça	ʃa'ar anaχi	שַׁעַר אֲנָכִי (ז)
passagem (f) subterrânea	ma'avar tat karka'i	מַעֲבָר תַּת-קַרְקָעִי (ז)
fosso (m)	χafir	חָפִיר (ז)
corrente, cadeia (f)	ʃal'ʃelet	שַׁלְשֶׁלֶת (נ)
seteira (f)	eʃnav 'yeri	אֶשְׁנָב יְרִי (ז)
magnífico (adj)	mefo'ar	מְפוֹאָר
majestoso (adj)	malχuti	מַלְכוּתִי
inexpugnável (adj)	'bilti χadir	בִּלְתִּי חָדִיר
medieval (adj)	benaimi	בֵּינַיְימִי

87. Apartamento

apartamento (m)	dira	דִּירָה (נ)
quarto, cômodo (m)	'xeder	חֶדֶר (ז)
quarto (m) de dormir	xadar ʃena	חֲדַר שֵׁינָה (ז)
sala (f) de jantar	pinat 'oxel	פִּינַת אוֹכֶל (נ)
sala (f) de estar	salon	סָלוֹן (ז)
escritório (m)	xadar avoda	חֲדַר עֲבוֹדָה (ז)
sala (f) de entrada	prozdor	פְּרוֹזְדוֹר (ז)
banheiro (m)	xadar am'batya	חֲדַר אַמְבַּטְיָה (ז)
lavabo (m)	ʃerutim	שֵׁירוּתִים (ז"ר)
teto (m)	tikra	תִּקְרָה (נ)
chão, piso (m)	ritspa	רִצְפָּה (נ)
canto (m)	pina	פִּינָה (נ)

88. Apartamento. Limpeza

arrumar, limpar (vt)	lenakot	לְנַקּוֹת
guardar (no armário, etc.)	lefanot	לְפַנּוֹת
pó (m)	avak	אָבָק (ז)
empoeirado (adj)	me'ubak	מְאוּבָּק
tirar o pó	lenakot avak	לְנַקּוֹת אָבָק
aspirador (m)	ʃo'ev avak	שׁוֹאֵב אָבָק (ז)
aspirar (vt)	liʃov avak	לִשְׁאוֹב אָבָק
varrer (vt)	letate	לְטַאטֵא
sujeira (f)	'psolet ti'tu	פְּסוֹלֶת טִאטוּא (נ)
arrumação, ordem (f)	'seder	סֵדֶר (ז)
desordem (f)	i 'seder	אִי סֵדֶר (ז)
esfregão (m)	magev im smartut	מַגֵּב עִם סְמַרְטוּט (ז)
pano (m), trapo (m)	smartut avak	סְמַרְטוּט אָבָק (ז)
vassoura (f)	mat'ate katan	מַטְאֲטֵא קָטָן (ז)
pá (f) de lixo	ya'e	יָעֶה (ז)

89. Mobiliário. Interior

mobiliário (m)	rehitim	רָהִיטִים (ז"ר)
mesa (f)	ʃulxan	שׁוּלְחָן (ז)
cadeira (f)	kise	כִּסֵּא (ז)
cama (f)	mita	מִיטָה (נ)
sofá, divã (m)	sapa	סַפָּה (נ)
poltrona (f)	kursa	כּוּרְסָה (נ)
estante (f)	aron sfarim	אָרוֹן סְפָרִים (ז)
prateleira (f)	madaf	מַדָּף (ז)
guarda-roupas (m)	aron bgadim	אָרוֹן בְּגָדִים (ז)
cabide (m) de parede	mitle	מִתְלֶה (ז)

cabideiro (m) de pé	mitle	מִתְלֶה (ז)
cômoda (f)	ʃida	שִׁידָה (נ)
mesinha (f) de centro	ʃulχan itonim	שׁוֹלְחַן עִיתּוֹנִים (ז)

espelho (m)	mar'a	מַרְאָה (נ)
tapete (m)	ʃa'tiaχ	שָׁטִיחַ (ז)
tapete (m) pequeno	ʃa'tiaχ	שָׁטִיחַ (ז)

lareira (f)	aχ	אָח (נ)
vela (f)	ner	נֵר (ז)
castiçal (m)	pamot	פָּמוֹט (ז)

cortinas (f pl)	vilonot	וִילוֹנוֹת (ז"ר)
papel (m) de parede	tapet	טַפֶּט (ז)
persianas (f pl)	trisim	תְּרִיסִים (ז"ר)

luminária (f) de mesa	menorat ʃulχan	מְנוֹרַת שׁוּלְחָן (נ)
luminária (f) de parede	menorat kir	מְנוֹרַת קִיר (נ)
abajur (m) de pé	menora o'medet	מְנוֹרָה עוֹמֶדֶת (נ)
lustre (m)	niv'reʃet	נִבְרֶשֶׁת (נ)

pé (de mesa, etc.)	'regel	רֶגֶל (נ)
braço, descanso (m)	miʃ"enet yad	מִשְׁעֶנֶת יָד (נ)
costas (f pl)	miʃ"enet	מִשְׁעֶנֶת (נ)
gaveta (f)	megera	מְגִירָה (נ)

90. Quarto de dormir

roupa (f) de cama	matsa'im	מַצָּעִים (ז"ר)
travesseiro (m)	karit	כָּרִית (נ)
fronha (f)	tsipit	צִיפִּית (נ)
cobertor (m)	smiχa	שְׂמִיכָה (נ)
lençol (m)	sadin	סָדִין (ז)
colcha (f)	kisui mita	כִּיסוּי מִיטָה (ז)

91. Cozinha

cozinha (f)	mitbaχ	מִטְבָּח (ז)
gás (m)	gaz	גָּז (ז)
fogão (m) a gás	tanur gaz	תַּנּוּר גָּז (ז)
fogão (m) elétrico	tanur χaʃmali	תַּנּוּר חַשְׁמַלִּי (ז)
forno (m)	tanur afiya	תַּנּוּר אֲפִיָּה (ז)
forno (m) de micro-ondas	mikrogal	מִיקְרוֹגַל (ז)

geladeira (f)	mekarer	מְקָרֵר (ז)
congelador (m)	makpi	מַקְפִּיא (ז)
máquina (f) de lavar louça	me'diaχ kelim	מֵדִיחַ כֵּלִים (ז)

moedor (m) de carne	matχenat basar	מַטְחֲנַת בָּשָׂר (נ)
espremedor (m)	masχeta	מַסְחֵטָה (נ)
torradeira (f)	'toster	טוֹסְטֶר (ז)
batedeira (f)	'mikser	מִיקְסֶר (ז)

máquina (f) de café	meχonat kafe	מְכוֹנַת קָפֶה (נ)
cafeteira (f)	findʒan	פִינג'אָן (ז)
moedor (m) de café	matχenat kafe	מַטְחֲנַת קָפֶה (נ)

chaleira (f)	kumkum	קוּמְקוּם (ז)
bule (m)	kumkum	קוּמְקוּם (ז)
tampa (f)	miχse	מִכְסֶה (ז)
coador (m) de chá	mis'nenet te	מְסַנֶּנֶת תֵּה (נ)

colher (f)	kaf	כַּף (נ)
colher (f) de chá	kapit	כַּפִּית (נ)
colher (f) de sopa	kaf	כַּף (נ)
garfo (m)	mazleg	מַזְלֵג (ז)
faca (f)	sakin	סַכִּין (ז, נ)

louça (f)	kelim	כֵּלִים (ז"ר)
prato (m)	tsa'laχat	צַלַחַת (נ)
pires (m)	taχtit	תַּחְתִּית (נ)

cálice (m)	kosit	כּוֹסִית (נ)
copo (m)	kos	כּוֹס (נ)
xícara (f)	'sefel	סֵפֶל (ז)

açucareiro (m)	mis'keret	מִסְכֶּרֶת (נ)
saleiro (m)	milχiya	מִלְחִיָּה (נ)
pimenteiro (m)	pilpeliya	פִּלְפְּלִיָּה (נ)
manteigueira (f)	maχame'a	מַחֲמָאָה (נ)

panela (f)	sir	סִיר (ז)
frigideira (f)	maχvat	מַחֲבַת (נ)
concha (f)	tarvad	תַּרְווֹד (ז)
coador (m)	mis'nenet	מְסַנֶּנֶת (נ)
bandeja (f)	magaʃ	מַגָּשׁ (ז)

garrafa (f)	bakbuk	בַּקְבּוּק (ז)
pote (m) de vidro	tsin'tsenet	צִנְצֶנֶת (נ)
lata (~ de cerveja)	paχit	פַּחִית (נ)

abridor (m) de garrafa	potχan bakbukim	פּוֹתְחַן בַּקְבּוּקִים (ז)
abridor (m) de latas	potχan kufsa'ot	פּוֹתְחַן קוּפְסָאוֹת (ז)
saca-rolhas (m)	maχlets	מַחְלֵץ (ז)
filtro (m)	'filter	פִילְטֶר (ז)
filtrar (vt)	lesanen	לְסַנֵּן

lixo (m)	'zevel	זֶבֶל (ז)
lixeira (f)	paχ 'zevel	פַּח זֶבֶל (ז)

92. Casa de banho

banheiro (m)	χadar am'batya	חֲדַר אַמְבַּטְיָה (ז)
água (f)	'mayim	מַיִם (ז"ר)
torneira (f)	'berez	בֶּרֶז (ז)
água (f) quente	'mayim χamim	מַיִם חַמִּים (ז"ר)
água (f) fria	'mayim karim	מַיִם קָרִים (ז"ר)

pasta (f) de dente	miʃχat ʃi'nayim	מִשְׁחַת שִׁינַּיִם (נ)
escovar os dentes	letsaχ'tseaχ ʃi'nayim	לְצַחְצֵחַ שִׁינַּיִם
escova (f) de dente	miv'refet ʃi'nayim	מִבְרֶשֶׁת שִׁינַּיִם (נ)

barbear-se (vr)	lehitga'leaχ	לְהִתְגַּלֵחַ
espuma (f) de barbear	'ketsef gi'luaχ	קֶצֶף גִּילּוּחַ (ז)
gilete (f)	'ta'ar	תַּעַר (ז)

lavar (vt)	liʃtof	לִשְׁטוֹף
tomar banho	lehitraχets	לְהִתְרַחֵץ
chuveiro (m), ducha (f)	mik'laχat	מִקְלַחַת (נ)
tomar uma ducha	lehitka'leaχ	לְהִתְקַלֵּחַ

banheira (f)	am'batya	אַמְבַּטְיָה (נ)
vaso (m) sanitário	asla	אַסְלָה (נ)
pia (f)	kiyor	כִּיּוֹר (ז)

| sabonete (m) | sabon | סַבּוֹן (ז) |
| saboneteira (f) | saboniya | סַבּוֹנִיָּה (נ) |

esponja (f)	sfog 'lifa	סְפוֹג לִיפָה (ז)
xampu (m)	ʃampu	שַׁמְפּוּ (ז)
toalha (f)	ma'gevet	מַגֶּבֶת (נ)
roupão (m) de banho	χaluk raχatsa	חָלוּק רַחְצָה (ז)

lavagem (f)	kvisa	כְּבִיסָה (נ)
lavadora (f) de roupas	meχonat kvisa	מְכוֹנַת כְּבִיסָה (נ)
lavar a roupa	leχabes	לְכַבֵּס
detergente (m)	avkat kvisa	אַבְקַת כְּבִיסָה (נ)

93. Eletrodomésticos

televisor (m)	tele'vizya	טֶלֶוִיזְיָה (נ)
gravador (m)	teip	טֵייפּ (ז)
videogravador (m)	maχʃir 'vide'o	מַכְשִׁיר וִידֵאוֹ (ז)
rádio (m)	'radyo	רַדְיוֹ (ז)
leitor (m)	nagan	נַגָּן (ז)

projetor (m)	makren	מַקְרֵן (ז)
cinema (m) em casa	kol'no'a beiti	קוֹלְנוֹעַ בֵּיתִי (ז)
DVD Player (m)	nagan dividi	נַגָּן DVD (ז)
amplificador (m)	magber	מַגְבֵּר (ז)
console (f) de jogos	maχʃir plei'steiʃen	מַכְשִׁיר פְּלֵייסְטֵיישֶׁן (ז)

câmera (f) de vídeo	matslemat 'vide'o	מַצְלֵמַת וִידֵאוֹ (נ)
máquina (f) fotográfica	matslema	מַצְלֵמָה (נ)
câmera (f) digital	matslema digi'talit	מַצְלֵמָה דִיגִיטָלִית (נ)

aspirador (m)	ʃo'ev avak	שׁוֹאֵב אָבָק (ז)
ferro (m) de passar	maghets	מַגְהֵץ (ז)
tábua (f) de passar	'kereʃ gihuts	קֶרֶשׁ גִּיהוּץ (ז)

| telefone (m) | 'telefon | טֶלֶפוֹן (ז) |
| celular (m) | 'telefon nayad | טֶלֶפוֹן נַיָּיד (ז) |

| máquina (f) de escrever | meχonat ktiva | מְכוֹנַת כְּתִיבָה (נ) |
| máquina (f) de costura | meχonat tfira | מְכוֹנַת תְּפִירָה (נ) |

microfone (m)	mikrofon	מִיקְרוֹפוֹן (ז)
fone (m) de ouvido	ozniyot	אוֹזְנִיוֹת (נ"ר)
controle remoto (m)	ʃelet	שֶׁלֶט (ז)

CD (m)	taklitor	תַקְלִיטוֹר (ז)
fita (f) cassete	ka'letet	קַלֶטֶת (נ)
disco (m) de vinil	taklit	תַקְלִיט (ז)

94. Reparações. Renovação

renovação (f)	ʃiputs	שִׁיפּוּץ (ז)
renovar (vt), fazer obras	leʃapets	לְשַׁפֵּץ
reparar (vt)	letaken	לְתַקֵן
consertar (vt)	lesader	לְסַדֵר
refazer (vt)	la'asot meχadaʃ	לַעֲשׂוֹת מֵחָדָשׁ

tinta (f)	'tseva	צֶבַע (ז)
pintar (vt)	lits'bo'a	לִצְבּוֹעַ
pintor (m)	tsaba'i	צַבָּעִי (ז)
pincel (m)	mikχol	מִכְחוֹל (ז)

| cal (f) | sid | סִיד (ז) |
| caiar (vt) | lesayed | לְסַיֵד |

papel (m) de parede	tapet	טַפֶּט (ז)
colocar papel de parede	lehadbik ta'petim	לְהַדְבִּיק טַפֶּטִים
verniz (m)	'laka	לַכָּה (נ)
envernizar (vt)	lim'roaχ 'laka	לִמְרוֹחַ לַכָּה

95. Canalizações

água (f)	'mayim	מַיִם (ז"ר)
água (f) quente	'mayim χamim	מַיִם חָמִים (ז"ר)
água (f) fria	'mayim karim	מַיִם קָרִים (ז"ר)
torneira (f)	'berez	בֶּרֶז (ז)

gota (f)	tipa	טִיפָּה (נ)
gotejar (vi)	letaftef	לְטַפְטֵף
vazar (vt)	lidlof	לִדְלוֹף
vazamento (m)	dlifa	דְלִיפָה (נ)
poça (f)	ʃlulit	שְׁלוּלִית (נ)

tubo (m)	tsinor	צִינוֹר (ז)
válvula (f)	'berez	בֶּרֶז (ז)
entupir-se (vr)	lehisatem	לְהִיסָתֵם

ferramentas (f pl)	klei avoda	כְּלֵי עֲבוֹדָה (ז"ר)
chave (f) inglesa	maf'teaχ mitkavnen	מַפְתֵחַ מִתְכַּוֵוֵן (ז)
desenroscar (vt)	lif'toaχ	לִפְתוֹחַ

enroscar (vt)	lehavrig	לְהַבְרִיג
desentupir (vt)	lif'toaχ et hastima	לִפְתוֹחַ אֶת הַסְתִימָה
encanador (m)	ʃravrav	שְׁרַבְרַב (ז)
porão (m)	martef	מַרְתֵף (ז)
rede (f) de esgotos	biyuv	בִּיוּב (ז)

96. Fogo. Deflagração

incêndio (m)	srefa	שְׂרֵיפָה (נ)
chama (f)	lehava	לֶהָבָה (נ)
faísca (f)	nitsots	נִיצוֹץ (ז)
fumaça (f)	aʃan	עָשָׁן (ז)
tocha (f)	lapid	לַפִּיד (ז)
fogueira (f)	medura	מְדוּרָה (נ)
gasolina (f)	'delek	דֶלֶק (ז)
querosene (m)	kerosin	קֵרוֹסִין (ז)
inflamável (adj)	dalik	דָלִיק
explosivo (adj)	nafits	נָפִיץ
PROIBIDO FUMAR!	asur le'aʃen!	אָסוּר לְעַשֵׁן!
segurança (f)	betiχut	בְּטִיחוּת (נ)
perigo (m)	sakana	סַכָּנָה (נ)
perigoso (adj)	mesukan	מְסוּכָּן
incendiar-se (vr)	lehidalek	לְהִידָלֵק
explosão (f)	pitsuts	פִּיצוּץ (ז)
incendiar (vt)	lehatsit	לְהַצִית
incendiário (m)	matsit	מַצִית (ז)
incêndio (m) criminoso	hatsata	הַצָתָה (נ)
flamejar (vi)	liv'or	לִבְעוֹר
queimar (vi)	la'alot be'eʃ	לַעֲלוֹת בָּאֵשׁ
queimar tudo (vi)	lehisaref	לְהִישָׂרֵף
chamar os bombeiros	lehazmin meχabei eʃ	לְהַזְמִין מְכַבֵּי אֵשׁ
bombeiro (m)	kabai	כַּבַּאי (ז)
caminhão (m) de bombeiros	'reχev kibui	רֶכֶב כִּיבּוּי (ז)
corpo (m) de bombeiros	meχabei eʃ	מְכַבֵּי אֵשׁ (ז"ר)
escada (f) extensível	sulam kaba'im	סוּלָם כַּבָּאִים (ז)
mangueira (f)	zarnuk	זַרְנוּק (ז)
extintor (m)	mataf	מַטָף (ז)
capacete (m)	kasda	קַסְדָה (נ)
sirene (f)	tsofar	צוֹפָר (ז)
gritar (vi)	lits'ok	לִצְעוֹק
chamar por socorro	likro le'ezra	לִקְרוֹא לְעֶזְרָה
socorrista (m)	matsil	מַצִיל (ז)
salvar, resgatar (vt)	lehatsil	לְהַצִיל
chegar (vi)	leha'gi'a	לְהַגִיעַ
apagar (vt)	leχabot	לְכַבּוֹת
água (f)	'mayim	מַיִם (ז"ר)

areia (f)	χol	חוֹל (ז)
ruínas (f pl)	χoravot	חוֹרְבוֹת (נ"ר)
ruir (vi)	likros	לִקְרוֹס
desmoronar (vi)	likros	לִקְרוֹס
desabar (vi)	lehitmotet	לְהִתְמוֹטֵט
fragmento (m)	pisat χoravot	פִּיסַת חוֹרְבוֹת (נ)
cinza (f)	'efer	אֵפֶר (ז)
sufocar (vi)	lehiχanek	לְהֵיחָנֵק
perecer (vi)	lehihareg	לְהֵיהָרֵג

ATIVIDADES HUMANAS

Emprego. Negócios. Parte 1

97. Banca

banco (m)	bank	בַּנק (ז)
balcão (f)	snif	סְנִיף (ז)
consultor (m) bancário	yo'ets	יוֹעֵץ (ז)
gerente (m)	menahel	מְנַהֵל (ז)
conta (f)	xeʃbon	חֶשׁבּוֹן (ז)
número (m) da conta	mispar xeʃbon	מִסְפַּר חֶשׁבּוֹן (ז)
conta (f) corrente	xeʃbon over vaʃav	חֶשׁבּוֹן עוֹבֵר וָשָׁב (ז)
conta (f) poupança	xeʃbon xisaxon	חֶשׁבּוֹן חִסָּכוֹן (ז)
abrir uma conta	lif'toax xeʃbon	לִפְתּוֹחַ חֶשׁבּוֹן
fechar uma conta	lisgor xeʃbon	לִסְגוֹר חֶשׁבּוֹן
depositar na conta	lehafkid lexeʃbon	לְהַפְקִיד לְחֶשׁבּוֹן
sacar (vt)	limʃox mexeʃbon	לִמְשׁוֹךְ מֵחֶשׁבּוֹן
depósito (m)	pikadon	פִּיקָדוֹן (ז)
fazer um depósito	lehafkid	לְהַפְקִיד
transferência (f) bancária	ha'avara banka'it	הַעֲבָרָה בַּנקָאִית (נ)
transferir (vt)	leha'avir 'kesef	לְהַעֲבִיר כֶּסֶף
soma (f)	sxum	סְכוּם (ז)
Quanto?	'kama?	כַּמָּה?
assinatura (f)	xatima	חֲתִימָה (נ)
assinar (vt)	laxtom	לַחְתּוֹם
cartão (m) de crédito	kartis aʃrai	כַּרְטִיס אַשׁרַאי (ז)
senha (f)	kod	קוֹד (ז)
número (m) do cartão de crédito	mispar kartis aʃrai	מִסְפַּר כַּרְטִיס אַשׁרַאי (ז)
caixa (m) eletrônico	kaspomat	כַּספּוֹמָט (ז)
cheque (m)	tʃek	צֶ'ק (ז)
passar um cheque	lixtov tʃek	לִכְתּוֹב צֶ'ק
talão (m) de cheques	pinkas 'tʃekim	פִּנקַס צֶ'קִים (ז)
empréstimo (m)	halva'a	הַלוָואָה (נ)
pedir um empréstimo	levakeʃ halva'a	לְבַקֵּשׁ הַלוָואָה
obter empréstimo	lekabel halva'a	לְקַבֵּל הַלוָואָה
dar um empréstimo	lehalvot	לְהַלווֹת
garantia (f)	arvut	עַרבוּת (נ)

89

98. Telefone. Conversação telefônica

telefone (m)	'telefon	טֶלֶפוֹן (ז)
celular (m)	'telefon nayad	טֶלֶפוֹן נַיָּד (ז)
secretária (f) eletrônica	meʃivon	מְשִׁיבוֹן (ז)
fazer uma chamada	letsaltsel	לְצַלְצֵל
chamada (f)	siχat 'telefon	שִׂיחַת טֶלֶפוֹן (נ)
discar um número	leχayeg mispar	לְחַיֵּג מִסְפָּר
Alô!	'halo!	הָלוֹ!
perguntar (vt)	liʃʼol	לִשְׁאוֹל
responder (vt)	la'anot	לַעֲנוֹת
ouvir (vt)	liʃʼmoʻa	לִשְׁמוֹעַ
bem	tov	טוֹב
mal	lo tov	לֹא טוֹב
ruído (m)	hafra'ot	הַפְרָעוֹת (נ"ר)
fone (m)	ʃfo'feret	שְׁפוֹפֶרֶת (נ)
pegar o telefone	leharim ʃfo'feret	לְהָרִים שְׁפוֹפֶרֶת
desligar (vi)	leha'niaχ ʃfo'feret	לְהַנִּיחַ שְׁפוֹפֶרֶת
ocupado (adj)	tafus	תָּפוּס
tocar (vi)	letsaltsel	לְצַלְצֵל
lista (f) telefônica	'sefer tele'fonim	סֵפֶר טֶלֶפוֹנִים (ז)
local (adj)	mekomi	מְקוֹמִי
chamada (f) local	siχa mekomit	שִׂיחָה מְקוֹמִית (נ)
de longa distância	bein ironi	בֵּין עִירוֹנִי
chamada (f) de longa distância	siχa bein ironit	שִׂיחָה בֵּין עִירוֹנִית (נ)
internacional (adj)	benle'umi	בֵּינְלְאוּמִי
chamada (f) internacional	siχa benle'umit	שִׂיחָה בֵּינְלְאוּמִית (נ)

99. Telefone móvel

celular (m)	'telefon nayad	טֶלֶפוֹן נַיָּד (ז)
tela (f)	masaχ	מָסָךְ (ז)
botão (m)	kaftor	כַּפְתּוֹר (ז)
cartão SIM (m)	kartis sim	כַּרְטִיס סִים (ז)
bateria (f)	solela	סוֹלְלָה (נ)
descarregar-se (vr)	lehitroken	לְהִתְרוֹקֵן
carregador (m)	mit'an	מַטְעָן (ז)
menu (m)	tafrit	תַּפְרִיט (ז)
configurações (f pl)	hagdarot	הַגְדָּרוֹת (נ"ר)
melodia (f)	mangina	מַנְגִּינָה (נ)
escolher (vt)	livχor	לִבְחוֹר
calculadora (f)	maχʃevon	מַחְשְׁבוֹן (ז)
correio (m) de voz	ta koli	תָּא קוֹלִי (ז)

| despertador (m) | ʃaʕon meʕorer | שָׁעוֹן מְעוֹרֵר (ז) |
| contatos (m pl) | anʃei 'keʃer | אַנְשֵׁי קֶשֶׁר (ז"ר) |

| mensagem (f) de texto | misron | מִסְרוֹן (ז) |
| assinante (m) | manui | מָנוּי (ז) |

100. Estacionário

| caneta (f) | et kaduri | עֵט כַּדּוּרִי (ז) |
| caneta (f) tinteiro | et no'veʕa | עֵט נוֹבֵעַ (ז) |

lápis (m)	iparon	עִיפָּרוֹן (ז)
marcador (m) de texto	'marker	מַרְקֵר (ז)
caneta (f) hidrográfica	tuʃ	טוּשׁ (ז)

| bloco (m) de notas | pinkas | פִּנְקָס (ז) |
| agenda (f) | yoman | יוֹמָן (ז) |

régua (f)	sargel	סַרְגֵּל (ז)
calculadora (f)	maxʃevon	מַחְשְׁבוֹן (ז)
borracha (f)	'maxak	מַחַק (ז)
alfinete (m)	'naʕats	נַעַץ (ז)
clipe (m)	mehadek	מְהַדֵּק (ז)

cola (f)	'devek	דֶּבֶק (ז)
grampeador (m)	ʃadxan	שַׁדְכָן (ז)
furador (m) de papel	menakev	מְנַקֵּב (ז)
apontador (m)	maxded	מַחְדֵּד (ז)

Emprego. Negócios. Parte 2

101. Media

jornal (m)	iton	עִיתּוֹן (ז)
revista (f)	ʒurnal	זׄ'וּרְנָל (ז)
imprensa (f)	itonut	עִיתּוֹנוּת (נ)
rádio (m)	'radyo	רַדְיוֹ (ז)
estação (f) de rádio	taχanat 'radyo	תַּחֲנַת רַדְיוֹ (נ)
televisão (f)	tele'vizya	טֶלֶוְוִיזְיָה (נ)
apresentador (m)	manχe	מַנְחֶה (ז)
locutor (m)	karyan	קַרְיָין (ז)
comentarista (m)	parʃan	פַּרְשָׁן (ז)
jornalista (m)	itonai	עִיתּוֹנָאי (ז)
correspondente (m)	katav	כַּתָּב (ז)
repórter (m) fotográfico	tsalam itonut	צַלָּם עִיתּוֹנוּת (ז)
repórter (m)	katav	כַּתָּב (ז)
redator (m)	oreχ	עוֹרֵךְ (ז)
redator-chefe (m)	oreχ raʃi	עוֹרֵךְ רָאשִׁי (ז)
assinar a ...	lehasdir manui	לְהַסְדִּיר מָנוּי
assinatura (f)	minui	מָנוּי (ז)
assinante (m)	manui	מָנוּי (ז)
ler (vt)	likro	לִקְרוֹא
leitor (m)	kore	קוֹרֵא (ז)
tiragem (f)	tfutsa	תְּפוּצָה (נ)
mensal (adj)	χodʃi	חוֹדְשִׁי
semanal (adj)	ʃvu'i	שְׁבוּעִי
número (jornal, revista)	gilayon	גִּילָיוֹן (ז)
recente, novo (adj)	tari	טָרִי
manchete (f)	ko'teret	כּוֹתֶרֶת (נ)
pequeno artigo (m)	katava ktsara	כַּתָּבָה קְצָרָה (נ)
coluna (~ semanal)	tur	טוּר (ז)
artigo (m)	ma'amar	מַאֲמָר (ז)
página (f)	amud	עַמּוּד (ז)
reportagem (f)	katava	כַּתָּבָה (נ)
evento (festa, etc.)	ei'ru'a	אֵירוּעַ (ז)
sensação (f)	sen'satsya	סֶנְסַצְיָה (נ)
escândalo (m)	ʃa'aruriya	שַׁעֲרוּרִיָּה (נ)
escandaloso (adj)	meviʃ	מֵבִישׁ
grande (adj)	gadol	גָּדוֹל
programa (m)	toχnit	תּוֹכְנִית (נ)
entrevista (f)	ra'ayon	רֵאָיוֹן (ז)

| transmissão (f) ao vivo | ʃidur χai | שִׁידוּר חַי (ז) |
| canal (m) | aruts | עָרוּץ (ז) |

102. Agricultura

agricultura (f)	χakla'ut	חַקְלָאוּת (נ)
camponês (m)	ikar	אִיכָּר (ז)
camponesa (f)	χakla'ut	חַקְלָאִית (נ)
agricultor, fazendeiro (m)	χavai	חַוַּאי (ז)

| trator (m) | 'traktor | טְרַקְטוֹר (ז) |
| colheitadeira (f) | kombain | קוֹמְבַּיִין (ז) |

arado (m)	maχreʃa	מַחְרֵשָׁה (נ)
arar (vt)	laχaroʃ	לַחֲרוֹשׁ
campo (m) lavrado	sade χaruʃ	שָׂדֶה חָרוּשׁ (ז)
sulco (m)	'telem	תֶּלֶם (ז)

semear (vt)	liz'ro‘a	לִזְרוֹעַ
plantadeira (f)	mazre‘a	מַזְרֵעָה (נ)
semeadura (f)	zri‘a	זְרִיעָה (נ)

| foice (m) | χermeʃ | חֶרְמֵשׁ (ז) |
| cortar com foice | liktsor | לִקְצוֹר |

| pá (f) | et | אֵת (ז) |
| cavar (vt) | leta'teaχ | לְתַתֵּחַ |

enxada (f)	ma‘ader	מַעְדֵּר (ז)
capinar (vt)	lenakeʃ	לְנַכֵּשׁ
erva (f) daninha	'esev ʃote	עֵשֶׂב שׁוֹטֶה (ז)

regador (m)	maʃpeχ	מַשְׁפֵּךְ (ז)
regar (plantas)	lehaʃkot	לְהַשְׁקוֹת
rega (f)	haʃkaya	הַשְׁקָיָה (נ)

| forquilha (f) | kilʃon | קִלְשׁוֹן (ז) |
| ancinho (m) | magrefa | מַגְרֵפָה (נ) |

fertilizante (m)	'deʃen	דֶּשֶׁן (ז)
fertilizar (vt)	ledaʃen	לְדַשֵּׁן
estrume, esterco (m)	'zevel	זֶבֶל (ז)

campo (m)	sade	שָׂדֶה (ז)
prado (m)	aχu	אָחוּ (ז)
horta (f)	gan yarak	גַּן יָרָק (ז)
pomar (m)	bustan	בּוּסְתָן (ז)

pastar (vt)	lir'ot	לִרְעוֹת
pastor (m)	ro‘e tson	רוֹעֶה צֹאן (ז)
pastagem (f)	mir‘e	מִרְעֶה (ז)

| pecuária (f) | gidul bakar | גִּידּוּל בָּקָר (ז) |
| criação (f) de ovelhas | gidul kvasim | גִּידּוּל כְּבָשִׂים (ז) |

plantação (f)	mata	מַטָּע (ז)
canteiro (m)	aruga	עֲרוּגָה (נ)
estufa (f)	χamama	חֲמָמָה (נ)

| seca (f) | ba'tsoret | בַּצֹּרֶת (נ) |
| seco (verão ~) | yaveʃ | יָבֵשׁ |

grão (m)	tvu'a	תְבוּאָה (נ)
cereais (m pl)	gidulei dagan	גִּידוּלֵי דָגָן (ז"ר)
colher (vt)	liktof	לִקְטוֹף

moleiro (m)	toχen	טוֹחֵן (ז)
moinho (m)	taχanat 'kemaχ	טַחֲנַת קֶמַח (נ)
moer (vt)	litχon	לִטְחוֹן
farinha (f)	'kemaχ	קֶמַח (ז)
palha (f)	kaʃ	קַשׁ (ז)

103. Construção. Processo de construção

canteiro (m) de obras	atar bniya	אֲתַר בְּנִיָּה (ז)
construir (vt)	livnot	לִבְנוֹת
construtor (m)	banai	בַּנַּאי (ז)

projeto (m)	proyekt	פְּרוֹיֶיקְט (ז)
arquiteto (m)	adriχal	אַדְרִיכָל (ז)
operário (m)	po'el	פּוֹעֵל (ז)

fundação (f)	yesodot	יְסוֹדוֹת (ז"ר)
telhado (m)	gag	גַּג (ז)
estaca (f)	amud yesod	עַמּוּד יְסוֹד (ז)
parede (f)	kir	קִיר (ז)

| colunas (f pl) de sustentação | mot χizuk | מוֹט חִיזּוּק (ז) |
| andaime (m) | pigumim | פִּיגּוּמִים (ז"ר) |

concreto (m)	beton	בֶּטוֹן (ז)
granito (m)	granit	גְּרָנִיט (ז)
pedra (f)	'even	אֶבֶן (נ)
tijolo (m)	levena	לְבֵנָה (נ)

areia (f)	χol	חוֹל (ז)
cimento (m)	'melet	מֶלֶט (ז)
emboço, reboco (m)	'tiaχ	טִיחַ (ז)
emboçar, rebocar (vt)	leta'yeaχ	לְטַיֵּיחַ
tinta (f)	'tseva	צֶבַע (ז)
pintar (vt)	lits'bo'a	לִצְבּוֹעַ
barril (m)	χavit	חָבִית (נ)

grua (f), guindaste (m)	aguran	עֲגוּרָן (ז)
erguer (vt)	lehanif	לְהָנִיף
baixar (vt)	lehorid	לְהוֹרִיד

| buldózer (m) | daχpor | דַּחְפּוֹר (ז) |
| escavadora (f) | maχper | מַחְפֵּר (ז) |

caçamba (f)	ʃa'ov	שָׁאוֹב (ז)
escavar (vt)	laχpor	לַחְפּוֹר
capacete (m) de proteção	kasda	קַסְדָּה (נ)

Profissões e ocupações

104. Procura de emprego. Demissão

trabalho (m)	avoda	עֲבוֹדָה (נ)
equipe (f)	'segel	סֶגֶל (ז)
pessoal (m)	'segel	סֶגֶל (ז)
carreira (f)	kar'yera	קַרְיֶירָה (נ)
perspectivas (f pl)	efʃaruyot	אֶפְשָׁרוּיוֹת (נ"ר)
habilidades (f pl)	meyumanut	מְיוּמָנוּת (נ)
seleção (f)	sinun	סִינוּן (ז)
agência (f) de emprego	soχnut 'koaχ adam	סוֹכְנוּת כּוֹחַ אָדָם (נ)
currículo (m)	korot χayim	קוֹרוֹת חַיִּים (נ"ר)
entrevista (f) de emprego	ra'ayon avoda	רַאֲיוֹן עֲבוֹדָה (ז)
vaga (f)	misra pnuya	מִשְׂרָה פְּנוּיָה (נ)
salário (m)	mas'koret	מַשְׂכּוֹרֶת (נ)
salário (m) fixo	mas'koret kvu'a	מַשְׂכּוֹרֶת קְבוּעָה (נ)
pagamento (m)	taʃlum	תַּשְׁלוּם (ז)
cargo (m)	tafkid	תַּפְקִיד (ז)
dever (do empregado)	χova	חוֹבָה (נ)
gama (f) de deveres	tχum aχrayut	תְּחוּם אַחְרָיוּת (ז)
ocupado (adj)	asuk	עָסוּק
despedir, demitir (vt)	lefater	לְפַטֵּר
demissão (f)	pitur	פִּיטוּר (ז)
desemprego (m)	avtala	אַבְטָלָה (נ)
desempregado (m)	muvtal	מוּבְטָל (ז)
aposentadoria (f)	'pensya	פֶּנְסִיָה (נ)
aposentar-se (vr)	latset legimla'ot	לָצֵאת לְגִימְלָאוֹת

105. Gente de negócios

diretor (m)	menahel	מְנַהֵל (ז)
gerente (m)	menahel	מְנַהֵל (ז)
patrão, chefe (m)	bos	בּוֹס (ז)
superior (m)	memune	מְמוּנֶה (ז)
superiores (m pl)	memunim	מְמוּנִים (ז"ר)
presidente (m)	nasi	נָשִׂיא (ז)
chairman (m)	yoʃev roʃ	יוֹשֵׁב רֹאשׁ (ז)
substituto (m)	sgan	סְגָן (ז)
assistente (m)	ozer	עוֹזֵר (ז)

secretário (m)	mazkir	מַזְכִּיר (ז)
secretário (m) pessoal	mazkir iʃi	מַזְכִּיר אִישִׁי (ז)

homem (m) de negócios	iʃ asakim	אִישׁ עֲסָקִים (ז)
empreendedor (m)	yazam	יָזָם (ז)
fundador (m)	meyased	מְיַסֵּד (ז)
fundar (vt)	leyased	לְיַסֵּד

principiador (m)	meχonen	מְכוֹנֵן (ז)
parceiro, sócio (m)	ʃutaf	שׁוּתָף (ז)
acionista (m)	'ba'al menayot	בַּעַל מְנָיוֹת (ז)

milionário (m)	milyoner	מִילְיוֹנֵר (ז)
bilionário (m)	milyarder	מִילְיַאדֶר (ז)
proprietário (m)	be'alim	בְּעָלִים (ז)
proprietário (m) de terras	'ba'al adamot	בַּעַל אֲדָמוֹת (ז)

cliente (m)	la'koaχ	לָקוֹחַ (ז)
cliente (m) habitual	la'koaχ ka'vu'a	לָקוֹחַ קָבוּעַ (ז)
comprador (m)	kone	קוֹנֶה (ז)
visitante (m)	mevaker	מְבַקֵּר (ז)

profissional (m)	miktso'an	מִקְצוֹעָן (ז)
perito (m)	mumχe	מוּמְחֶה (ז)
especialista (m)	mumχe	מוּמְחֶה (ז)

banqueiro (m)	bankai	בַּנְקַאי (ז)
corretor (m)	soχen	סוֹכֵן (ז)

caixa (m, f)	kupai	קוּפַּאי (ז)
contador (m)	menahel χeʃbonot	מְנַהֵל חֶשְׁבּוֹנוֹת (ז)
guarda (m)	ʃomer	שׁוֹמֵר (ז)

investidor (m)	maʃki'a	מַשְׁקִיעַ (ז)
devedor (m)	'ba'al χov	בַּעַל חוֹב (ז)
credor (m)	malve	מַלְוֶה (ז)
mutuário (m)	love	לוֹוֶה (ז)

importador (m)	yevu'an	יְבוּאָן (ז)
exportador (m)	yetsu'an	יְצוּאָן (ז)

produtor (m)	yatsran	יַצְרָן (ז)
distribuidor (m)	mefits	מֵפִיץ (ז)
intermediário (m)	metaveχ	מְתַוֵּוךְ (ז)

consultor (m)	yo'ets	יוֹעֵץ (ז)
representante comercial	natsig meχirot	נָצִיג מְכִירוֹת (ז)
agente (m)	soχen	סוֹכֵן (ז)
agente (m) de seguros	soχen bi'tuaχ	סוֹכֵן בִּיטוּחַ (ז)

106. Profissões de serviços

cozinheiro (m)	tabaχ	טַבָּח (ז)
chefe (m) de cozinha	ʃef	שֶׁף (ז)

padeiro (m)	ofe	אוֹפֶה (ז)
barman (m)	'barmen	בַּרְמָן (ז)
garçom (m)	meltsar	מֶלְצָר (ז)
garçonete (f)	meltsarit	מֶלְצָרִית (נ)

advogado (m)	orex din	עוֹרֵךְ דִּין (ז)
jurista (m)	orex din	עוֹרֵךְ דִּין (ז)
notário (m)	notaryon	נוֹטַרְיוֹן (ז)

eletricista (m)	xaʃmalai	חַשְׁמַלַּאי (ז)
encanador (m)	ʃravrav	שְׁרַבְרַב (ז)
carpinteiro (m)	nagar	נַגָּר (ז)

massagista (m)	ma'ase	מְעַסֶּה (ז)
massagista (f)	masa'ʒistit	מַסָז'ִיסְטִית (נ)
médico (m)	rofe	רוֹפֵא (ז)

taxista (m)	nahag monit	נֶהָג מוֹנִית (ז)
condutor (automobilista)	nahag	נֶהָג (ז)
entregador (m)	ʃa'liax	שַׁלִּיחַ (ז)

camareira (f)	xadranit	חַדְרָנִית (נ)
guarda (m)	ʃomer	שׁוֹמֵר (ז)
aeromoça (f)	da'yelet	דַּיֶּלֶת (נ)

professor (m)	more	מוֹרֶה (ז)
bibliotecário (m)	safran	סַפְרָן (ז)
tradutor (m)	metargem	מְתַרְגֵּם (ז)
intérprete (m)	meturgeman	מְתוּרְגְּמָן (ז)
guia (m)	madrix tiyulim	מַדְרִיךְ טִיּוּלִים (ז)

cabeleireiro (m)	sapar	סַפָּר (ז)
carteiro (m)	davar	דַּוָּר (ז)
vendedor (m)	moxer	מוֹכֵר (ז)

jardineiro (m)	ganan	גַּנָּן (ז)
criado (m)	meʃaret	מְשָׁרֵת (ז)
criada (f)	meʃa'retet	מְשָׁרֶתֶת (נ)
empregada (f) de limpeza	menaka	מְנַקָּה (נ)

107. Profissões militares e postos

soldado (m) raso	turai	טוּרַאי (ז)
sargento (m)	samal	סַמָּל (ז)
tenente (m)	'segen	סֶגֶן (ז)
capitão (m)	'seren	סֶרֶן (ז)

major (m)	rav 'seren	רַב־סֶרֶן (ז)
coronel (m)	aluf miʃne	אַלּוּף מִשְׁנֶה (ז)
general (m)	aluf	אַלּוּף (ז)
marechal (m)	'marʃal	מַרְשָׁל (ז)
almirante (m)	admiral	אַדְמִירָל (ז)
militar (m)	iʃ tsava	אִישׁ צָבָא (ז)
soldado (m)	xayal	חַיָּל (ז)

oficial (m)	katsin	קָצִין (ז)
comandante (m)	mefaked	מְפַקֵד (ז)

guarda (m) de fronteira	ʃomer gvul	שׁוֹמֵר גְבוּל (ז)
operador (m) de rádio	alχutai	אַלְחוּטַאי (ז)
explorador (m)	iʃ modi'in kravi	אִישׁ מוֹדִיעִין קְרָבִי (ז)
sapador-mineiro (m)	χablan	חַבְּלָן (ז)
atirador (m)	tsalaf	צַלָף (ז)
navegador (m)	navat	נַוָּט (ז)

108. Oficiais. Padres

rei (m)	'meleχ	מֶלֶך (ז)
rainha (f)	malka	מַלְכָּה (נ)

príncipe (m)	nasiχ	נָסִיך (ז)
princesa (f)	nesiχa	נְסִיכָה (נ)

czar (m)	tsar	צָאר (ז)
czarina (f)	tsa'rina	צָארִינָה (נ)

presidente (m)	nasi	נָשִׂיא (ז)
ministro (m)	sar	שָׂר (ז)
primeiro-ministro (m)	roʃ memʃala	רֹאשׁ מֶמְשָׁלָה (ז)
senador (m)	se'nator	סֶנָאטוֹר (ז)

diplomata (m)	diplomat	דִיפְּלוֹמָט (ז)
cônsul (m)	'konsul	קוֹנְסוּל (ז)
embaixador (m)	ʃagrir	שַׁגְרִיר (ז)
conselheiro (m)	yo'ets	יוֹעֵץ (ז)

funcionário (m)	pakid	פָּקִיד (ז)
prefeito (m)	prefekt	פְּרֶפֶקְט (ז)
Presidente (m) da Câmara	roʃ ha'ir	רֹאשׁ הָעִיר (ז)

juiz (m)	ʃofet	שׁוֹפֵט (ז)
procurador (m)	to've'a	תוֹבֵעַ (ז)

missionário (m)	misyoner	מִיסְיוֹנֵר (ז)
monge (m)	nazir	נָזִיר (ז)
abade (m)	roʃ minzar ka'toli	רֹאשׁ מִנְזָר קָתוֹלִי (ז)
rabino (m)	rav	רַב (ז)

vizir (m)	vazir	וָזִיר (ז)
xá (m)	ʃaχ	שָׁאח (ז)
xeique (m)	ʃeiχ	שֵׁיח (ז)

109. Profissões agrícolas

abelheiro (m)	kavran	כַּוְּרָן (ז)
pastor (m)	ro'e tson	רוֹעֵה צֹאן (ז)
agrônomo (m)	agronom	אַגְרוֹנוֹם (ז)

| criador (m) de gado | megadel bakar | מְגַדֵּל בָּקָר (ז) |
| veterinário (m) | veterinar | וֶטֶרִינָר (ז) |

agricultor, fazendeiro (m)	χavai	חַוַּאי (ז)
vinicultor (m)	yeinan	יֵינָן (ז)
zoólogo (m)	zo'olog	זוֹאוֹלוֹג (ז)
vaqueiro (m)	'ka'uboi	קָאוּבּוֹי (ז)

110. Profissões artísticas

| ator (m) | saχkan | שַׂחְקָן (ז) |
| atriz (f) | saχkanit | שַׂחְקָנִית (נ) |

| cantor (m) | zamar | זַמָּר (ז) |
| cantora (f) | za'meret | זַמֶּרֶת (נ) |

| bailarino (m) | rakdan | רַקְדָן (ז) |
| bailarina (f) | rakdanit | רַקְדָנִית (נ) |

| artista (m) | saχkan | שַׂחְקָן (ז) |
| artista (f) | saχkanit | שַׂחְקָנִית (נ) |

músico (m)	muzikai	מוּזִיקָאי (ז)
pianista (m)	psantran	פְּסַנְתְּרָן (ז)
guitarrista (m)	nagan gi'tara	נַגָּן גִּיטָרָה (ז)

maestro (m)	mena'tseaχ	מְנַצֵּחַ (ז)
compositor (m)	malχin	מַלְחִין (ז)
empresário (m)	amargan	אַמַרְגָן (ז)

diretor (m) de cinema	bamai	בַּמַאי (ז)
produtor (m)	mefik	מֵפִיק (ז)
roteirista (m)	tasritai	תַסְרִיטַאי (ז)
crítico (m)	mevaker	מְבַקֵּר (ז)

escritor (m)	sofer	סוֹפֵר (ז)
poeta (m)	meʃorer	מְשׁוֹרֵר (ז)
escultor (m)	pasal	פַּסָל (ז)
pintor (m)	tsayar	צַיָּר (ז)

malabarista (m)	lahatutan	לַהֲטוּטָן (ז)
palhaço (m)	leitsan	לֵיצָן (ז)
acrobata (m)	akrobat	אַקְרוֹבָּט (ז)
ilusionista (m)	kosem	קוֹסֵם (ז)

111. Várias profissões

médico (m)	rofe	רוֹפֵא (ז)
enfermeira (f)	aχot	אָחוֹת (נ)
psiquiatra (m)	psiχi''ater	פְּסִיכִיאָטֶר (ז)
dentista (m)	rofe ʃi'nayim	רוֹפֵא שִׁינַיִים (ז)
cirurgião (m)	kirurg	כִּירוּרג (ז)

astronauta (m)	astro'na'ut	אַסְטְרוֹנָאוּט (ז)
astrônomo (m)	astronom	אַסְטְרוֹנוֹם (ז)
piloto (m)	tayas	טַיָּס (ז)

motorista (m)	nahag	נַהָג (ז)
maquinista (m)	nahag ra'kevet	נַהַג רַכֶּבֶת (ז)
mecânico (m)	meχonai	מְכוֹנַאי (ז)

mineiro (m)	kore	כּוֹרֶה (ז)
operário (m)	po'el	פּוֹעֵל (ז)
serralheiro (m)	misgad	מַסְגֵּד (ז)
marceneiro (m)	nagar	נַגָּר (ז)
torneiro (m)	χarat	חָרָט (ז)
construtor (m)	banai	בַּנַּאי (ז)
soldador (m)	rataχ	רַתָּךְ (ז)

professor (m)	pro'fesor	פְּרוֹפֶסוֹר (ז)
arquiteto (m)	adriχal	אַדְרִיכָל (ז)
historiador (m)	historyon	הִיסְטוֹרְיוֹן (ז)
cientista (m)	mad‘an	מַדְעָן (ז)
físico (m)	fizikai	פִיזִיקַאי (ז)
químico (m)	χimai	כִימַאי (ז)

arqueólogo (m)	arχe'olog	אַרְכֵיאוֹלוֹג (ז)
geólogo (m)	ge'olog	גֵּיאוֹלוֹג (ז)
pesquisador (cientista)	χoker	חוֹקֵר (ז)

babysitter, babá (f)	ʃmartaf	שְׁמַרְטַף (ז)
professor (m)	more, meχaneχ	מוֹרֶה, מְחַנֵּךְ (ז)

redator (m)	oreχ	עוֹרֵךְ (ז)
redator-chefe (m)	oreχ raʃi	עוֹרֵךְ רָאשִׁי (ז)
correspondente (m)	katav	כַּתָּב (ז)
datilógrafa (f)	kaldanit	קַלְדָּנִית (נ)

designer (m)	me‘atsev	מְעַצֵּב (ז)
especialista (m) em informática	mumχe maχʃevim	מֻמְחֶה מַחְשְׁבִים (ז)
programador (m)	metaχnet	מְתַכְנֵת (ז)
engenheiro (m)	mehandes	מְהַנְדֵּס (ז)

marujo (m)	yamai	יַמַּאי (ז)
marinheiro (m)	malaχ	מַלָּח (ז)
socorrista (m)	matsil	מַצִּיל (ז)

bombeiro (m)	kabai	כַּבַּאי (ז)
polícia (m)	ʃoter	שׁוֹטֵר (ז)
guarda-noturno (m)	ʃomer	שׁוֹמֵר (ז)
detetive (m)	balaʃ	בַּלָּשׁ (ז)

funcionário (m) da alfândega	pakid 'meχes	פָּקִיד מֶכֶס (ז)
guarda-costas (m)	ʃomer roʃ	שׁוֹמֵר רֹאשׁ (ז)
guarda (m) prisional	soher	סוֹהֵר (ז)
inspetor (m)	mefa'keaχ	מְפַקֵּחַ (ז)
esportista (m)	sportai	סְפּוֹרְטַאי (ז)
treinador (m)	me'amen	מְאַמֵּן (ז)

açougueiro (m)	katsav	קַצָּב (ז)
sapateiro (m)	sandlar	סַנדְלָר (ז)
comerciante (m)	soχer	סוֹחֵר (ז)
carregador (m)	sabal	סַבָּל (ז)

estilista (m)	me'atsev ofna	מְעַצֵב אוֹפנָה (ז)
modelo (f)	dugmanit	דוּגמָנִית (נ)

112. Ocupações. Estatuto social

estudante (~ de escola)	talmid	תַלמִיד (ז)
estudante (~ universitária)	student	סטוּדֶנט (ז)

filósofo (m)	filosof	פִּילוֹסוֹף (ז)
economista (m)	kalkelan	כַּלכְּלָן (ז)
inventor (m)	mamtsi	מַמצִיא (ז)

desempregado (m)	muvtal	מוּבטָל (ז)
aposentado (m)	pensyoner	פֶּנסיוֹנֶר (ז)
espião (m)	meragel	מְרַגֵל (ז)

preso, prisioneiro (m)	asir	אָסִיר (ז)
grevista (m)	ʃovet	שוֹבֵת (ז)
burocrata (m)	birokrat	בִּירוֹקרָט (ז)
viajante (m)	metayel	מְטַיֵיל (ז)

homossexual (m)	'lesbit, 'homo	לֶסבִּית (נ), הוֹמוֹ (ז)
hacker (m)	'haker	הָאקֵר (ז)
hippie (m, f)	'hipi	הִיפִּי (ז)

bandido (m)	ʃoded	שוֹדֵד (ז)
assassino (m)	ro'tseaχ saχir	רוֹצֵחַ שָׂכִיר (ז)
drogado (m)	narkoman	נַרקוֹמָן (ז)
traficante (m)	soχer samim	סוֹחֵר סָמִים (ז)
prostituta (f)	zona	זוֹנָה (נ)
cafetão (m)	sarsur	סַרסוּר (ז)

bruxo (m)	meχaʃef	מְכַשֵף (ז)
bruxa (f)	maχʃefa	מְכַשֵפָה (נ)
pirata (m)	ʃoded yam	שוֹדֵד יָם (ז)
escravo (m)	ʃifχa, 'eved	שִפחָה (נ), עֶבֶד (ז)
samurai (m)	samurai	סָמוּרַאי (ז)
selvagem (m)	'pere adam	פֶּרֶא אָדָם (ז)

Desportos

113. Tipos de desportos. Desportistas

esportista (m)	sportai	ספורטאי (ז)
tipo (m) de esporte	anaf sport	עֲנַף סְפּוֹרט (ז)
basquete (m)	kadursal	כַּדוּרְסַל (ז)
jogador (m) de basquete	kadursalan	כַּדוּרְסַלָן (ז)
beisebol (m)	'beisbol	בֵּייסְבּוֹל (ז)
jogador (m) de beisebol	saχkan 'beisbol	שַׂחְקָן בֵּייסְבּוֹל (ז)
futebol (m)	kadu'regel	כַּדוּרֶגֶל (ז)
jogador (m) de futebol	kaduraglan	כַּדוּרַגְלָן (ז)
goleiro (m)	ʃo'er	שׁוֹעֵר (ז)
hóquei (m)	'hoki	הוֹקִי (ז)
jogador (m) de hóquei	saχkan 'hoki	שַׂחְקָן הוֹקִי (ז)
vôlei (m)	kadur'af	כַּדוּרְעָף (ז)
jogador (m) de vôlei	saχkan kadur'af	שַׂחְקָן כַּדוּרְעָף (ז)
boxe (m)	igruf	אִיגְרוּף (ז)
boxeador (m)	mit'agref	מִתְאַגְרֵף (ז)
luta (f)	he'avkut	הֵיאָבְקוּת (נ)
lutador (m)	mit'abek	מִתְאַבֵּק (ז)
caratê (m)	karate	קָרָטֶה (ז)
carateca (m)	karatist	קָרָטִיסְט (ז)
judô (m)	'dʒudo	ג'וּדוֹ (ז)
judoca (m)	dʒudai	ג'וּדָאִי (ז)
tênis (m)	'tenis	טֶנִיס (ז)
tenista (m)	tenisai	טֶנִיסָאִי (ז)
natação (f)	sχiya	שְׂחִייָה (נ)
nadador (m)	saχyan	שַׂחְייָן (ז)
esgrima (f)	'sayif	סַיִף (ז)
esgrimista (m)	sayaf	סַייָף (ז)
xadrez (m)	'ʃaχmat	שַׁחְמָט (ז)
jogador (m) de xadrez	ʃaχmetai	שַׁחְמְטַאי (ז)
alpinismo (m)	tipus harim	טִיפּוּס הָרִים (ז)
alpinista (m)	metapes harim	מְטַפֵּס הָרִים (ז)
corrida (f)	ritsa	רִיצָה (נ)

corredor (m)	atsan	אָצָן (ז)
atletismo (m)	at'letika kala	אַתְלְטִיקָה קַלָה (נ)
atleta (m)	atlet	אַתְלֵט (ז)

| hipismo (m) | reχiva al sus | רְכִיבָה עַל סוּס (נ) |
| cavaleiro (m) | paraʃ | פָּרָשׁ (ז) |

patinação (f) artística	haχlaka omanutit	הַחְלָקָה אוֹמָנוּתִית (נ)
patinador (m)	maχlik amanuti	מַחְלִיק אָמָנוּתִי (ז)
patinadora (f)	maχlika amanutit	מַחְלִיקָה אָמָנוּתִית (נ)

| halterofilismo (m) | haramat miʃkolot | הֲרָמַת מִשְׁקוֹלוֹת (נ) |
| halterofilista (m) | miʃkolan | מִשְׁקוֹלָן (ז) |

| corrida (f) de carros | merots meχoniyot | מֵירוֹץ מְכוֹנִיוֹת (ז) |
| piloto (m) | nahag merotsim | נַהַג מְרוֹצִים (ז) |

| ciclismo (m) | reχiva al ofa'nayim | רְכִיבָה עַל אוֹפַנַּיִים (נ) |
| ciclista (m) | roχev ofa'nayim | רוֹכֵב אוֹפַנַּיִים (ז) |

salto (m) em distância	kfitsa la'roχav	קְפִיצָה לָרוֹחַק (נ)
salto (m) com vara	kfitsa bemot	קְפִיצָה בְּמוֹט (נ)
atleta (m) de saltos	kofets	קוֹפֵץ (ז)

114. Tipos de desportos. Diversos

futebol (m) americano	'futbol	פוּטבּוֹל (ז)
badminton (m)	notsit	נוֹצִית (ז)
biatlo (m)	bi'atlon	בִּיאַתְלוֹן (ז)
bilhar (m)	bilyard	בִּילִיאַרד (ז)

bobsled (m)	miz'χelet	מִזְחֶלֶת (נ)
musculação (f)	pi'tuaχ guf	פִּיתוּחַ גוּף (ז)
polo (m) aquático	polo 'mayim	פּוֹלוֹ מַיִם (ז)
handebol (m)	kadur yad	כַּדוּר-יָד (ז)
golfe (m)	golf	גוֹלף (ז)

remo (m)	χatira	חֲתִירָה (נ)
mergulho (m)	tslila	צְלִילָה (נ)
corrida (f) de esqui	ski bemiʃor	סְקִי בַּמִישׁוֹר (ז)
tênis (m) de mesa	'tenis ʃulχan	טֶנִיס שׁוּלחָן (ז)

vela (f)	'ʃayit	שַׁיִט (ז)
rali (m)	'rali	רָאלִי (ז)
rúgbi (m)	'rogbi	רוֹגבִּי (ז)
snowboard (m)	gliʃat 'ʃeleg	גלִישַׁת שֶׁלֶג (נ)
arco-e-flecha (m)	kaʃatut	קַשָׁתוּת (נ)

115. Ginásio

| barra (f) | miʃ'kolet | מִשְׁקוֹלֶת (נ) |
| halteres (m pl) | miʃkolot | מִשְׁקוֹלוֹת (נ״ר) |

aparelho (m) de musculação	maxʃir 'koʃer	מַכְשִׁיר פּוֹשֶׁר (ז)
bicicleta (f) ergométrica	ofanei 'koʃer	אוֹפַנֵּי פּוֹשֶׁר (ז"ר)
esteira (f) de corrida	halixon	הָלִיכוֹן (ז)
barra (f) fixa	'metax	מָתַח (ז)
barras (f pl) paralelas	makbilim	מַקְבִּילִים (ז"ר)
cavalo (m)	sus	סוּס (ז)
tapete (m) de ginástica	mizron	מִזְרוֹן (ז)
corda (f) de saltar	dalgit	דַלְגִית (נ)
aeróbica (f)	ei'robika	אֵירוֹבִּיקָה (ז)
ioga, yoga (f)	'yoga	יוֹגָה (נ)

116. Desportos. Diversos

Jogos (m pl) Olímpicos	hamisxakim ha'o'limpiyim	הַמִשְׂחָקִים הָאוֹלִימְפִּיִים (ז"ר)
vencedor (m)	mena'tseax	מְנַצֵּחַ (ז)
vencer (vi)	lena'tseax	לְנַצֵּחַ
vencer (vi, vt)	lena'tseax	לְנַצֵּחַ
líder (m)	manhig	מַנְהִיג (ז)
liderar (vt)	lehovil	לְהוֹבִיל
primeiro lugar (m)	makom riʃon	מָקוֹם רִאשׁוֹן (ז)
segundo lugar (m)	makom ʃeni	מָקוֹם שֵׁנִי (ז)
terceiro lugar (m)	makom ʃliʃi	מָקוֹם שְׁלִישִׁי (ז)
medalha (f)	me'dalya	מֶדַלְיָה (נ)
troféu (m)	pras	פְּרָס (ז)
taça (f)	ga'vi'a nitsaxon	גְּבִיעַ נִיצָחוֹן (ז)
prêmio (m)	pras	פְּרָס (ז)
prêmio (m) principal	pras riʃon	פְּרָס רִאשׁוֹן (ז)
recorde (m)	si	שִׂיא (ז)
estabelecer um recorde	lik'bo'a si	לִקְבּוֹעַ שִׂיא
final (m)	gmar	גְּמָר (ז)
final (adj)	ʃel hagmar	שֶׁל הַגְמָר
campeão (m)	aluf	אַלוּף (ז)
campeonato (m)	alifut	אַלִיפוּת (נ)
estádio (m)	itstadyon	אִצְטַדְיוֹן (ז)
arquibancadas (f pl)	bama	בָּמָה (נ)
fã, torcedor (m)	ohed	אוֹהֵד (ז)
adversário (m)	yariv	יָרִיב (ז)
partida (f)	kav zinuk	קַו זִינוּק (ז)
linha (f) de chegada	kav hagmar	קַו הַגְמָר (ז)
derrota (f)	tvusa	תְּבוּסָה (נ)
perder (vt)	lehafsid	לְהַפְסִיד
árbitro, juiz (m)	ʃofet	שׁוֹפֵט (ז)
júri (m)	xaver ʃoftim	חָבֵר שׁוֹפְטִים (ז)

resultado (m)	totsa'a	תּוֹצָאָה (נ)
empate (m)	'teku	תֵּיקוּ (ז)
empatar (vi)	lesayem be'teku	לְסַיֵּם בְּתֵיקוּ
ponto (m)	nekuda	נְקוּדָה (נ)
resultado (m) final	totsa'a	תּוֹצָאָה (נ)

tempo (m)	sivuv	סִיבוּב (ז)
intervalo (m)	hafsaka	הַפְסָקָה (נ)
doping (m)	sam	סַם (ז)
penalizar (vt)	leha'aniʃ	לְהַעֲנִיש
desqualificar (vt)	lefsol	לִפְסוֹל

aparelho, aparato (m)	maxʃir	מַכְשִׁיר (ז)
dardo (m)	kidon	כִּידוֹן (ז)
peso (m)	kadur barzel	כַּדּוּר בַּרְזֶל (ז)
bola (f)	kadur	כַּדּוּר (ז)

alvo, objetivo (m)	matara	מַטָּרָה (נ)
alvo (~ de papel)	matara	מַטָּרָה (נ)
disparar, atirar (vi)	lirot	לִירוֹת
preciso (tiro ~)	meduyak	מְדוּיָק

treinador (m)	me'amen	מְאַמֵּן (ז)
treinar (vt)	le'amen	לְאַמֵּן
treinar-se (vr)	lehit'amen	לְהִתְאַמֵּן
treino (m)	imun	אִימוּן (ז)

academia (f) de ginástica	'xeder 'koʃer	חֶדֶר כּוֹשֶׁר (ז)
exercício (m)	imun	אִימוּן (ז)
aquecimento (m)	ximum	חִימוּם (ז)

Educação

117. Escola

escola (f)	beit 'sefer	בֵּית סֵפֶר (ז)
diretor (m) de escola	menahel beit 'sefer	מְנַהֵל בֵּית סֵפֶר (ז)
aluno (m)	talmid	תַּלְמִיד (ז)
aluna (f)	talmida	תַּלְמִידָה (נ)
estudante (m)	talmid	תַּלְמִיד (ז)
estudante (f)	talmida	תַּלְמִידָה (נ)
ensinar (vt)	lelamed	לְלַמֵּד
aprender (vt)	lilmod	לִלְמוֹד
decorar (vt)	lilmod be'al pe	לִלְמוֹד בְּעַל פֶּה
estudar (vi)	lilmod	לִלְמוֹד
estar na escola	lilmod	לִלְמוֹד
ir à escola	la'leχet le'beit 'sefer	לָלֶכֶת לְבֵית סֵפֶר
alfabeto (m)	alefbeit	אָלֶפְבֵּית (ז)
disciplina (f)	mik'tso'a	מִקְצוֹעַ (ז)
sala (f) de aula	kita	כִּיתָה (נ)
lição, aula (f)	ʃi'ur	שִׁיעוּר (ז)
recreio (m)	hafsaka	הַפְסָקָה (נ)
toque (m)	pa'amon	פַּעֲמוֹן (ז)
classe (f)	ʃulχan limudim	שׁוּלְחַן לִימוּדִים (ז)
quadro (m) negro	'luaχ	לוּחַ (ז)
nota (f)	tsiyun	צִיּוּן (ז)
boa nota (f)	tsiyun tov	צִיּוּן טוֹב (ז)
nota (f) baixa	tsiyun ga'ru'a	צִיּוּן גָּרוּעַ (ז)
dar uma nota	latet tsiyun	לָתֵת צִיּוּן
erro (m)	ta'ut	טָעוּת (נ)
errar (vi)	la'asot ta'uyot	לַעֲשׂוֹת טָעוּיוֹת
corrigir (~ um erro)	letaken	לְתַקֵּן
cola (f)	ʃif	שְׁלִיף (ז)
dever (m) de casa	ʃi'urei 'bayit	שִׁיעוּרֵי בַּיִת (ז"ר)
exercício (m)	targil	תַּרְגִּיל (ז)
estar presente	lihyot no'χeaχ	לִהְיוֹת נוֹכֵחַ
estar ausente	lehe'ader	לְהֵיעָדֵר
faltar às aulas	lehaχsir	לְהַחְסִיר
punir (vt)	leha'aniʃ	לְהַעֲנִישׁ
punição (f)	'oneʃ	עוֹנֶשׁ (ז)
comportamento (m)	hitnahagut	הִתְנַהֲגוּת (נ)

107

boletim (m) escolar	yoman beit 'sefer	יוֹמָן בֵּית סֵפֶר (ז)
lápis (m)	iparon	עִפָּרוֹן (ז)
borracha (f)	'maχak	מָחַק (ז)
giz (m)	gir	גִיר (ז)
porta-lápis (m)	kalmar	קַלְמָר (ז)

mala, pasta, mochila (f)	yalkut	יַלְקוּט (ז)
caneta (f)	et	עֵט (ז)
caderno (m)	maχ'beret	מַחְבֶּרֶת (נ)
livro (m) didático	'sefer limud	סֵפֶר לִימוּד (ז)
compasso (m)	meχuga	מְחוּגָה (נ)

| traçar (vt) | lesartet | לְשַׂרְטֵט |
| desenho (m) técnico | sirtut | שִׂרְטוּט (ז) |

poesia (f)	ʃir	שִׁיר (ז)
de cor	be'al pe	בְּעַל פֶּה
decorar (vt)	lilmod be'al pe	לִלְמוֹד בְּעַל פֶּה

férias (f pl)	χufʃa	חוּפְשָׁה (נ)
estar de férias	lihyot beχufʃa	לִהְיוֹת בְּחוּפְשָׁה
passar as férias	leha'avir 'χofeʃ	לְהַעֲבִיר חוֹפֶשׁ

teste (m), prova (f)	mivχan	מִבְחָן (ז)
redação (f)	χibur	חִיבּוּר (ז)
ditado (m)	haχtava	הַכְתָבָה (נ)
exame (m), prova (f)	bχina	בְּחִינָה (נ)
fazer prova	lehibaχen	לְהִיבָּחֵן
experiência (~ química)	nisui	נִיסוּי (ז)

118. Colégio. Universidade

academia (f)	aka'demya	אָקָדֶמִיָה (נ)
universidade (f)	uni'versita	אוּנִיבֶּרְסִיטָה (נ)
faculdade (f)	fa'kulta	פָקוּלְטָה (נ)

estudante (m)	student	סְטוּדֶנְט (ז)
estudante (f)	stu'dentit	סְטוּדֶנְטִית (נ)
professor (m)	martse	מַרְצֶה (ז)

| auditório (m) | ulam hartsa'ot | אוּלָם הַרְצָאוֹת (ז) |
| graduado (m) | boger | בּוֹגֵר (ז) |

| diploma (m) | di'ploma | דִיפְלוֹמָה (נ) |
| tese (f) | diser'tatsya | דִיסֶרְטַצְיָה (נ) |

| estudo (obra) | meχkar | מֶחְקָר (ז) |
| laboratório (m) | ma'abada | מַעֲבָּדָה (נ) |

| palestra (f) | hartsa'a | הַרְצָאָה (נ) |
| colega (m) de curso | χaver lelimudim | חָבֵר לְלִימוּדִים (ז) |

| bolsa (f) de estudos | milga | מִלְגָה (נ) |
| grau (m) acadêmico | 'to'ar aka'demi | תוֹאַר אָקָדֶמִי (ז) |

119. Ciências. Disciplinas

matemática (f)	mate'matika	מָתֶמָטִיקָה (נ)
álgebra (f)	'algebra	אַלְגֶּבְּרָה (נ)
geometria (f)	ge'o'metriya	גִּיאוֹמֶטְרְיָה (נ)

astronomia (f)	astro'nomya	אַסְטְרוֹנוֹמְיָה (נ)
biologia (f)	bio'logya	בִּיוֹלוֹגְיָה (נ)
geografia (f)	ge'o'grafya	גִּיאוֹגְרַפְיָה (נ)
geologia (f)	ge'o'logya	גִּיאוֹלוֹגְיָה (נ)
história (f)	his'torya	הִיסְטוֹרְיָה (נ)

medicina (f)	refu'a	רְפוּאָה (נ)
pedagogia (f)	χinuχ	חִינוּךְ (ז)
direito (m)	miʃpatim	מִשְׁפָּטִים (ז"ר)

física (f)	'fizika	פִיזִיקָה (נ)
química (f)	'χimya	כִימְיָה (נ)
filosofia (f)	filo'sofya	פִילוֹסוֹפְיָה (נ)
psicologia (f)	psiχo'logya	פְּסִיכוֹלוֹגְיָה (נ)

120. Sistema de escrita. Ortografia

gramática (f)	dikduk	דִקְדוּק (ז)
vocabulário (m)	otsar milim	אוֹצַר מִילִים (ז)
fonética (f)	torat ha'hege	תּוֹרַת הַהֶגֶה (נ)

substantivo (m)	ʃem 'etsem	שֵׁם עֶצֶם (ז)
adjetivo (m)	ʃem 'to'ar	שֵׁם תּוֹאַר (ז)
verbo (m)	po'el	פּוֹעַל (ז)
advérbio (m)	'to'ar 'po'al	תּוֹאַר פּוֹעַל (ז)

pronome (m)	ʃem guf	שֵׁם גּוּף (ז)
interjeição (f)	milat kri'a	מִילַת קְרִיאָה (נ)
preposição (f)	milat 'yaχas	מִילַת יַחַס (נ)

raiz (f)	'ʃoreʃ	שׁוֹרֶשׁ (ז)
terminação (f)	si'yomet·	סִיוֹמֶת (נ)
prefixo (m)	tχilit	תְּחִילִית (נ)
sílaba (f)	havara	הֲבָרָה (נ)
sufixo (m)	si'yomet	סִיוֹמֶת (נ)

acento (m)	'ta'am	טַעַם (ז)
apóstrofo (f)	'gereʃ	גֶּרֶשׁ (ז)

ponto (m)	nekuda	נְקוּדָה (נ)
vírgula (f)	psik	פְּסִיק (ז)
ponto e vírgula (m)	nekuda ufsik	נְקוּדָה וּפְסִיק (נ)
dois pontos (m pl)	nekudo'tayim	נְקוּדוֹתַיִם (נ"ר)
reticências (f pl)	ʃaloʃ nekudot	שָׁלוֹשׁ נְקוּדוֹת (נ"ר)

ponto (m) de interrogação	siman ʃe'ela	סִימַן שְׁאֵלָה (ז)
ponto (m) de exclamação	siman kri'a	סִימַן קְרִיאָה (ז)

aspas (f pl)	merχa'ot	מַרְכָאוֹת (ז"ר)
entre aspas	bemerχa'ot	בְּמַרְכָאוֹת
parênteses (m pl)	sog'rayim	סוֹגְרַיִים (ז"ר)
entre parênteses	besog'rayim	בְּסוֹגְרַיִים

hífen (m)	makaf	מַקָף (ז)
travessão (m)	kav mafrid	קַו מַפְרִיד (ז)
espaço (m)	'revaχ	רֶוַוח (ז)

| letra (f) | ot | אוֹת (נ) |
| letra (f) maiúscula | ot gdola | אוֹת גְדוֹלָה (נ) |

| vogal (f) | tnu'a | תְנוּעָה (נ) |
| consoante (f) | itsur | עִיצוּר (ז) |

frase (f)	miʃpat	מִשְפָּט (ז)
sujeito (m)	nose	נוֹשֵׂא (ז)
predicado (m)	nasu	נָשׂוּא (ז)

linha (f)	ʃura	שוּרָה (נ)
em uma nova linha	beʃura χadaʃa	בְּשוּרָה חֲדָשָה
parágrafo (m)	piska	פְּסְקָה (נ)

palavra (f)	mila	מִילָה (נ)
grupo (m) de palavras	tsiruf milim	צֵירוּף מִילִים (ז)
expressão (f)	bitui	בִּיטוּי (ז)
sinônimo (m)	mila nir'defet	מִילָה נִרְדֶפֶת (נ)
antônimo (m)	'hefeχ	הֵפֶּך (ז)

regra (f)	klal	כְּלָל (ז)
exceção (f)	yotse min haklal	יוֹצֵא מָן הַכְּלָל (ז)
correto (adj)	naχon	נָכוֹן

conjugação (f)	hataya	הַטָיָיה (נ)
declinação (f)	hataya	הַטָיָיה (נ)
caso (m)	yaχasa	יַחֲסָה (נ)
pergunta (f)	ʃe'ela	שְאֵלָה (נ)
sublinhar (vt)	lehadgiʃ	לְהַדְגִיש
linha (f) pontilhada	kav nakud	קַו נָקוּד (ז)

121. Línguas estrangeiras

língua (f)	safa	שָׂפָּה (נ)
estrangeiro (adj)	zar	זָר
língua (f) estrangeira	safa zara	שָׂפָּה זָרָה (נ)
estudar (vt)	lilmod	לִלְמוֹד
aprender (vt)	lilmod	לִלְמוֹד

ler (vt)	likro	לִקְרוֹא
falar (vi)	ledaber	לְדַבֵּר
entender (vt)	lehavin	לְהָבִין
escrever (vt)	liχtov	לִכְתוֹב
rapidamente	maher	מַהֵר
devagar, lentamente	le'at	לְאַט

fluentemente	χofʃi	חוֹפְשִׁי
regras (f pl)	klalim	כְּלָלִים (ז"ר)
gramática (f)	dikduk	דִּקְדּוּק (ז)
vocabulário (m)	otsar milim	אוֹצַר מִילִים (ז)
fonética (f)	torat ha'hege	תּוֹרַת הַהֶגֶה (נ)

livro (m) didático	'sefer limud	סֵפֶר לִימוּד (ז)
dicionário (m)	milon	מִילוֹן (ז)
manual (m) autodidático	'sefer lelimud atsmi	סֵפֶר לְלִימוּד עַצְמִי (ז)
guia (m) de conversação	siχon	שִׂיחוֹן (ז)

fita (f) cassete	ka'letet	קַלֶּטֶת (נ)
videoteipe (m)	ka'letet 'vide'o	קַלֶּטֶת וִידֵיאוֹ (נ)
CD (m)	taklitor	תַּקְלִיטוֹר (ז)
DVD (m)	di vi di	דִּי. וִי. דִּי. (ז)

alfabeto (m)	alefbeit	אָלֶפְבֵּית (ז)
soletrar (vt)	le'ayet	לְאַיֵּת
pronúncia (f)	hagiya	הֲגִיָּה (נ)

sotaque (m)	mivta	מִבְטָא (ז)
com sotaque	im mivta	עִם מִבְטָא
sem sotaque	bli mivta	בְּלִי מִבְטָא

palavra (f)	mila	מִילָה (נ)
sentido (m)	maʃmaʿut	מַשְׁמָעוּת (נ)

curso (m)	kurs	קוּרְס (ז)
inscrever-se (vr)	leheraʃem lekurs	לְהֵירָשֵׁם לְקוּרְס
professor (m)	more	מוֹרֶה (ז)

tradução (processo)	tirgum	תִּרְגּוּם (ז)
tradução (texto)	tirgum	תִּרְגּוּם (ז)
tradutor (m)	metargem	מְתַרְגֵּם (ז)
intérprete (m)	meturgeman	מְתוּרְגְּמָן (ז)

poliglota (m)	poliglot	פּוֹלִיגְלוֹט (ז)
memória (f)	zikaron	זִיכָּרוֹן (ז)

122. Personagens de contos de fadas

Papai Noel (m)	'santa 'kla'us	סַנְטָה קְלָאוּס (ז)
Cinderela (f)	sinde'rela	סִינְדְּרֶלָה
sereia (f)	bat yam, betulat hayam	בַּת יָם, בְּתוּלַת הַיָּם (נ)
Netuno (m)	neptun	נֶפְטוּן (ז)

bruxo, feiticeiro (m)	kosem	קוֹסֵם (ז)
fada (f)	'feya	פֵיָּה (נ)
mágico (adj)	kasum	קָסוּם
varinha (f) mágica	ʃarvit 'kesem	שַׁרְבִיט קֶסֶם (ז)

conto (m) de fadas	agada	אַגָּדָה (נ)
milagre (m)	nes	נֵס (ז)
anão (m)	gamad	גַּמָּד (ז)

transformar-se em …	lahafoχ le…	...לַהֲפוֹךְ לְ
fantasma (m)	'ruaχ refa"im	רוּחַ רְפָאִים (נ)
fantasma (m)	'ruaχ refa"im	רוּחַ רְפָאִים (נ)
monstro (m)	mif'letset	מִפְלֶצֶת (נ)
dragão (m)	drakon	דְרָקוֹן (ז)
gigante (m)	anak	עֲנָק (ז)

123. Signos do Zodíaco

Áries (f)	tale	טָלֶה (ז)
Touro (m)	ʃor	שׁוֹר (ז)
Gêmeos (m pl)	te'omim	תְאוֹמִים (ז"ר)
Câncer (m)	sartan	סַרְטָן (ז)
Leão (m)	arye	אַרְיֵה (ז)
Virgem (f)	betula	בְּתוּלָה (נ)

Libra (f)	moz'nayim	מֹאזְנַיִים (ז"ר)
Escorpião (m)	akrav	עַקְרָב (ז)
Sagitário (m)	kaʃat	קַשָׁת (ז)
Capricórnio (m)	gdi	גְדִי (ז)
Aquário (m)	dli	דְלִי (ז)
Peixes (pl)	dagim	דָגִים (ז"ר)

caráter (m)	'ofi	אוֹפִי (ז)
traços (m pl) do caráter	tχunot 'ofi	תְכוּנוֹת אוֹפִי (נ"ר)
comportamento (m)	hitnahagut	הִתְנַהֲגוּת (נ)
prever a sorte	lenabe et haʻatid	לְנַבֵּא אֶת הֶעָתִיד
adivinha (f)	ma'gedet atidot	מַגֶדֶת עֲתִידוֹת (נ)
horóscopo (m)	horoskop	הוֹרוֹסְקוֹפ (ז)

Artes

124. Teatro

teatro (m)	te'atron	תֵּיאַטרוֹן (ז)
ópera (f)	'opera	אוֹפֶּרָה (נ)
opereta (f)	ope'reta	אוֹפֶּרֶטָּה (נ)
balé (m)	balet	בָּלֶט (ז)
cartaz (m)	kraza	כְּרָזָה (נ)
companhia (f) de teatro	lahaka	לַהֲקָה (נ)
turnê (f)	masa hofa'ot	מַסַּע הוֹפָעוֹת (ז)
estar em turnê	latset lemasa hofa'ot	לָצֵאת לְמַסַּע הוֹפָעוֹת
ensaiar (vt)	la'aroχ χazara	לַעֲרוֹךְ חֲזָרָה
ensaio (m)	χazara	חֲזָרָה (נ)
repertório (m)	repertu'ar	רֶפֶּרְטוּאָר (ז)
apresentação (f)	hofa'a	הוֹפָעָה (נ)
espetáculo (m)	hatsaga	הַצָּגָה (נ)
peça (f)	maχaze	מַחֲזֶה (ז)
entrada (m)	kartis	כַּרְטִיס (ז)
bilheteira (f)	kupa	קוּפָּה (נ)
hall (m)	'lobi	לוֹבִּי (ז)
vestiário (m)	meltaχa	מֶלְתָּחָה (נ)
senha (f) numerada	mispar meltaχa	מִסְפַּר מֶלְתָּחָה (ז)
binóculo (m)	miʃkefet	מִשְׁקֶפֶת (נ)
lanterninha (m)	sadran	סַדְרָן (ז)
plateia (f)	parter	פַּרְטֶר (ז)
balcão (m)	mir'peset	מִרְפֶּסֶת (נ)
primeiro balcão (m)	ya'tsi'a	יָצִיעַ (ז)
camarote (m)	ta	תָּא (ז)
fila (f)	ʃura	שׁוּרָה (נ)
assento (m)	moʃav	מוֹשָׁב (ז)
público (m)	'kahal	קָהָל (ז)
espectador (m)	tsofe	צוֹפֶה (ז)
aplaudir (vt)	limχo ka'payim	לִמְחוֹא כַּפַּיִם
aplauso (m)	meχi'ot ka'payim	מְחִיאוֹת כַּפַּיִם (נ"ר)
ovação (f)	tʃu'ot	תְּשׁוּאוֹת (נ"ר)
palco (m)	bama	בָּמָה (נ)
cortina (f)	masaχ	מָסָךְ (ז)
cenário (m)	tafura	תַּפְאוּרָה (נ)
bastidores (m pl)	klayim	קְלָעִים
cena (f)	'tstsena	סְצֵינָה (נ)
ato (m)	ma'araχa	מַעֲרָכָה (נ)
intervalo (m)	hafsaka	הַפְסָקָה (נ)

125. Cinema

| ator (m) | saχkan | שַׂחְקָן (ז) |
| atriz (f) | saχkanit | שַׂחְקָנִית (נ) |

cinema (m)	kol'no'a	קוֹלְנוֹעַ (ז)
filme (m)	'seret	סֶרֶט (ז)
episódio (m)	epi'zoda	אֶפִּיזוֹדָה (נ)

filme (m) policial	'seret balaʃi	סֶרֶט בַּלָּשִׁי (ז)
filme (m) de ação	ma'arvon	מַעֲרָבוֹן (ז)
filme (m) de aventuras	'seret harpatka'ot	סֶרֶט הַרְפַּתְקָאוֹת (ז)
filme (m) de ficção científica	'seret mada bidyoni	סֶרֶט מַדָּע בִּדְיוֹנִי (ז)
filme (m) de horror	'seret eima	סֶרֶט אֵימָה (ז)

comédia (f)	ko'medya	קוֹמֶדְיָה (נ)
melodrama (m)	melo'drama	מֶלוֹדְרָמָה (נ)
drama (m)	'drama	דְּרָמָה (נ)

filme (m) de ficção	'seret alilati	סֶרֶט עֲלִילָתִי (ז)
documentário (m)	'seret ti'udi	סֶרֶט תִּיעוּדִי (ז)
desenho (m) animado	'seret ani'matsya	סֶרֶט אֲנִימַצְיָה (ז)
cinema (m) mudo	sratim ilmim	סְרָטִים אִילְמִים (ז"ר)

papel (m)	tafkid	תַּפְקִיד (ז)
papel (m) principal	tafkid raʃi	תַּפְקִיד רָאשִׁי (ז)
representar (vt)	lesaχek	לְשַׂחֵק

estrela (f) de cinema	koχav kol'no'a	כּוֹכַב קוֹלְנוֹעַ (ז)
conhecido (adj)	mefursam	מְפוּרְסָם
famoso (adj)	mefursam	מְפוּרְסָם
popular (adj)	popu'lari	פּוֹפּוּלָרִי

roteiro (m)	tasrit	תַּסְרִיט (ז)
roteirista (m)	tasritai	תַּסְרִיטַאי (ז)
diretor (m) de cinema	bamai	בַּמַאי (ז)
produtor (m)	mefik	מֵפִיק (ז)
assistente (m)	ozer	עוֹזֵר (ז)
diretor (m) de fotografia	tsalam	צַלָּם (ז)
dublê (m)	pa'alulan	פַּעֲלוּלָן (ז)
dublê (m) de corpo	saχkan maχlif	שַׂחְקָן מַחֲלִיף (ז)

filmar (vt)	letsalem 'seret	לְצַלֵּם סֶרֶט
audição (f)	mivdak	מִבְדָּק (ז)
filmagem (f)	hasrata	הַסְרָטָה (נ)
equipe (f) de filmagem	'tsevet ha'seret	צֶוֶת הַסֶּרֶט (ז)
set (m) de filmagem	atar hatsilum	אֲתַר הַצִּילוּם (ז)
câmera (f)	matslema	מַצְלֵמָה (נ)

cinema (m)	beit kol'no'a	בֵּית קוֹלְנוֹעַ (ז)
tela (f)	masaχ	מָסָךְ (ז)
exibir um filme	lehar'ot 'seret	לְהַרְאוֹת סֶרֶט

| trilha (f) sonora | paskol | פַּסְקוֹל (ז) |
| efeitos (m pl) especiais | e'fektim meyuχadim | אֶפֶּקְטִים מְיוּחָדִים (ז"ר) |

legendas (f pl)	ktuviyot	פְּתוּבִיוֹת (נ״ר)
crédito (m)	ktuviyot	פְּתוּבִיוֹת (נ״ר)
tradução (f)	tirgum	תִּרְגּוּם (ז)

126. Pintura

arte (f)	amanut	אָמָּנוּת (נ)
belas-artes (f pl)	omanuyot yafot	אוֹמָנוּיוֹת יָפוֹת (נ״ר)
galeria (f) de arte	ga'lerya le'amanut	גָּלֶרְיָה לְאָמָּנוּת (נ)
exibição (f) de arte	ta'aruxat amanut	תַּעֲרוּכַת אָמָּנוּת (נ)

pintura (f)	tsiyur	צִיּוּר (ז)
arte (f) gráfica	'grafika	גְרָפִיקָה (נ)
arte (f) abstrata	amanut muf'fetet	אָמָּנוּת מוּפְשֶׁטֶת (נ)
impressionismo (m)	impresyonizm	אִימְפְּרֶסְיוֹנִיזְם (ז)

pintura (f), quadro (m)	tmuna	תְּמוּנָה (נ)
desenho (m)	tsiyur	צִיּוּר (ז)
cartaz, pôster (m)	'poster	פּוֹסְטֶר (ז)

ilustração (f)	iyur	אִיּוּר (ז)
miniatura (f)	minya'tura	מִינְיָאטוּרָה (נ)
cópia (f)	he'etek	הָעְתֵּק (ז)
reprodução (f)	ʃi'atuk	שִׁיעְתּוּק (ז)

mosaico (m)	psefas	פְּסֵיפָס (ז)
vitral (m)	vitraʒ	וִיטְרָאז' (ז)
afresco (m)	fresko	פְרֶסְקוֹ (ז)
gravura (f)	taxrit	תַּחְרִיט (ז)

busto (m)	pro'toma	פְּרוֹטוֹמָה (נ)
escultura (f)	'pesel	פֶּסֶל (ז)
estátua (f)	'pesel	פֶּסֶל (ז)
gesso (m)	'geves	גֶּבֶס (ז)
em gesso (adj)	mi'geves	מִגֶּבֶס

retrato (m)	dyukan	דִּיוֹקָן (ז)
autorretrato (m)	dyukan atsmi	דִּיוֹקָן עַצְמִי (ז)
paisagem (f)	tsiyur nof	צִיּוּר נוֹף (ז)
natureza (f) morta	'teva domem	טֶבַע דּוֹמֵם (ז)
caricatura (f)	karika'tura	קָרִיקָטוּרָה (נ)
esboço (m)	tarʃim	תַּרְשִׁים (ז)

tinta (f)	'tseva	צֶבַע (ז)
aquarela (f)	'tseva 'mayim	צֶבַע מַיִם (ז)
tinta (f) a óleo	'ʃemen	שֶׁמֶן (ז)
lápis (m)	iparon	עִיפָּרוֹן (ז)
tinta (f) nanquim	tuʃ	טוּשׁ (ז)
carvão (m)	pexam	פֶּחָם (ז)

desenhar (vt)	letsayer	לְצַיֵּיר
pintar (vt)	letsayer	לְצַיֵּיר
posar (vi)	ledagmen	לְדַגְמֵן
modelo (m)	dugman eirom	דּוּגְמָן עֵירוֹם (ז)

modelo (f)	dugmanit erom	דוּגְמָנִית עֵירוֹם (נ)
pintor (m)	tsayar	צַיָּיר (ז)
obra (f)	yetsirat amanut	יְצִירַת אָמָנוּת (נ)
obra-prima (f)	yetsirat mofet	יְצִירַת מוֹפֵת (נ)
estúdio (m)	'studyo	סְטוּדְיוֹ (ז)
tela (f)	bad piʃtan	בַּד פִּשְׁתָּן (ז)
cavalete (m)	kan tsiyur	כַּן צִיּוּר (ז)
paleta (f)	'plata	פָלֶטָה (נ)
moldura (f)	mis'geret	מִסְגֶּרֶת (נ)
restauração (f)	ʃiχzur	שִׁחְזוּר (ז)
restaurar (vt)	leʃaχzer	לְשַׁחְזֵר

127. Literatura & Poesia

literatura (f)	sifrut	סִפְרוּת (נ)
autor (m)	sofer	סוֹפֵר (ז)
pseudônimo (m)	ʃem badui	שֵׁם בָּדוּי (ז)
livro (m)	'sefer	סֵפֶר (ז)
volume (m)	'kereχ	כֶּרֶךְ (ז)
índice (m)	'toχen inyanim	תּוֹכֶן עִנְיָנִים (ז)
página (f)	amud	עַמּוּד (ז)
protagonista (m)	hagibor haraʃi	הַגִּבּוֹר הָרָאשִׁי (ז)
autógrafo (m)	χatima	חֲתִימָה (נ)
conto (m)	sipur katsar	סִיפּוּר קָצָר (ז)
novela (f)	sipur	סִיפּוּר (ז)
romance (m)	roman	רוֹמָן (ז)
obra (f)	χibur	חִיבּוּר (ז)
fábula (m)	maʃal	מָשָׁל (ז)
romance (m) policial	roman balaʃi	רוֹמָן בַּלָּשִׁי (ז)
verso (m)	ʃir	שִׁיר (ז)
poesia (f)	ʃira	שִׁירָה (נ)
poema (m)	po"ema	פּוֹאֶמָה (נ)
poeta (m)	meʃorer	מְשׁוֹרֵר (ז)
ficção (f)	sifrut yafa	סִפְרוּת יָפָה (נ)
ficção (f) científica	mada bidyoni	מַדָע בִּדְיוֹנִי (ז)
aventuras (f pl)	harpatka'ot	הַרְפַּתְקָאוֹת (נ"ר)
literatura (f) didática	sifrut limudit	סִפְרוּת לִימוּדִית (נ)
literatura (f) infantil	sifrut yeladim	סִפְרוּת יְלָדִים (נ)

128. Circo

circo (m)	kirkas	קִרְקָס (ז)
circo (m) ambulante	kirkas nayad	קִרְקָס נַיָּיד (ז)
programa (m)	toχnit	תּוֹכְנִית (נ)
apresentação (f)	hofa'a	הוֹפָעָה (נ)
número (m)	hofa'a	הוֹפָעָה (נ)

picadeiro (f)	zira	זִירָה (נ)
pantomima (f)	panto'mima	פַּנְטוֹמִימָה (נ)
palhaço (m)	leitsan	לֵיצָן (ז)

acrobata (m)	akrobat	אַקְרוֹבָּט (ז)
acrobacia (f)	akro'batika	אַקְרוֹבָּטִיקָה (נ)
ginasta (m)	mit'amel	מִתְעַמֵּל (ז)
ginástica (f)	hit'amlut	הִתְעַמְּלוּת (נ)
salto (m) mortal	'salta	סַלְטָה (נ)

homem (m) forte	atlet	אַתְלֵט (ז)
domador (m)	me'alef	מְאַלֵּף (ז)
cavaleiro (m) equilibrista	roxev	רוֹכֵב (ז)
assistente (m)	ozer	עוֹזֵר (ז)

truque (m)	pa'alul	פַּעֲלוּל (ז)
truque (m) de mágica	'kesem	קֶסֶם (ז)
ilusionista (m)	kosem	קוֹסֵם (ז)

malabarista (m)	lahatutan	לַהֲטוּטָן (ז)
fazer malabarismos	lelahtet	לְלַהֲטֵט
adestrador (m)	me'alef hayot	מְאַלֵּף חַיּוֹת (ז)
adestramento (m)	iluf xayot	אִילוּף חַיּוֹת (ז)
adestrar (vt)	le'alef	לְאַלֵּף

129. Música. Música popular

música (f)	'muzika	מוּזִיקָה (נ)
músico (m)	muzikai	מוּזִיקַאי (ז)
instrumento (m) musical	kli negina	כְּלִי נְגִינָה (ז)
tocar ...	lenagen be...	לְנַגֵּן בְּ...

guitarra (f)	gi'tara	גִּיטָרָה (נ)
violino (m)	kinor	כִּינוֹר (ז)
violoncelo (m)	'tfelo	צֶ'לוֹ (ז)
contrabaixo (m)	kontrabas	קוֹנְטְרַבַּס (ז)
harpa (f)	'nevel	נֵבֶל (ז)

piano (m)	psanter	פְּסַנְתֵּר (ז)
piano (m) de cauda	psanter kanaf	פְּסַנְתֵּר כָּנָף (ז)
órgão (m)	ugav	עוּגָב (ז)

instrumentos (m pl) de sopro	klei nefifa	כְּלֵי נְשִׁיפָה (ז"ר)
oboé (m)	abuv	אַבּוּב (ז)
saxofone (m)	saksofon	סַקְסוֹפוֹן (ז)
clarinete (m)	klarinet	קְלַרִינֵט (ז)
flauta (f)	xalil	חָלִיל (ז)
trompete (m)	xatsotsra	חֲצוֹצְרָה (נ)

| acordeão (m) | akordyon | אָקוֹרְדְיוֹן (ז) |
| tambor (m) | tof | תּוֹף (ז) |

| dueto (m) | 'du'o | דוּאוֹ (ז) |
| trio (m) | flifiya | שְׁלִישִׁיָּה (נ) |

quarteto (m)	revi'iya	רְבִיעִיָּה (נ)
coro (m)	makhela	מַקְהֵלָה (נ)
orquestra (f)	tiz'moret	תִּזְמֹרֶת (נ)

música (f) pop	'muzikat pop	מוּזִיקַת פּוֹפּ (נ)
música (f) rock	'muzikat rok	מוּזִיקַת רוֹק (נ)
grupo (m) de rock	lehakat rok	לַהֲקַת רוֹק (נ)
jazz (m)	dʒez	גַ'ז (ז)

ídolo (m)	koχav	כּוֹכָב (ז)
fã, admirador (m)	ohed	אוֹהֵד (ז)

concerto (m)	kontsert	קוֹנְצֶרְט (ז)
sinfonia (f)	si'fonya	סִימְפוֹנְיָה (נ)
composição (f)	yetsira	יְצִירָה (נ)
compor (vt)	leχaber	לְחַבֵּר

canto (m)	ʃira	שִׁירָה (נ)
canção (f)	ʃir	שִׁיר (ז)
melodia (f)	mangina	מַנְגִּינָה (נ)
ritmo (m)	'ketsev	קֶצֶב (ז)
blues (m)	bluz	בְּלוּז (ז)

notas (f pl)	tavim	תָּוִים (ז"ר)
batuta (f)	ʃarvit ni'tsuaχ	שַׁרְבִיט נִיצּוּחַ (ז)
arco (m)	'keʃet	קֶשֶׁת (נ)
corda (f)	meitar	מֵיתָר (ז)
estojo (m)	nartik	נַרְתִּיק (ז)

Descanso. Entretenimento. Viagens

130. Viagens

turismo (m)	tayarut	תַּיָּירוּת (נ)
turista (m)	tayar	תַּיָּיר (ז)
viagem (f)	tiyul	טִיוּל (ז)
aventura (f)	harpatka	הַרְפַּתְקָה (נ)
percurso (curta viagem)	nesi'a	נְסִיעָה (נ)
férias (f pl)	χuʃa	חוּפְשָׁה (נ)
estar de férias	lihyot beχuʃa	לִהְיוֹת בְּחוּפְשָׁה
descanso (m)	menuχa	מְנוּחָה (נ)
trem (m)	ra'kevet	רַכֶּבֶת (נ)
de trem (chegar ~)	bera'kevet	בְּרַכֶּבֶת
avião (m)	matos	מָטוֹס (ז)
de avião	bematos	בְּמָטוֹס
de carro	bemeχonit	בִּמְכוֹנִית
de navio	be'oniya	בָּאוֹנִיָּיה
bagagem (f)	mit'an	מִטְעָן (ז)
mala (f)	mizvada	מִזְוָודָה (נ)
carrinho (m)	eglat mit'an	עֶגְלַת מִטְעָן (נ)
passaporte (m)	darkon	דַּרְכּוֹן (ז)
visto (m)	'viza, aʃra	וִיזָה, אַשְׁרָה (נ)
passagem (f)	kartis	כַּרְטִיס (ז)
passagem (f) aérea	kartis tisa	כַּרְטִיס טִיסָה (ז)
guia (m) de viagem	madriχ	מַדְרִיךְ (ז)
mapa (m)	mapa	מַפָּה (נ)
área (f)	ezor	אֵזוֹר (ז)
lugar (m)	makom	מָקוֹם (ז)
exotismo (m)	ek'zotika	אֶקְזוֹטִיקָה (נ)
exótico (adj)	ek'zoti	אֶקְזוֹטִי
surpreendente (adj)	nifla	נִפְלָא
grupo (m)	kvutsa	קְבוּצָה (נ)
excursão (f)	tiyul	טִיוּל (ז)
guia (m)	madriχ tiyulim	מַדְרִיךְ טִיוּלִים (ז)

131. Hotel

hospedaria (f)	malon	מָלוֹן (ז)
motel (m)	motel	מוֹטֶל (ז)
três estrelas	ʃloʃa koχavim	שְׁלוֹשָׁה כּוֹכָבִים

| cinco estrelas | χamiʃa koχavim | חֲמִישָׁה כּוֹכָבִים |
| ficar (vi, vt) | lehit'aχsen | לְהִתְאַכְסֵן |

quarto (m)	'χeder	חֶדֶר (ז)
quarto (m) individual	'χeder yaχid	חֶדֶר יָחִיד (ז)
quarto (m) duplo	'χeder zugi	חֶדֶר זוּגִי (ז)
reservar um quarto	lehazmin 'χeder	לְהַזְמִין חֶדֶר

| meia pensão (f) | χatsi pensiyon | חֲצִי פֶּנְסִיוֹן (ז) |
| pensão (f) completa | pensyon male | פֶּנְסִיוֹן מָלֵא (ז) |

com banheira	im am'batya	עִם אַמְבַּטְיָה
com chuveiro	im mik'laχat	עִם מִקְלַחַת
televisão (m) por satélite	tele'vizya bekvalim	טֶלֶוִויזְיָה בְּכְבָלִים (נ)
ar (m) condicionado	mazgan	מַזְגָן (ז)
toalha (f)	ma'gevet	מַגֶּבֶת (נ)
chave (f)	maf'teaχ	מַפְתֵחַ (ז)

administrador (m)	amarkal	אֲמַרְכָּל (ז)
camareira (f)	χadranit	חַדְרָנִית (נ)
bagageiro (m)	sabal	סַבָּל (ז)
porteiro (m)	pakid kabala	פְּקִיד קַבָּלָה (ז)

restaurante (m)	mis'ada	מִסְעָדָה (נ)
bar (m)	bar	בָּר (ז)
café (m) da manhã	aruχat 'boker	אֲרוּחַת בּוֹקֶר (נ)
jantar (m)	aruχat 'erev	אֲרוּחַת עֶרֶב (נ)
bufê (m)	miznon	מִזְנוֹן (ז)

| saguão (m) | 'lobi | לוֹבִּי (ז) |
| elevador (m) | ma'alit | מַעֲלִית (נ) |

| NÃO PERTURBE | lo lehaf'ri'a | לֹא לְהַפְרִיעַ |
| PROIBIDO FUMAR! | asur le'aʃen! | אָסוּר לְעַשֵׁן! |

132. Livros. Leitura

livro (m)	'sefer	סֵפֶר (ז)
autor (m)	sofer	סוֹפֵר (ז)
escritor (m)	sofer	סוֹפֵר (ז)
escrever (~ um livro)	liχtov	לִכְתוֹב

leitor (m)	kore	קוֹרֵא (ז)
ler (vt)	likro	לִקְרוֹא
leitura (f)	kri'a	קְרִיאָה (נ)

| para si | belev, be'ʃeket | בְּלֵב, בְּשֶׁקֶט |
| em voz alta | bekol ram | בְּקוֹל רָם |

publicar (vt)	lehotsi la'or	לְהוֹצִיא לָאוֹר
publicação (f)	hotsa'a la'or	הוֹצָאָה לָאוֹר (נ)
editor (m)	motsi le'or	מוֹצִיא לָאוֹר (ז)
editora (f)	hotsa'a la'or	הוֹצָאָה לָאוֹר (נ)
sair (vi)	latset le'or	לָצֵאת לָאוֹר

lançamento (m)	hafatsa	הַפָּצָה (נ)
tiragem (f)	tfutsa	תפוּצָה (נ)
livraria (f)	χanut sfarim	חֲנוּת סְפָרִים (נ)
biblioteca (f)	sifriya	סִפְרִיָה (נ)
novela (f)	sipur	סִיפּוּר (ז)
conto (m)	sipur katsar	סִיפּוּר קָצָר (ז)
romance (m)	roman	רוֹמָן (ז)
romance (m) policial	roman balaʃi	רוֹמָן בַּלָשִׁי (ז)
memórias (f pl)	ziχronot	זִיכרוֹנוֹת (ז"ר)
lenda (f)	agada	אַגָדָה (נ)
mito (m)	'mitos	מִיתוֹס (ז)
poesia (f)	ʃirim	שִׁירִים (ז"ר)
autobiografia (f)	otobio'grafya	אוֹטוֹבּיוֹגרַפיָה (נ)
obras (f pl) escolhidas	mivχar ktavim	מִבחָר כּתָבִים (ז)
ficção (f) científica	mada bidyoni	מַדָע בְּדִיוֹנִי (ז)
título (m)	kotar	כּוֹתָר (ז)
introdução (f)	mavo	מָבוֹא (ז)
folha (f) de rosto	amud ha'ʃa'ar	עַמוּד הַשַׁעַר (ז)
capítulo (m)	'perek	פָּרֶק (ז)
excerto (m)	'keta	קֶטַע (ז)
episódio (m)	epi'zoda	אֶפִּיזוֹדָה (נ)
enredo (m)	alila	עֲלִילָה (נ)
conteúdo (m)	'toχen	תוֹכֶן (ז)
índice (m)	'toχen inyanim	תוֹכֶן עִנייָנִים (ז)
protagonista (m)	hagibor haraʃi	הַגִיבּוֹר הָרָאשִׁי (ז)
volume (m)	'kereχ	כֶּרֶך (ז)
capa (f)	kriχa	כּרִיכָה (נ)
encadernação (f)	kriχa	כּרִיכָה (נ)
marcador (m) de página	simaniya	סִימָנִייָה (נ)
página (f)	amud	עַמוּד (ז)
folhear (vt)	ledafdef	לְדַפּדֵף
margem (f)	ʃu'layim	שׁוּלַיִים (ז"ר)
anotação (f)	he'ara	הֶעָרָה (נ)
nota (f) de rodapé	he'arat ʃu'layim	הֶעָרַת שׁוּלַיִים (נ)
texto (m)	tekst	טֶקסט (ז)
fonte (f)	gufan	גוּפָן (ז)
falha (f) de impressão	ta'ut dfus	טָעוּת דפוּס (נ)
tradução (f)	tirgum	תִרגוּם (ז)
traduzir (vt)	letargem	לְתַרגֵם
original (m)	makor	מָקוֹר (ז)
famoso (adj)	mefursam	מְפוּרסָם
desconhecido (adj)	lo ya'du'a	לֹא יָדוֹעַ
interessante (adj)	me'anyen	מְעַנייֵן
best-seller (m)	rav 'meχer	רַב־מֶכֶר (ז)

dicionário (m)	milon	מִילוֹן (ז)
livro (m) didático	'sefer limud	סֵפֶר לִימוּד (ז)
enciclopédia (f)	entsiklo'pedya	אֶנְצִיקְלוֹפֶּדְיָה (נ)

133. Caça. Pesca

caça (f)	'tsayid	צַיִד (ז)
caçar (vi)	latsud	לָצוּד
caçador (m)	tsayad	צַיָּיד (ז)

disparar, atirar (vi)	lirot	לִירוֹת
rifle (m)	rove	רוֹבֶה (ז)
cartucho (m)	kadur	כַּדּוּר (ז)
chumbo (m) de caça	kaduriyot	כַּדּוּרִיּוֹת (נ"ר)

armadilha (f)	mal'kodet	מַלְכּוֹדֶת (נ)
armadilha (com corda)	mal'kodet	מַלְכּוֹדֶת (נ)
cair na armadilha	lehilaxed bemal'kodet	לְהִילָכֵד בְּמַלְכּוֹדֶת
pôr a armadilha	leha'niax mal'kodet	לְהָנִים מַלְכּוֹדֶת

caçador (m) furtivo	tsayad lelo reʃut	צַיָּיד לְלֹא רְשׁוּת (ז)
caça (animais)	xayot bar	חַיּוֹת בַּר (נ"ר)
cão (m) de caça	'kelev 'tsayid	כֶּלֶב צַיִד (ז)
safári (m)	sa'fari	סָפָארִי (ז)
animal (m) empalhado	puxlats	פּוּחְלָץ (ז)

pescador (m)	dayag	דַּיָּיג (ז)
pesca (f)	'dayig	דַּיִג (ז)
pescar (vt)	ladug	לָדוּג

vara (f) de pesca	xaka	חַכָּה (נ)
linha (f) de pesca	xut haxaka	חוּט הַחַכָּה (ז)
anzol (m)	'keres	קֶרֶס (ז)

| boia (f), flutuador (m) | matsof | מָצוֹף (ז) |
| isca (f) | pitayon | פִּיתָיוֹן (ז) |

| lançar a linha | lizrok et haxaka | לִזְרוֹק אֶת הַחַכָּה |
| morder (peixe) | liv'lo'a pitayon | לִבְלוֹעַ פִּיתָיוֹן |

| pesca (f) | ʃlal 'dayig | שְׁלַל דַּיִג (ז) |
| buraco (m) no gelo | mivka 'kerax | מִבְקַע קֶרַח (ז) |

| rede (f) | 'reʃet dayagim | רֶשֶׁת דַּיָּיגִים (נ) |
| barco (m) | sira | סִירָה (נ) |

pescar com rede	ladug be'reʃet	לָדוּג בְּרֶשֶׁת
lançar a rede	lizrok 'reʃet	לִזְרוֹק רֶשֶׁת
puxar a rede	ligror 'reʃet	לִגְרוֹר רֶשֶׁת
cair na rede	lehilaxed be'reʃet	לְהִילָכֵד בְּרֶשֶׁת

baleeiro (m)	tsayad livyatanim	צַיָּיד לְוויָיתָנִים (ז)
baleeira (f)	sfinat tseid livyetanim	סְפִינַת צֵיד לְוויָיתָנִית (נ)
arpão (m)	tsiltsal	צִלְצָל (ז)

134. Jogos. Bilhar

bilhar (m)	bilyard	בִּילְיַארְד (ז)
sala (f) de bilhar	'χeder bilyard	חֶדֶר בִּילְיַארְד (ז)
bola (f) de bilhar	kadur bilyard	כַּדוּר בִּילְיַארְד (ז)
embolsar uma bola	lehaχnis kadur lekis	לְהַכְנִיס כַּדוּר לְכִּיס
taco (m)	makel bilyard	מַקֵל בִּילְיַארְד (ז)
caçapa (f)	kis	כִּיס (ז)

135. Jogos. Jogar cartas

ouros (m pl)	yahalom	יַהֲלוֹם (ז)
espadas (f pl)	ale	עָלֶה (ז)
copas (f pl)	lev	לֵב (ז)
paus (m pl)	tiltan	תִּלְתָּן (ז)
ás (m)	as	אָס (ז)
rei (m)	'meleχ	מֶלֶךְ (ז)
dama (f), rainha (f)	malka	מַלְכָּה (נ)
valete (m)	nasiχ	נָסִיךְ (ז)
carta (f) de jogar	klaf	קְלָף (ז)
cartas (f pl)	klafim	קְלָפִים (ז"ר)
trunfo (m)	klaf nitsaχon	קְלַף נִיצָחוֹן (ז)
baralho (m)	χafisat klafim	חֲפִיסַת קְלָפִים (נ)
ponto (m)	nekuda	נְקוּדָה (נ)
dar, distribuir (vt)	leχalek klafim	לְחַלֵק קְלָפִים
embaralhar (vt)	litrof	לִטְרוֹף
vez, jogada (f)	tor	תּוֹר (ז)
trapaceiro (m)	noχel klafim	נוֹכֵל קְלָפִים (ז)

136. Descanso. Jogos. Diversos

passear (vi)	letayel ba'regel	לְטַיֵיל בָּרֶגֶל
passeio (m)	tiyul ragli	טִיוּל רַגְלִי (ז)
viagem (f) de carro	nesi'a bameχonit	נְסִיעָה בָּמְכוֹנִית (נ)
aventura (f)	harpatka	הַרְפַּתְקָה (נ)
piquenique (m)	'piknik	פִּיקְנִיק (ז)
jogo (m)	misχak	מִשְׂחָק (ז)
jogador (m)	saχkan	שַׂחְקָן (ז)
partida (f)	misχak	מִשְׂחָק (ז)
colecionador (m)	asfan	אַסְפָן (ז)
colecionar (vt)	le'esof	לֶאֱסוֹף
coleção (f)	'osef	אוֹסֶף (ז)
palavras (f pl) cruzadas	taʃbets	תַשְׁבֵּץ (ז)
hipódromo (m)	hipodrom	הִיפּוֹדְרוֹם (ז)

discoteca (f)	diskotek	דיסקוטק (ז)
sauna (f)	'sa'una	סאונה (נ)
loteria (f)	'loto	לוטו (ז)

campismo (m)	tiyul maχana'ut	טיול מחנאות (ז)
acampamento (m)	maχane	מחנה (ז)
barraca (f)	'ohel	אוהל (ז)
bússola (f)	matspen	מצפן (ז)
campista (m)	maχnai	מחנאי (ז)

ver (vt), assistir à ...	lir'ot	לראות
telespectador (m)	tsofe	צופה (ז)
programa (m) de TV	toχnit tele'vizya	תוכנית טלוויזיה (נ)

137. Fotografia

| máquina (f) fotográfica | matslema | מצלמה (נ) |
| foto, fotografia (f) | tmuna | תמונה (נ) |

fotógrafo (m)	tsalam	צלם (ז)
estúdio (m) fotográfico	'studyo letsilum	סטודיו לצילום (ז)
álbum (m) de fotografias	albom tmunot	אלבום תמונות (ז)

lente (f) fotográfica	adaʃa	עדשה (נ)
lente (f) teleobjetiva	a'deʃet teleskop	עדשת טלסקופ (נ)
filtro (m)	masnen	מסנן (ז)
lente (f)	adaʃa	עדשה (נ)

ótica (f)	'optika	אופטיקה (נ)
abertura (f)	tsamtsam	צמצם (ז)
exposição (f)	zman hahe'ara	זמן הַהָאָרָה (ז)
visor (m)	einit	עינית (נ)

câmera (f) digital	matslema digi'talit	מצלמה דיגיטלית (נ)
tripé (m)	χatsuva	חצובה (נ)
flash (m)	mavzek	מבזק (ז)

fotografar (vt)	letsalem	לצלם
tirar fotos	letsalem	לצלם
fotografar-se (vr)	lehitstalem	להצטלם

foco (m)	moked	מוקד (ז)
focar (vt)	lemaked	למקד
nítido (adj)	χad, memukad	חד, ממוקד
nitidez (f)	χadut	חדות (נ)

| contraste (m) | nigud | ניגוד (ז) |
| contrastante (adj) | menugad | מנוגד |

retrato (m)	tmuna	תמונה (נ)
negativo (m)	taʃlil	תשליל (ז)
filme (m)	'seret	סרט (ז)
fotograma (m)	freim	פריים (ז)
imprimir (vt)	lehadpis	להדפיס

138. Praia. Natação

praia (f)	χof yam	חוֹף יָם (ז)
areia (f)	χol	חוֹל (ז)
deserto (adj)	ʃomem	שׁוֹמֵם

bronzeado (m)	ʃizuf	שִׁיזוּף (ז)
bronzear-se (vr)	lehiʃtazef	לְהִשְׁתַּזֵּף
bronzeado (adj)	ʃazuf	שָׁזוּף
protetor (m) solar	krem hagana	קְרֶם הֲגָנָה (ז)

biquíni (m)	bi'kini	בִּיקִינִי (ז)
maiô (m)	'beged yam	בֶּגֶד יָם (ז)
calção (m) de banho	'beged yam	בֶּגֶד יָם (ז)

piscina (f)	breχa	בְּרֵיכָה (נ)
nadar (vi)	lisχot	לִשְׂחוֹת
chuveiro (m), ducha (f)	mik'laχat	מִקְלַחַת (נ)
mudar, trocar (vt)	lehaχlif bgadim	לְהַחְלִיף בְּגָדִים
toalha (f)	ma'gevet	מַגֶּבֶת (נ)

barco (m)	sira	סִירָה (נ)
lancha (f)	sirat ma'no'a	סִירַת מָנוֹעַ (נ)
esqui (m) aquático	ski 'mayim	סְקִי מַיִם (ז)
barco (m) de pedais	sirat pe'dalim	סִירַת פְּדָלִים (נ)
surf, surfe (m)	gliʃat galim	גְּלִישַׁת גַּלִים
surfista (m)	goleʃ	גּוֹלֵשׁ (ז)

equipamento (m) de mergulho	'skuba	סְקוּבָּה (נ)
pé (m pl) de pato	snapirim	סְנַפִּירִים (ז״ר)
máscara (f)	maseχa	מַסֵּכָה (נ)
mergulhador (m)	tsolelan	צוֹלְלָן (ז)
mergulhar (vi)	litslol	לְצָלוֹל
debaixo d'água	mi'taχat lifnei ha'mayim	מִתַּחַת לִפְנֵי הַמַּיִם

guarda-sol (m)	ʃimʃiya	שִׁמְשִׁיָּה (נ)
espreguiçadeira (f)	kise 'noaχ	כִּיסֵּא נוֹחַ (ז)
óculos (m pl) de sol	miʃkefei 'ʃemeʃ	מִשְׁקְפֵי שֶׁמֶשׁ (ז״ר)
colchão (m) de ar	mizron mitna'peaχ	מִזְרוֹן מִתְנַפֵּחַ (ז)

| brincar (vi) | lesaχek | לְשַׂחֵק |
| ir nadar | lehitraχets | לְהִתְרַחֵץ |

bola (f) de praia	kadur yam	כַּדּוּר יָם (ז)
encher (vt)	lena'peaχ	לְנַפֵּחַ
inflável (adj)	menupaχ	מְנוּפָּח

onda (f)	gal	גַּל (ז)
boia (f)	matsof	מָצוֹף (ז)
afogar-se (vr)	lit'bo'a	לִטְבּוֹעַ

salvar (vt)	lehatsil	לְהַצִּיל
colete (m) salva-vidas	χagorat hatsala	חֲגוֹרַת הַצָּלָה (נ)
observar (vt)	litspot, lehaʃkif	לִצְפּוֹת, לְהַשְׁקִיף
salva-vidas (pessoa)	matsil	מַצִּיל (ז)

EQUIPAMENTO TÉCNICO. TRANSPORTES

Equipamento técnico. Transportes

139. Computador

computador (m)	maxʃev	מַחְשֵׁב (ז)
computador (m) portátil	maxʃev nayad	מַחְשֵׁב נַיָד (ז)
ligar (vt)	lehadlik	לְהַדְלִיק
desligar (vt)	lexabot	לְכַבּוֹת
teclado (m)	mik'ledet	מִקְלֶדֶת (נ)
tecla (f)	makaʃ	מַקָשׁ (ז)
mouse (m)	axbar	עַכְבָּר (ז)
tapete (m) para mouse	ʃa'tiax le'axbar	שְׁטִיחַ לְעַכְבָּר (ז)
botão (m)	kaftor	כַּפְתּוֹר (ז)
cursor (m)	saman	סַמָן (ז)
monitor (m)	masax	מָסָך (ז)
tela (f)	tsag	צַג (ז)
disco (m) rígido	disk ka'ʃiax	דִיסְק קָשִׁיחַ (ז)
capacidade (f) do disco rígido	'nefax disk ka'ʃiax	נֶפַח דִיסְק קָשִׁיחַ (ז)
memória (f)	zikaron	זִיכָּרוֹן (ז)
memória RAM (f)	zikaron giʃa akra'it	זִיכָּרוֹן גִישָׁה אַקְרַאִית (ז)
arquivo (m)	'kovets	קוֹבֶץ (ז)
pasta (f)	tikiya	תִיקִייָה (נ)
abrir (vt)	lif'toax	לִפְתּוֹחַ
fechar (vt)	lisgor	לִסְגוֹר
salvar (vt)	liʃmor	לִשְׁמוֹר
deletar (vt)	limxok	לִמְחוֹק
copiar (vt)	leha'atik	לְהַעְתִיק
ordenar (vt)	lemayen	לְמַיֵן
copiar (vt)	leha'avir	לְהַעֲבִיר
programa (m)	toxna	תוֹכְנָה (נ)
software (m)	toxna	תוֹכְנָה (נ)
programador (m)	metaxnet	מְתַכְנֵת (ז)
programar (vt)	letaxnet	לְתַכְנֵת
hacker (m)	'haker	הָאקֵר (ז)
senha (f)	sisma	סִיסְמָה (נ)
vírus (m)	'virus	וִירוּס (ז)
detectar (vt)	limtso, le'ater	לִמְצוֹא, לְאַתֵר
byte (m)	bait	בַּייְט (ז)

megabyte (m)	megabait	מֶגָבַּייט (ז)
dados (m pl)	netunim	נְתוּנִים (ז"ר)
base (f) de dados	bsis netunim	בְּסִיס נְתוּנִים (ז)

cabo (m)	'kevel	כֶּבֶל (ז)
desconectar (vt)	lenatek	לְנַתֵּק
conectar (vt)	leχaber	לְחַבֵּר

140. Internet. E-mail

internet (f)	'internet	אִינְטֶרְנֶט (ז)
browser (m)	dafdefan	דַּפְדְּפָן (ז)
motor (m) de busca	ma'no'a χipus	מָנוֹעַ חִיפּוּשׂ (ז)
provedor (m)	sapak	סַפָּק (ז)

webmaster (m)	menahel ha'atar	מְנַהֵל הָאָתַר (ז)
website (m)	atar	אָתַר (ז)
web page (f)	daf 'internet	דַּף אִינְטֶרְנֶט (ז)

endereço (m)	'ktovet	כְּתוֹבֶת (נ)
livro (m) de endereços	'sefer ktovot	סֵפֶר כְּתוֹבוֹת (ז)

caixa (f) de correio	teivat 'do'ar	תֵּיבַת דּוֹאַר (נ)
correio (m)	'do'ar, 'do'al	דּוֹאַר (ז), דּוֹאַ"ל (ז)
cheia (caixa de correio)	gaduʃ	גָּדוּש

mensagem (f)	hoda'a	הוֹדָעָה (נ)
mensagens (f pl) recebidas	hoda'ot niχnasot	הוֹדָעוֹת נִכְנָסוֹת (נ"ר)
mensagens (f pl) enviadas	hoda'ot yots'ot	הוֹדָעוֹת יוֹצְאוֹת (נ"ר)
remetente (m)	ʃo'leaχ	שׁוֹלֵחַ (ז)
enviar (vt)	liʃ'loaχ	לִשְׁלוֹחַ
envio (m)	ʃliχa	שְׁלִיחָה (ז)
destinatário (m)	nim'an	נִמְעָן (ז)
receber (vt)	lekabel	לְקַבֵּל

correspondência (f)	hitkatvut	הִתְכַּתְּבוּת (נ)
corresponder-se (vr)	lehitkatev	לְהִתְכַּתֵּב

arquivo (m)	'kovets	קוֹבֶץ (ז)
fazer download, baixar (vt)	lehorid	לְהוֹרִיד
criar (vt)	litsor	לִיצוֹר
deletar (vt)	limχok	לִמְחוֹק
deletado (adj)	maχuk	מָחוּק

conexão (f)	χibur	חִיבּוּר (ז)
velocidade (f)	mehirut	מְהִירוּת (נ)
modem (m)	'modem	מוֹדֶם (ז)
acesso (m)	giʃa	גִּישָׁה (נ)
porta (f)	port	פּוֹרְט (ז)

conexão (f)	χibur	חִיבּוּר (ז)
conectar (vi)	lehitχaber	לְהִתְחַבֵּר
escolher (vt)	livχor	לִבְחוֹר
buscar (vt)	leχapes	לְחַפֵּשׂ

Transportes

141. Avião

avião (m)	matos	מָטוֹס (ז)
passagem (f) aérea	kartis tisa	כַּרְטִיס טִיסָה (ז)
companhia (f) aérea	χevrat te'ufa	חֶבְרַת תְּעוּפָה (נ)
aeroporto (m)	nemal te'ufa	נְמַל תְּעוּפָה (ז)
supersônico (adj)	al koli	עַל קוֹלִי

comandante (m) do avião	kabarnit	קַבַּרְנִיט (ז)
tripulação (f)	'tsevet	צֶוֶת (ז)
piloto (m)	tayas	טַיָּס (ז)
aeromoça (f)	da'yelet	דַּיֶּלֶת (נ)
copiloto (m)	navat	נַוָּט (ז)

asas (f pl)	kna'fayim	כְּנָפַיִם (נ"ר)
cauda (f)	zanav	זָנָב (ז)
cabine (f)	'kokpit	קוֹקְפִּיט (ז)
motor (m)	ma'no'a	מָנוֹעַ (ז)
trem (m) de pouso	kan nesi'a	כַּן נְסִיעָה (ז)
turbina (f)	tur'bina	טוּרְבִּינָה (נ)

hélice (f)	madχef	מַדְחֵף (ז)
caixa-preta (f)	kufsa ʃχora	קוּפְסָה שְׁחוֹרָה (נ)
coluna (f) de controle	'hege	הֶגֶה (ז)
combustível (m)	'delek	דֶּלֶק (ז)

instruções (f pl) de segurança	hora'ot betiχut	הוֹרָאוֹת בְּטִיחוּת (נ"ר)
máscara (f) de oxigênio	maseχat χamtsan	מַסֵּיכַת חַמְצָן (נ)
uniforme (m)	madim	מַדִּים (ז"ר)

colete (m) salva-vidas	χagorat hatsala	חֲגוֹרַת הַצָּלָה (נ)
paraquedas (m)	mitsnaχ	מִצְנָח (ז)

decolagem (f)	hamra'a	הַמְרָאָה (נ)
descolar (vi)	lehamri	לְהַמְרִיא
pista (f) de decolagem	maslul hamra'a	מַסְלוּל הַמְרָאָה (ז)

visibilidade (f)	re'ut	רְאוּת (נ)
voo (m)	tisa	טִיסָה (נ)

altura (f)	'gova	גּוֹבַהּ (ז)
poço (m) de ar	kis avir	כִּיס אֲוִויר (ז)

assento (m)	moʃav	מוֹשָׁב (ז)
fone (m) de ouvido	ozniyot	אוֹזְנִיּוֹת (נ"ר)
mesa (f) retrátil	magaʃ mitkapel	מַגָּשׁ מִתְקַפֵּל (ז)
janela (f)	tsohar	צוֹהַר (ז)
corredor (m)	ma'avar	מַעֲבָר (ז)

142. Comboio

trem (m)	ra'kevet	רַכֶּבֶת (נ)
trem (m) elétrico	ra'kevet parvarim	רַכֶּבֶת פַּרְבָרִים (נ)
trem (m)	ra'kevet mehira	רַכֶּבֶת מְהִירָה (נ)
locomotiva (f) diesel	katar 'dizel	קַטָר דִיזֶל (ז)
locomotiva (f) a vapor	katar	קַטָר (ז)
vagão (f) de passageiros	karon	קָרוֹן (ז)
vagão-restaurante (m)	kron mis'ada	קָרוֹן מִסְעָדָה (ז)
carris (m pl)	mesilot	מְסִילוֹת (נ"ר)
estrada (f) de ferro	mesilat barzel	מְסִילַת בַּרְזֶל (נ)
travessa (f)	'eden	אֶדֶן (ז)
plataforma (f)	ratsif	רָצִיף (ז)
linha (f)	mesila	מְסִילָה (נ)
semáforo (m)	ramzor	רַמְזוֹר (ז)
estação (f)	taxana	תַחֲנָה (נ)
maquinista (m)	nahag ra'kevet	נַהַג רַכֶּבֶת (ז)
bagageiro (m)	sabal	סַבָּל (ז)
hospedeiro, -a (m, f)	sadran ra'kevet	סַדְרָן רַכֶּבֶת (ז)
passageiro (m)	no'se'a	נוֹסֵעַ (ז)
revisor (m)	bodek	בּוֹדֵק (ז)
corredor (m)	prozdor	פְּרוֹזְדוֹר (ז)
freio (m) de emergência	ma'atsar xirum	מַעֲצַר חֵירוּם (ז)
compartimento (m)	ta	תָא (ז)
cama (f)	dargaf	דַרְגָשׁ (ז)
cama (f) de cima	dargaf elyon	דַרְגָשׁ עֶלְיוֹן (ז)
cama (f) de baixo	dargaf taxton	דַרְגָשׁ תַחְתוֹן (ז)
roupa (f) de cama	matsa'im	מַצָעִים (ז"ר)
passagem (f)	kartis	כַּרְטִיס (ז)
horário (m)	'luax zmanim	לוּחַ זְמַנִים (ז)
painel (m) de informação	'felet meida	שֶׁלֶט מֵידָע (ז)
partir (vt)	latset	לָצֵאת
partida (f)	yetsi'a	יְצִיאָה (נ)
chegar (vi)	leha'gi'a	לְהַגִיעַ
chegada (f)	haga'a	הַגָעָה (נ)
chegar de trem	leha'gi'a bera'kevet	לְהַגִיעַ בְּרַכֶּבֶת
pegar o trem	la'alot lera'kevet	לַעֲלוֹת לְרַכֶּבֶת
descer de trem	la'redet mehara'kevet	לָרֶדֶת מֵהַרַכֶּבֶת
acidente (m) ferroviário	hitraskut	הִתְרַסְקוּת (נ)
descarrilar (vi)	la'redet mipasei ra'kevet	לָרֶדֶת מִפַּסֵי רַכֶּבֶת
locomotiva (f) a vapor	katar	קַטָר (ז)
foguista (m)	masik	מַסִיק (ז)
fornalha (f)	kivfan	כִּבְשָׁן (ז)
carvão (m)	pexam	פֶּחָם (ז)

143. Barco

| navio (m) | sfina | סְפִינָה (נ) |
| embarcação (f) | sfina | סְפִינָה (נ) |

barco (m) a vapor	oniyat kitor	אוֹנִיַית קִיטוֹר (נ)
barco (m) fluvial	sfinat nahar	סְפִינַת נָהָר (נ)
transatlântico (m)	oniyat ta'anugot	אוֹנִיַית תַעֲנוּגוֹת (נ)
cruzeiro (m)	sa'yeret	סַיֶּרֶת (נ)

iate (m)	'yaχta	יַכְטָה (נ)
rebocador (m)	go'reret	גוֹרֶרֶת (נ)
barcaça (f)	arba	אַרְבָּה (נ)
ferry (m)	ma'a'boret	מַעֲבּוֹרֶת (נ)

| veleiro (m) | sfinat mifras | סְפִינַת מִפְרָשׂ (נ) |
| bergantim (m) | briganit | בְּרִיגָנִית (נ) |

| quebra-gelo (m) | ʃo'veret 'keraχ | שׁוֹבֶרֶת קֶרַח (נ) |
| submarino (m) | tso'lelet | צוֹלֶלֶת (נ) |

bote, barco (m)	sira	סִירָה (נ)
baleeira (bote salva-vidas)	sira	סִירָה (נ)
bote (m) salva-vidas	sirat hatsala	סִירַת הַצָּלָה (נ)
lancha (f)	sirat ma'no'a	סִירַת מָנוֹעַ (נ)

capitão (m)	rav χovel	רַב־חוֹבֵל (ז)
marinheiro (m)	malaχ	מַלָּח (ז)
marujo (m)	yamai	יַמַּאי (ז)
tripulação (f)	'tsevet	צֶוֶת (ז)

contramestre (m)	rav malaχim	רַב־מַלָּחִים (ז)
grumete (m)	'na'ar sipun	נַעַר סִיפּוּן (ז)
cozinheiro (m) de bordo	tabaχ	טַבָּח (ז)
médico (m) de bordo	rofe ha'oniya	רוֹפֵא הָאוֹנִיָּה (ז)

convés (m)	sipun	סִיפּוּן (ז)
mastro (m)	'toren	תּוֹרֶן (ז)
vela (f)	mifras	מִפְרָשׂ (ז)

porão (m)	'beten oniya	בֶּטֶן אוֹנִיָּה (נ)
proa (f)	χartom	חַרְטוֹם (ז)
popa (f)	yarketei hasfina	יַרְכְּתֵי הַסְּפִינָה (ז"ר)
remo (m)	maʃot	מָשׁוֹט (ז)
hélice (f)	madχef	מַדְחֵף (ז)

cabine (m)	ta	תָּא (ז)
sala (f) dos oficiais	mo'adon ktsinim	מוֹעֲדוֹן קְצִינִים (ז)
sala (f) das máquinas	χadar meχonot	חֲדַר מְכוֹנוֹת (ז)
ponte (m) de comando	'geʃer hapikud	גֶּשֶׁר הַפִּיקוּד (ז)
sala (f) de comunicações	ta alχutan	תָּא אֲלְחוּטָן (ז)
onda (f)	'teder	תֶּדֶר (ז)
diário (m) de bordo	yoman ha'oniya	יוֹמַן הָאוֹנִיָּה (ז)
luneta (f)	miʃkefet	מִשְׁקֶפֶת (נ)
sino (m)	pa'amon	פַּעֲמוֹן (ז)

bandeira (f)	'degel	דֶּגֶל (ז)
cabo (m)	avot ha'oniya	עֲבוֹת הָאוֹנִיָּיה (נ)
nó (m)	'keʃer	קֶשֶׁר (ז)
corrimão (m)	ma'ake hasipun	מַעֲקֵה הַסִּיפּוּן (ז)
prancha (f) de embarque	'keveʃ	כֶּבֶשׁ (ז)
âncora (f)	'ogen	עוֹגֶן (ז)
recolher a âncora	leharim 'ogen	לְהָרִים עוֹגֶן
jogar a âncora	la'agon	לַעֲגוֹן
amarra (corrente de âncora)	ʃar'ʃeret ha'ogen	שַׁרְשֶׁרֶת הָעוֹגֶן (נ)
porto (m)	namal	נָמָל (ז)
cais, amarradouro (m)	'mezaχ	מֶזַח (ז)
atracar (vi)	la'agon	לַעֲגוֹן
desatracar (vi)	lehaflig	לְהַפְלִיג
viagem (f)	masa, tiyul	מַסָּע (ז), טִיּוּל (ז)
cruzeiro (m)	'ʃayit	שַׁיִט (ז)
rumo (m)	kivun	כִּיווּן (ז)
itinerário (m)	nativ	נָתִיב (ז)
canal (m) de navegação	nativ 'ʃayit	נָתִיב שַׁיִט (ז)
banco (m) de areia	sirton	שִׂרְטוֹן (ז)
encalhar (vt)	la'alot al hasirton	לַעֲלוֹת עַל הַשִּׂרְטוֹן
tempestade (f)	sufa	סוּפָה (נ)
sinal (m)	ot	אוֹת (ז)
afundar-se (vr)	lit'bo'a	לִטְבּוֹעַ
Homem ao mar!	adam ba'mayim!	אָדָם בַּמַּיִם!
SOS	kri'at haisala	קְרִיאַת הַצָּלָה
boia (f) salva-vidas	galgal haisala	גַּלְגַּל הַצָּלָה (ז)

144. Aeroporto

aeroporto (m)	nemal te'ufa	נְמַל תְעוּפָה (ז)
avião (m)	matos	מָטוֹס (ז)
companhia (f) aérea	χevrat te'ufa	חֶבְרַת תְעוּפָה (נ)
controlador (m) de tráfego aéreo	bakar tisa	בַּקָּר טִיסָה (ז)
partida (f)	hamra'a	הַמְרָאָה (נ)
chegada (f)	neχita	נְחִיתָה (נ)
chegar (vi)	leha'gi'a betisa	לְהַגִּיעַ בְּטִיסָה
hora (f) de partida	zman hamra'a	זְמַן הַמְרָאָה (ז)
hora (f) de chegada	zman neχita	זְמַן נְחִיתָה (ז)
estar atrasado	lehit'akev	לְהִתְעַכֵּב
atraso (m) de voo	ikuv hatisa	עִיכּוּב הַטִּיסָה (ז)
painel (m) de informação	'luaχ meida	לוּחַ מֵידַע (ז)
informação (f)	meida	מֵידָע (ז)
anunciar (vt)	leho'dia	לְהוֹדִיעַ

Português	Transliteração	עברית
voo (m)	tisa	טִיסָה (נ)
alfândega (f)	'meхes	מֶכֶס (ז)
funcionário (m) da alfândega	pakid 'meхes	פְּקִיד מֶכֶס (ז)
declaração (f) alfandegária	hatsharat meхes	הַצְהָרַת מֶכֶס (נ)
preencher (vt)	lemale	לְמַלֵא
preencher a declaração	lemale 'tofes hatshara	לְמַלֵא טוֹפֶס הַצְהָרָה
controle (m) de passaporte	bdikat darkonim	בְּדִיקַת דַרְכּוֹנִים (נ)
bagagem (f)	kvuda	כְּבוּדָה (נ)
bagagem (f) de mão	kvudat yad	כְּבוּדַת יָד (נ)
carrinho (m)	eglat kvuda	עֶגְלַת כְּבוּדָה (נ)
pouso (m)	neхita	נְחִיתָה (נ)
pista (f) de pouso	maslul neхita	מַסְלוּל נְחִיתָה (ז)
aterrissar (vi)	linхot	לִנְחוֹת
escada (f) de avião	'keveʃ	כֶּבֶשׁ (ז)
check-in (m)	tʃek in	צ׳ֶק אִין (ז)
balcão (m) do check-in	dalpak tʃek in	דַלְפָּק צ׳ֶק אִין (ז)
fazer o check-in	leva'tse'a tʃek in	לְבַצֵעַ צ׳ֶק אִין
cartão (m) de embarque	kartis aliya lematos	כַּרְטִיס עֲלִיָה לְמָטוֹס (ז)
portão (m) de embarque	'ʃa'ar yetsi'a	שַׁעַר יְצִיאָה (ז)
trânsito (m)	ma'avar	מַעֲבָר (ז)
esperar (vi, vt)	lehamtin	לְהַמְתִין
sala (f) de espera	traklin tisa	טְרַקְלִין טִיסָה (ז)
despedir-se (acompanhar)	lelavot	לְלַווֹת
despedir-se (dizer adeus)	lomar lehitra'ot	לוֹמַר לְהִתְרָאוֹת

145. Bicicleta. Motocicleta

Português	Transliteração	עברית
bicicleta (f)	ofa'nayim	אוֹפַנַיִים (ז״ר)
lambreta (f)	kat'no'a	קַטְנוֹעַ (ז)
moto (f)	ofno'a	אוֹפְנוֹעַ (ז)
ir de bicicleta	lirkov al ofa'nayim	לִרְכּוֹב עַל אוֹפַנַיִים
guidão (m)	kidon	כִּידוֹן (ז)
pedal (m)	davʃa	דַווְשָׁה (נ)
freios (m pl)	blamim	בְּלָמִים (ז״ר)
banco, selim (m)	ukaf	אוּכָּף (ז)
bomba (f)	maʃeva	מַשְׁאֵבָה (נ)
bagageiro (m) de teto	sabal	סַבָּל (ז)
lanterna (f)	panas kidmi	פָּנָס קִדְמִי (ז)
capacete (m)	kasda	קַסְדָה (נ)
roda (f)	galgal	גַלְגַל (ז)
para-choque (m)	kanaf	כָּנָף (נ)
aro (m)	хiʃuk	חִישׁוּק (ז)
raio (m)	хiʃur	חִישׁוּר (ז)

Carros

146. Tipos de carros

carro, automóvel (m)	meχonit	מְכוֹנִית (נ)
carro (m) esportivo	meχonit sport	מְכוֹנִית סְפּוֹרְט (נ)
limusine (f)	limu'zina	לִימוּזִינָה (נ)
todo o terreno (m)	'reχev 'ʃetaχ	רֶכֶב שֶׁטַח (ז)
conversível (m)	meχonit gag niftaχ	מְכוֹנִית גַג נִפְתָּח (נ)
minibus (m)	'minibus	מִינִיבּוּס (ז)
ambulância (f)	'ambulans	אַמְבּוּלַנְס (ז)
limpa-neve (m)	maf'leset 'ʃeleg	מְפַלֶּסֶת שֶׁלֶג (נ)
caminhão (m)	masa'it	מַשָּׂאִית (נ)
caminhão-tanque (m)	meχalit 'delek	מֵיכָלִית דֶּלֶק (נ)
perua, van (f)	masa'it kala	מַשָּׂאִית קַלָּה (נ)
caminhão-trator (m)	gorer	גוֹרֵר (ז)
reboque (m)	garur	גָרוּר (ז)
confortável (adj)	'noaχ	נוֹחַ
usado (adj)	meʃumaʃ	מְשׁוּמָשׁ

147. Carros. Carroçaria

capô (m)	miχse hama'no'a	מִכְסֵה הַמָנוֹעַ (ז)
para-choque (m)	kanaf	כָּנָף (נ)
teto (m)	gag	גַג (ז)
para-brisa (m)	ʃimʃa kidmit	שִׁמְשָׁה קִדְמִית (נ)
retrovisor (m)	mar'a aχorit	מַרְאָה אֲחוֹרִית (נ)
esguicho (m)	mataz	מַתָז (ז)
limpadores (m) de para-brisas	magev	מַגֵב (ז)
vidro (m) lateral	ʃimʃat tsad	שִׁמְשַׁת צַד (נ)
elevador (m) do vidro	χalon χaʃmali	חַלוֹן חַשְׁמַלִי (ז)
antena (f)	an'tena	אַנְטֶנָה (נ)
teto (m) solar	χalon gag	חַלוֹן גַג (ז)
para-choque (m)	pagoʃ	פָּגוֹשׁ (ז)
porta-malas (f)	ta mit'an	תָא מִטְעָן (ז)
bagageira (f)	gagon	גָגוֹן (ז)
porta (f)	'delet	דֶּלֶת (נ)
maçaneta (f)	yadit	יָדִית (נ)
fechadura (f)	man'ul	מַנְעוּל (ז)
placa (f)	luχit riʃui	לוֹחִית רִישׁוּי (נ)
silenciador (m)	am'am	עַמְעָם (ז)

133

tanque (m) de gasolina	meiχal 'delek	מֵיכַל דֶּלֶק (ז)
tubo (m) de exaustão	maflet	מַפְלֵט (ז)

acelerador (m)	gaz	גַּז (ז)
pedal (m)	davʃa	דַּוְושָׁה (נ)
pedal (m) do acelerador	davʃat gaz	דַּוְושַׁת גַּז (נ)

freio (m)	'belem	בֶּלֶם (ז)
pedal (m) do freio	davʃat hablamim	דַּוְושַׁת הַבְּלָמִים (נ)
frear (vt)	livlom	לִבְלוֹם
freio (m) de mão	'belem χaniya	בֶּלֶם חֲנִיָּה (ז)

embreagem (f)	matsmed	מַצְמֵד (ז)
pedal (m) da embreagem	davʃat hamatsmed	דַּוְושַׁת הַמַּצְמֵד (נ)
disco (m) de embreagem	luχit hamatsmed	לוֹחִית הַמַּצְמֵד (נ)
amortecedor (m)	bolem za'a'zu'a	בּוֹלֵם זַעֲזוּעִים (ז)

roda (f)	galgal	גַּלְגַּל (ז)
pneu (m) estepe	galgal χilufi	גַּלְגַּל חִילוּפִי (ז)
pneu (m)	tsmig	צְמִיג (ז)
calota (f)	tsa'laχat galgal	צַלַּחַת גַּלְגַּל (נ)

rodas (f pl) motrizes	galgalim meni'im	גַּלְגַּלִּים מְנִיעִים (ז"ר)
de tração dianteira	shel hana'a kidmit	שֶׁל הֲנָעָה קִדְמִית
de tração traseira	shel hana'a aχorit	שֶׁל הֲנָעָה אֲחוֹרִית
de tração às 4 rodas	shel hana'a male'a	שֶׁל הֲנָעָה מָלְאָה

caixa (f) de mudanças	teivat hiluχim	תֵּיבַת הִילוּכִים (נ)
automático (adj)	oto'mati	אוֹטוֹמָטִי
mecânico (adj)	me'χani	מֵכָנִי
alavanca (f) de câmbio	yadit hiluχim	יָדִית הִילוּכִים (נ)

farol (m)	panas kidmi	פָּנָס קִדְמִי (ז)
faróis (m pl)	panasim	פָּנָסִים (ז"ר)

farol (m) baixo	or namuχ	אוֹר נָמוּךְ (ז)
farol (m) alto	or ga'voha	אוֹר גָּבוֹהַּ (ז)
luzes (f pl) de parada	or 'belem	אוֹר בֶּלֶם (ז)

luzes (f pl) de posição	orot χanaya	אוֹרוֹת חֲנִיָּה (ז"ר)
luzes (f pl) de emergência	orot χerum	אוֹרוֹת חֵירוּם (ז"ר)
faróis (m pl) de neblina	orot arafel	אוֹרוֹת עֲרָפֶל (ז"ר)
pisca-pisca (m)	panas itut	פָּנָס אִיתוּת (ז)
luz (f) de marcha ré	orot revers	אוֹרוֹת רֶבֶרְס (ז"ר)

148. Carros. Habitáculo

interior (do carro)	ta hanos'im	תָּא הַנּוֹסְעִים (ז)
de couro	asui me'or	עָשׂוּי מֵעוֹר
de veludo	ktifati	קְטִיפָתִי
estofamento (m)	ripud	רִיפּוּד (ז)

indicador (m)	maχven	מַכְוֵון (ז)
painel (m)	'luaχ maχvenim	לוּחַ מַכְוֵונִים (ז)

velocímetro (m)	mad mehirut	מַד מְהִירוּת (ז)
ponteiro (m)	'maxat	מָחַט (נ)

hodômetro, odômetro (m)	mad merxak	מַד מֶרְחָק (ז)
indicador (m)	xaifan	חַיְשָׁן (ז)
nível (m)	ramat mi'lui	רָמַת מִילוּי (נ)
luz (f) de aviso	nurat azhara	נוּרַת אַזְהָרָה (נ)

volante (m)	'hege	הֶגֶה (ז)
buzina (f)	tsofar	צוֹפָר (ז)
botão (m)	kaftor	כַּפְתּוֹר (ז)
interruptor (m)	'meteg	מֶתֶג (ז)

assento (m)	mofav	מוֹשָׁב (ז)
costas (f pl) do assento	mif"enet	מִשְׁעֶנֶת (נ)
cabeceira (f)	mif"enet rof	מִשְׁעֶנֶת רֹאשׁ (נ)
cinto (m) de segurança	xagorat betixut	חֲגוֹרַת בְּטִיחוּת (נ)
apertar o cinto	lehadek xagora	לְהַדֵּק חֲגוֹרָה
ajuste (m)	kivnun	כִּיווּנוּן (ז)

airbag (m)	karit avir	כָּרִית אֲווִיר (נ)
ar (m) condicionado	mazgan	מַזְגָן (ז)

rádio (m)	'radyo	רַדְיוֹ (ז)
leitor (m) de CD	'diskmen	דִיסְקְמֶן (ז)
ligar (vt)	lehadlik	לְהַדְלִיק
antena (f)	an'tena	אַנְטֶנָה (נ)
porta-luvas (m)	ta kfafot	תָא כְּפָפוֹת (ז)
cinzeiro (m)	ma'afera	מַאֲפֵרָה (נ)

149. Carros. Motor

motor (m)	ma'no'a	מָנוֹעַ (ז)
a diesel	shel 'dizel	שֶׁל דִיזֶל
a gasolina	'delek	דֶּלֶק

cilindrada (f)	'nefax ma'no'a	נֶפַח מָנוֹעַ (ז)
potência (f)	otsma	עוֹצְמָה (נ)
cavalo (m) de potência	'koax sus	כּוֹחַ סוּס (ז)
pistão (m)	buxna	בּוּכְנָה (נ)
cilindro (m)	tsi'linder	צִילִינְדֶר (ז)
válvula (f)	fastom	שַׁסְתּוֹם (ז)

injetor (m)	mazrek	מַזְרֵק (ז)
gerador (m)	mexolel	מְחוֹלֵל (ז)
carburador (m)	me'ayed	מְאַיֵּד (ז)
óleo (m) de motor	'femen mano'im	שֶׁמֶן מָנוֹעִים (ז)

radiador (m)	matsnen	מַצְנֵן (ז)
líquido (m) de arrefecimento	nozel kirur	נוֹזֵל קִירוּר (ז)
ventilador (m)	me'avrer	מְאַוְוְרֵר (ז)

bateria (f)	matsber	מַצְבֵּר (ז)
dispositivo (m) de arranque	mat'ne'a	מַתְנֵעַ (ז)

| ignição (f) | hatsata | הַצָּתָה (נ) |
| vela (f) de ignição | matset | מַצֵּת (ז) |

terminal (m)	'hedek	הֶדֵק (ז)
terminal (m) positivo	'hedek χiyuvi	הֶדֵק חִיּוּבִי (ז)
terminal (m) negativo	'hedek ʃlili	הֶדֵק שְׁלִילִי (ז)
fusível (m)	natiχ	נָתִיךְ (ז)

filtro (m) de ar	masnen avir	מַסְנֵן אֲוִיר (ז)
filtro (m) de óleo	masnen 'ʃemen	מַסְנֵן שֶׁמֶן (ז)
filtro (m) de combustível	masnen 'delek	מַסְנֵן דֶּלֶק (ז)

150. Carros. Batidas. Reparação

acidente (m) de carro	te'una	תְּאוּנָה (נ)
acidente (m) rodoviário	te'unat draχim	תְּאוּנַת דְּרָכִים (נ)
bater (~ num muro)	lehitnageʃ	לְהִתְנַגֵּשׁ
sofrer um acidente	lehima'eχ	לְהֵימָעַד
dano (m)	'nezek	נֶזֶק (ז)
intato	ʃalem	שָׁלֵם

pane (f)	takala	תַּקָּלָה (נ)
avariar (vi)	lehitkalkel	לְהִתְקַלְקֵל
cabo (m) de reboque	'χevel grar	חֶבֶל גְּרָר (ז)

furo (m)	'teker	תֶּקֶר (ז)
estar furado	lehitpantʃer	לְהִתְפַּנְצֵ'ר
encher (vt)	lena'peaχ	לְנַפֵּחַ
pressão (f)	'laχats	לַחַץ (ז)
verificar (vt)	livdok	לִבְדּוֹק

reparo (m)	ʃiputs	שִׁיפּוּץ (ז)
oficina (f) automotiva	musaχ	מוּסָךְ (ז)
peça (f) de reposição	'χelek χiluf	חֵלֶק חִילוּף (ז)
peça (f)	'χelek	חֵלֶק (ז)

parafuso (com porca)	'boreg	בּוֹרֶג (ז)
parafuso (m)	'boreg	בּוֹרֶג (ז)
porca (f)	om	אוֹם (ז)
arruela (f)	diskit	דִּיסְקִית (נ)
rolamento (m)	mesav	מֵסַב (ז)

tubo (m)	tsinorit	צִינוֹרִית (נ)
junta, gaxeta (f)	'etem	אֶטֶם (ז)
fio, cabo (m)	χut	חוּט (ז)

macaco (m)	dʒek	גּ'ק (ז)
chave (f) de boca	maf'teaχ bragim	מַפְתֵּחַ בְּרָגִים (ז)
martelo (m)	patiʃ	פַּטִּישׁ (ז)
bomba (f)	maʃeva	מַשְׁאֵבָה (נ)
chave (f) de fenda	mavreg	מַבְרֵג (ז)

| extintor (m) | mataf | מַטָּף (ז) |
| triângulo (m) de emergência | meʃulaʃ χirum | מְשׁוּלָשׁ חִירוּם (ז) |

morrer (motor)	ledomem	לדומם
paragem, "morte" (f)	hadmama	הַדָּמָה (נ)
estar quebrado	lihyot ʃavur	להיות שבור

superaquecer-se (vr)	lehitχamem yoter midai	להתחמם יותר מדי
entupir-se (vr)	lehisatem	להיסתם
congelar-se (vr)	likpo	לקפוא
rebentar (vi)	lehitpa'ke'a	להתפקע

pressão (f)	'laχats	לַחַץ (ז)
nível (m)	ramat mi'lui	רָמַת מִילוּי (נ)
frouxo (adj)	rafe	רָפֶה

batida (f)	dfika	דפִיקָה (נ)
ruído (m)	'ra'aʃ	רַעַשׁ (ז)
fissura (f)	'sedek	סֶדֶק (ז)
arranhão (m)	srita	שׂרִיטָה (נ)

151. Carros. Estrada

estrada (f)	'dereχ	דֶרֶך (ז)
autoestrada (f)	kviʃ mahir	כּבִישׁ מָהִיר (ז)
rodovia (f)	kviʃ mahir	כּבִישׁ מָהִיר (ז)
direção (f)	kivun	כִּיווּן (ז)
distância (f)	merχak	מֶרחָק (ז)

ponte (f)	'geʃer	גֶשֶׁר (ז)
parque (m) de estacionamento	χanaya	חֲנָיָה (נ)
praça (f)	kikar	כִּיכָּר (נ)
nó (m) rodoviário	meχlaf	מֶחלָף (ז)
túnel (m)	minhara	מִנהָרָה (נ)

posto (m) de gasolina	taχanat 'delek	תַחֲנַת דֶלֶק (נ)
parque (m) de estacionamento	migraʃ χanaya	מִגרָשׁ חֲנָיָה (ז)
bomba (f) de gasolina	maʃevat 'delek	מַשׁאֵבַת דֶלֶק (נ)
oficina (f) automotiva	musaχ	מוּסָך (ז)
abastecer (vt)	letadlek	לתַדלֵק
combustível (m)	'delek	דֶלֶק (ז)
galão (m) de gasolina	'dʒerikan	גֵ'רִיקָן (ז)

asfalto (m)	asfalt	אַספַלט (ז)
marcação (f) de estradas	simun	סִימוּן (ז)
meio-fio (m)	sfat midraχa	שׂפַת מִדרָכָה (נ)
guard-rail (m)	ma'ake betiχut	מַעֲקֶה בּטִיחוּת (ז)
valeta (f)	te'ala	תְעָלָה (נ)
acostamento (m)	ʃulei ha'dereχ	שׁוּלֵי הַדֶרֶך (ז"ר)
poste (m) de luz	amud te'ura	עַמוּד תְאוּרָה (ז)

dirigir (vt)	linhog	לנהוֹג
virar (~ para a direita)	lifnot	לפנוֹת
dar retorno	leva'tse'a pniyat parsa	לְבַצֵע פּנִיַית פַרסָה
ré (f)	hiluχ aχori	הִילוּך אָחוֹרִי (ז)
buzinar (vi)	litspor	לצפוֹר
buzina (f)	tsfira	צפִירָה (נ)

atolar-se (vr)	lehitaka	לְהִיתָקַע
patinar (na lama)	lesovev et hagalgal al rek	לְסוֹבֵב אֶת הַגַּלְגַּלִים עַל רֵיק
desligar (vt)	ledomem	לְדוֹמֵם
velocidade (f)	mehirut	מְהִירוּת (נ)
exceder a velocidade	linhog bemehirut muf'rezet	לִנְהוֹג בִּמְהִירוּת מוּפְרֶזֶת
multar (vt)	liknos	לִקְנוֹס
semáforo (m)	ramzor	רַמְזוֹר (ז)
carteira (f) de motorista	rifyon nehiga	רִשְׁיוֹן נְהִיגָה (ז)
passagem (f) de nível	ma'avar pasei ra'kevet	מַעֲבָר פַּסֵי רַכֶּבֶת (ז)
cruzamento (m)	'tsomet	צוֹמֶת (ז)
faixa (f)	ma'avar xatsaya	מַעֲבָר חֲצָיָה (ז)
curva (f)	pniya	פְּנִיָּה (נ)
zona (f) de pedestres	midrexov	מִדְרְחוֹב (ז)

PESSOAS. EVENTOS

Eventos

152. Férias. Evento

festa (f)	χagiga	חֲגִיגָה (נ)
feriado (m) nacional	χag le'umi	חַג לְאוּמִי (ז)
feriado (m)	yom χag	יוֹם חַג (ז)
festejar (vt)	laχgog	לַחגוֹג
evento (festa, etc.)	hitraχaʃut	הִתרַחֲשׁוּת (נ)
evento (banquete, etc.)	ei'ru'a	אֵירוּעַ (ז)
banquete (m)	se'uda χagigit	סְעוּדָה חֲגִיגִית (נ)
recepção (f)	ei'ruaχ	אֵירוּחַ (ז)
festim (m)	miʃte	מִשׁתֶּה (ז)
aniversário (m)	yom haʃana	יוֹם הַשָּׁנָה (ז)
jubileu (m)	χag hayovel	חַג הַיּוֹבֵל (ז)
celebrar (vt)	laχgog	לַחגוֹג
Ano (m) Novo	ʃana χadaʃa	שָׁנָה חֲדָשָׁה (נ)
Feliz Ano Novo!	ʃana tova!	שָׁנָה טוֹבָה!
Papai Noel (m)	'santa 'kla'us	סַנטָה קלָאוּס
Natal (m)	χag hamolad	חַג הַמּוֹלָד (ז)
Feliz Natal!	χag hamolad sa'meaχ!	חַג הַמּוֹלָד שָׂמֵחַ!
árvore (f) de Natal	ets χag hamolad	עֵץ חַג הַמּוֹלָד (ז)
fogos (m pl) de artifício	zikukim	זִיקוּקִים (ז"ר)
casamento (m)	χatuna	חֲתוּנָה (נ)
noivo (m)	χatan	חָתָן (ז)
noiva (f)	kala	כַּלָּה (נ)
convidar (vt)	lehazmin	לְהַזמִין
convite (m)	hazmana	הַזמָנָה (נ)
convidado (m)	o'reaχ	אוֹרֵחַ (ז)
visitar (vt)	levaker	לְבַקֵּר
receber os convidados	lekabel orχim	לְקַבֵּל אוֹרחִים
presente (m)	matana	מַתָּנָה (נ)
oferecer, dar (vt)	latet matana	לָתֵת מַתָּנָה
receber presentes	lekabel matanot	לְקַבֵּל מַתָּנוֹת
buquê (m) de flores	zer	זֵר (ז)
felicitações (f pl)	braχa	בּרָכָה (נ)
felicitar (vt)	levareχ	לְבָרֵך
cartão (m) de parabéns	kartis braχa	כַּרטִיס בּרָכָה (ז)

| enviar um cartão postal | lif'loax gluya | לשלוח גלויה |
| receber um cartão postal | lekabel gluya | לקבל גלויה |

brinde (m)	leharim kosit	להרים כוסית
oferecer (vt)	lexabed	לכבד
champanhe (m)	ʃam'panya	שמפניה (נ)

divertir-se (vr)	lehanot	ליהנות
diversão (f)	aliᵗsut	עליצות (נ)
alegria (f)	simxa	שמחה (נ)

| dança (f) | rikud | ריקוד (ז) |
| dançar (vi) | lirkod | לרקוד |

| valsa (f) | vals | ולס (ז) |
| tango (m) | 'tango | טנגו (ז) |

153. Funerais. Enterro

cemitério (m)	beit kvarot	בֵּית קבָרוֹת (ז)
sepultura (f), túmulo (m)	'kever	קֶבֶר (ז)
cruz (f)	tslav	צלָב (ז)
lápide (f)	maᵗseva	מַצֵבָה (נ)
cerca (f)	gader	גָדֵר (נ)
capela (f)	beit tfila	בֵּית תפִילָה (ז)

morte (f)	'mavet	מָוֶות (ז)
morrer (vi)	lamut	לָמוּת
defunto (m)	niftar	נִפטָר (ז)
luto (m)	'evel	אֵבֶל (ז)

enterrar, sepultar (vt)	likbor	לקבּוֹר
funerária (f)	beit levayot	בֵּית לוָויוֹת (ז)
funeral (m)	levaya	לוָויָה (נ)

coroa (f) de flores	zer	זֵר (ז)
caixão (m)	aron metim	אָרוֹן מֵתִים (ז)
carro (m) funerário	kron hamet	קרוֹן הַמֵת (ז)
mortalha (f)	taxrixim	תַכרִיכִים (ז"ר)

procissão (f) funerária	tahaluxat 'evel	תַהֲלוּכַת אֵבֶל (נ)
urna (f) funerária	kad 'efer	כַּד אֵפֶר (ז)
crematório (m)	misrafa	מִשׂרָפָה (נ)

obituário (m), necrologia (f)	moda'at 'evel	מוֹדָעַת אֵבֶל (נ)
chorar (vi)	livkot	לבכּוֹת
soluçar (vi)	lehitya'peax	להתייפַּח

154. Guerra. Soldados

| pelotão (m) | maxlaka | מַחלָקָה (נ) |
| companhia (f) | pluga | פלוּגָה (נ) |

regimento (m)	χativa	חֲטִיבָה (נ)
exército (m)	tsava	צָבָא (ז)
divisão (f)	ugda	אוּגְדָה (נ)

esquadrão (m)	kita	כִּיתָה (נ)
hoste (f)	'χayil	חַיִל (ז)

soldado (m)	χayal	חַיָּל (ז)
oficial (m)	katsin	קָצִין (ז)

soldado (m) raso	turai	טוּרַאי (ז)
sargento (m)	samal	סַמָּל (ז)
tenente (m)	'segen	סֶגֶן (ז)
capitão (m)	'seren	סֶרֶן (ז)
major (m)	rav 'seren	רַב־סֶרֶן (ז)
coronel (m)	aluf miʃne	אַלוּף מִשְׁנֶה (ז)
general (m)	aluf	אַלוּף (ז)

marujo (m)	yamai	יַמַאי (ז)
capitão (m)	rav χovel	רַב־חוֹבֵל (ז)
contramestre (m)	rav malaχim	רַב־מַלָּחִים (ז)

artilheiro (m)	totχan	תּוֹתְחָן (ז)
soldado (m) paraquedista	tsanχan	צַנְחָן (ז)
piloto (m)	tayas	טַיָּס (ז)
navegador (m)	navat	נַוָּט (ז)
mecânico (m)	meχonai	מְכוֹנַאי (ז)

sapador-mineiro (m)	χablan	חַבְּלָן (ז)
paraquedista (m)	tsanχan	צַנְחָן (ז)
explorador (m)	iʃ modi'in kravi	אִישׁ מוֹדִיעִין קְרָבִי (ז)
atirador (m) de tocaia	tsalaf	צַלָּף (ז)

patrulha (f)	siyur	סִיּוּר (ז)
patrulhar (vt)	lefatrel	לְפַטְרֵל
sentinela (f)	zakif	זָקִיף (ז)

guerreiro (m)	loχem	לוֹחֵם (ז)
patriota (m)	patriyot	פַּטְרִיּוֹט (ז)

herói (m)	gibor	גִּיבּוֹר (ז)
heroína (f)	gibora	גִּיבּוֹרָה (נ)

traidor (m)	boged	בּוֹגֵד (ז)
trair (vt)	livgod	לִבְגוֹד

desertor (m)	arik	עָרִיק (ז)
desertar (vt)	la'arok	לַעֲרוֹק

mercenário (m)	sχir 'χerev	שְׂכִיר חֶרֶב (ז)
recruta (m)	tiron	טִירוֹן (ז)
voluntário (m)	mitnadev	מִתְנַדֵּב (ז)

morto (m)	harug	הָרוּג (ז)
ferido (m)	pa'tsu'a	פָּצוּעַ (ז)
prisioneiro (m) de guerra	ʃavui	שָׁבוּי (ז)

155. Guerra. Ações militares. Parte 1

guerra (f)	milχama	מִלְחָמָה (נ)
guerrear (vt)	lehilaχem	לְהִילָחֵם
guerra (f) civil	mil'χemet ezraχim	מִלְחֶמֶת אֶזְרָחִים (נ)
perfidamente	bogdani	בּוֹגְדָנִי
declaração (f) de guerra	haχrazat milχama	הַכְרָזַת מִלְחָמָה (נ)
declarar guerra	lehaχriz	לְהַכְרִיז
agressão (f)	tokfanut	תּוֹקְפָנוּת (נ)
atacar (vt)	litkof	לִתְקוֹף
invadir (vt)	liχboʃ	לִכְבּוֹש
invasor (m)	koveʃ	כּוֹבֵש (ז)
conquistador (m)	koveʃ	כּוֹבֵש (ז)
defesa (f)	hagana	הֲגָנָה (נ)
defender (vt)	lehagen al	לְהָגֵן עַל
defender-se (vr)	lehitgonen	לְהִתְגּוֹנֵן
inimigo (m)	oyev	אוֹיֵב (ז)
adversário (m)	yariv	יָרִיב (ז)
inimigo (adj)	ʃel oyev	שֶל אוֹיֵב
estratégia (f)	astra'tegya	אַסְטְרָטֶגְיָה (נ)
tática (f)	'taktika	טַקְטִיקָה (נ)
ordem (f)	pkuda	פְקוּדָה (נ)
comando (m)	pkuda	פְקוּדָה (נ)
ordenar (vt)	lifkod	לִפְקוֹד
missão (f)	mesima	מְשִׂימָה (נ)
secreto (adj)	sodi	סוֹדִי
batalha (f)	ma'araχa	מַעֲרָכָה (נ)
combate (m)	krav	קְרָב (ז)
ataque (m)	hatkafa	הַתְקָפָה (נ)
assalto (m)	hista'arut	הִסְתַּעֲרוּת (נ)
assaltar (vt)	lehista'er	לְהִסְתַּעֵר
assédio, sítio (m)	matsor	מָצוֹר (ז)
ofensiva (f)	mitkafa	מִתְקָפָה (נ)
tomar à ofensiva	latset lemitkafa	לָצֵאת לְמִתְקָפָה
retirada (f)	nesiga	נְסִיגָה (נ)
retirar-se (vr)	la'seget	לָסֶגֶת
cerco (m)	kitur	כִּיתּוּר (ז)
cercar (vt)	leχater	לְכַתֵּר
bombardeio (m)	haftsatsa	הַפְצָצָה (נ)
lançar uma bomba	lehatil ptsatsa	לְהָטִיל פְצָצָה
bombardear (vt)	lehaftsits	לְהַפְצִיץ
explosão (f)	pitsuts	פִּיצוּץ (ז)
tiro (m)	yeriya	יְרִיָּה (נ)

dar um tiro	lirot	לִירוֹת
tiroteio (m)	'yeri	יְרִי (ז)

apontar para ...	leχaven 'nefek	לְכַוֵּן נֶשֶׁק
apontar (vt)	leχaven	לְכַוֵּן
acertar (vt)	lik'lo‘a	לִקְלוֹעַ

afundar (~ um navio, etc.)	lehat'bi‘a	לְהַטְבִּיעַ
brecha (f)	pirtsa	פִּרְצָה (נ)
afundar-se (vr)	lit'bo‘a	לִטְבּוֹעַ

frente (m)	χazit	חֲזִית (נ)
evacuação (f)	pinui	פִּינוּי (ז)
evacuar (vt)	lefanot	לְפַנּוֹת

trincheira (f)	te‘ala	תְּעָלָה (נ)
arame (m) enfarpado	'tayil dokrani	תַּיִל דּוֹקְרָנִי (ז)
barreira (f) anti-tanque	maχsom	מַחְסוֹם (ז)
torre (f) de vigia	migdal ʃmira	מִגְדַּל שְׁמִירָה (ז)

hospital (m) militar	beit χolim tsva’i	בֵּית חוֹלִים צְבָאִי (ז)
ferir (vt)	lif'tso‘a	לִפְצוֹעַ
ferida (f)	'petsa	פֶּצַע (ז)
ferido (m)	pa'tsu‘a	פָּצוּעַ (ז)
ficar ferido	lehipatsa	לְהִיפָּצַע
grave (ferida ~)	kaʃe	קָשֶׁה

156. Armas

arma (f)	'nefek	נֶשֶׁק (ז)
arma (f) de fogo	'nefek χam	נֶשֶׁק חַם (ז)
arma (f) branca	'nefek kar	נֶשֶׁק קַר (ז)

arma (f) química	'nefek 'χimi	נֶשֶׁק כִּימִי (ז)
nuclear (adj)	gar‘ini	גַּרְעִינִי
arma (f) nuclear	'nefek gar‘ini	נֶשֶׁק גַּרְעִינִי (ז)

bomba (f)	ptsatsa	פְּצָצָה (נ)
bomba (f) atômica	ptsatsa a'tomit	פְּצָצָה אֲטוֹמִית (נ)

pistola (f)	ekdaχ	אֶקְדָּח (ז)
rifle (m)	rove	רוֹבֶה (ז)
semi-automática (f)	tat mak'le‘a	תַּת-מַקְלֵעַ (ז)
metralhadora (f)	mak'le‘a	מַקְלֵעַ (ז)

boca (f)	kane	קָנֶה (ז)
cano (m)	kane	קָנֶה (ז)
calibre (m)	ka'liber	קָלִיבֵּר (ז)

gatilho (m)	'hedek	הֶדֶק (ז)
mira (f)	ka'venet	כַּוֶּנֶת (נ)
carregador (m)	maχsanit	מַחְסָנִית (נ)
coronha (f)	kat	קַת (נ)
granada (f) de mão	rimon	רִימּוֹן (ז)

explosivo (m)	'χomer 'nefets	חוֹמֶר נֶפֶץ (ז)
bala (f)	ka'li'a	קְלִיעַ (ז)
cartucho (m)	kadur	כַּדּוּר (ז)
carga (f)	te'ina	טְעִינָה (נ)
munições (f pl)	taχ'mofet	תַּחְמוֹשֶׁת (נ)

bombardeiro (m)	maftsits	מַפְצִיץ (ז)
avião (m) de caça	metos krav	מְטוֹס קְרָב (ז)
helicóptero (m)	masok	מַסוֹק (ז)

canhão (m) antiaéreo	totaχ 'neged metosim	תּוֹתָח נֶגֶד מְטוֹסִים (ז)
tanque (m)	tank	טַנק (ז)
canhão (de um tanque)	totaχ	תּוֹתָח (ז)

artilharia (f)	arti'lerya	אַרְטִילֶרְיָה (נ)
canhão (m)	totaχ	תּוֹתָח (ז)
fazer a pontaria	leχaven	לְכַוֵּון

projétil (m)	pagaz	פָּגָז (ז)
granada (f) de morteiro	ptsatsat margema	פְּצָצַת מַרְגֵמָה (נ)
morteiro (m)	margema	מַרְגֵמָה (נ)
estilhaço (m)	resis	רְסִיס (ז)

submarino (m)	tso'lelet	צוֹלֶלֶת (נ)
torpedo (m)	tor'pedo	טוֹרְפֶּדוֹ (ז)
míssil (m)	til	טִיל (ז)

carregar (uma arma)	lit'on	לִטְעוֹן
disparar, atirar (vi)	lirot	לִירוֹת
apontar para ...	leχaven	לְכַוֵּון
baioneta (f)	kidon	כִּידוֹן (ז)

espada (f)	'χerev	חֶרֶב (נ)
sabre (m)	'χerev parafim	חֶרֶב פָּרָשִׁים (ז)
lança (f)	χanit	חֲנִית (נ)
arco (m)	'kefet	קֶשֶׁת (נ)
flecha (f)	χets	חֵץ (ז)
mosquete (m)	musket	מוּסְקֶט (ז)
besta (f)	'kefet metsu'levet	קֶשֶׁת מְצוּלֶבֶת (נ)

157. Povos da antiguidade

primitivo (adj)	kadmon	קַדְמוֹן
pré-histórico (adj)	prehis'tori	פְּרֶהִיסְטוֹרִי
antigo (adj)	atik	עָתִיק

Idade (f) da Pedra	idan ha''even	עִידָן הָאֶבֶן (ז)
Idade (f) do Bronze	idan ha'arad	עִידָן הָאָרָד (ז)
Era (f) do Gelo	idan ha'keraχ	עִידָן הַקֶּרַח (ז)

tribo (f)	'fevet	שֵׁבֶט (ז)
canibal (m)	oχel adam	אוֹכֵל אָדָם (ז)
caçador (m)	tsayad	צַיָּיד (ז)
caçar (vi)	latsud	לָצוּד

mamute (m)	ma'muta	מָמוּטָה (נ)
caverna (f)	me'ara	מְעָרָה (נ)
fogo (m)	eʃ	אֵשׁ (נ)
fogueira (f)	medura	מְדוּרָה (נ)
pintura (f) rupestre	pet'roglif	פֶּטרוֹגלִיף (ז)

ferramenta (f)	kli	כְּלִי (ז)
lança (f)	χanit	חֲנִית (נ)
machado (m) de pedra	garzen ha'even	גַרזֶן הָאֶבֶן (ז)
guerrear (vt)	lehilaχem	לְהִילָחֵם
domesticar (vt)	levayet	לְבַיֵת

ídolo (m)	'pesel	פֶּסֶל (ז)
adorar, venerar (vt)	la'avod et	לַעֲבוֹד אֶת
superstição (f)	emuna tfela	אֱמוּנָה תפֵלָה (נ)
ritual (m)	'tekes	טֶקֶס (ז)

evolução (f)	evo'lutsya	אֶבוֹלוּצִיָה (נ)
desenvolvimento (m)	hitpatχut	הִתפַּתחוּת (נ)
extinção (f)	he'almut	הֵיעָלמוּת (נ)
adaptar-se (vr)	lehistagel	לְהִסתַגֵל

arqueologia (f)	arχe'o'logya	אַרכֵיאוֹלוֹגִיָה (נ)
arqueólogo (m)	arχe'olog	אַרכֵיאוֹלוֹג (ז)
arqueológico (adj)	arχe'o'logi	אַרכֵיאוֹלוֹגִי

escavação (sítio)	atar χafirot	אֲתַר חֲפִירוֹת (ז)
escavações (f pl)	χafirot	חֲפִירוֹת (נ"ר)
achado (m)	mimtsa	מִמצָא (ז)
fragmento (m)	resis	רְסִיס (ז)

158. Idade média

povo (m)	am	עַם (ז)
povos (m pl)	amim	עַמִים (ז"ר)
tribo (f)	'ʃevet	שֵׁבֶט (ז)
tribos (f pl)	ʃvatim	שׁבָטִים (ז"ר)

bárbaros (pl)	bar'barim	בַּרבָּרִים (ז"ר)
galeses (pl)	'galim	גָאלִים (ז"ר)
godos (pl)	'gotim	גוֹתִים (ז"ר)
eslavos (pl)	'slavim	סלָאבִים (ז"ר)
viquingues (pl)	'vikingim	וִיקִינגִים (ז"ר)

romanos (pl)	roma'im	רוֹמָאִים (ז"ר)
romano (adj)	'romi	רוֹמִי

bizantinos (pl)	bi'zantim	בִּיזַנטִים (ז"ר)
Bizâncio	bizantion, bizants	בִּיזַנטִיוֹן, בִּיזַנץ (נ)
bizantino (adj)	bi'zanti	בִּיזַנטִי

imperador (m)	keisar	קֵיסָר (ז)
líder (m)	manhig	מַנהִיג (ז)
poderoso (adj)	rav 'koaχ	רַב-כּוֹחַ

rei (m)	'meleχ	מֶלֶךְ (ז)
governante (m)	ʃalit	שַׁלִּיט (ז)

cavaleiro (m)	abir	אַבִּיר (ז)
senhor feudal (m)	fe'odal	פֵיאוֹדָל (ז)
feudal (adj)	fe'o'dali	פֵיאוֹדָלִי
vassalo (m)	vasal	וַסָל (ז)

duque (m)	dukas	דּוּכָּס (ז)
conde (m)	rozen	רוֹזֵן (ז)
barão (m)	baron	בָּרוֹן (ז)
bispo (m)	'biʃof	בִּישׁוֹף (ז)

armadura (f)	ʃiryon	שִׁרְיוֹן (ז)
escudo (m)	magen	מָגֵן (ז)
espada (f)	'χerev	חֶרֶב (נ)
viseira (f)	magen panim	מָגֵן פָּנִים (ז)
cota (f) de malha	ʃiryon kaskasim	שִׁרְיוֹן קַשְׂקַשִׂים (ז)

cruzada (f)	masa tslav	מַסָע צְלָב (ז)
cruzado (m)	tsalban	צַלְבָּן (ז)

território (m)	'ʃetaχ	שֶׁטַח (ז)
atacar (vt)	litkof	לִתְקוֹף

conquistar (vt)	liχboʃ	לִכְבּוֹשׁ
ocupar, invadir (vt)	lehiʃtalet	לְהִשְׁתַּלֵּט

assédio, sítio (m)	matsor	מָצוֹר (ז)
sitiado (adj)	natsur	נָצוּר
assediar, sitiar (vt)	latsur	לָצוּר

inquisição (f)	inkvi'zitsya	אִינְקְווִיזִיצְיָה (נ)
inquisidor (m)	inkvi'zitor	אִינְקְווִיזִיטוֹר (ז)
tortura (f)	inui	עִינּוּי (ז)
cruel (adj)	aχzari	אַכְזָרִי

herege (m)	kofer	כּוֹפֵר (ז)
heresia (f)	kfira	כְּפִירָה (נ)

navegação (f) marítima	haflaga bayam	הַפְלָגָה בַּיָם (נ)
pirata (m)	ʃoded yam	שׁוֹדֵד יָם (ז)
pirataria (f)	pi'ratiyut	פִּירָטִיּוּת (נ)
abordagem (f)	la'alot al	לַעֲלוֹת עַל

presa (f), butim (m)	ʃalal	שָׁלָל (ז)
tesouros (m pl)	otsarot	אוֹצָרוֹת (ז"ר)

descobrimento (m)	taglit	תַּגְלִית (נ)
descobrir (novas terras)	legalot	לְגַלּוֹת
expedição (f)	miʃ'laχat	מִשְׁלַחַת (נ)

mosqueteiro (m)	musketer	מוּסְקֵטֶר (ז)
cardeal (m)	χaʃman	חַשְׁמָן (ז)
heráldica (f)	he'raldika	הֶכַלְדִּיקָה (נ)
heráldico (adj)	he'raldi	הֶכַלְדִּי

159. Líder. Chefe. Autoridades

rei (m)	'melex	מֶלֶךְ (ז)
rainha (f)	malka	מַלְכָּה (נ)
real (adj)	malxuti	מַלְכוּתִי
reino (m)	mamlaxa	מַמְלָכָה (נ)
príncipe (m)	nasix	נָסִיךְ (ז)
princesa (f)	nesixa	נְסִיכָה (נ)
presidente (m)	nasi	נָשִׂיא (ז)
vice-presidente (m)	sgan nasi	סְגַן נָשִׂיא (ז)
senador (m)	se'nator	סֶנָאטוֹר (ז)
monarca (m)	'melex	מֶלֶךְ (ז)
governante (m)	ʃalit	שַׁלִּיט (ז)
ditador (m)	rodan	רוֹדָן (ז)
tirano (m)	aruʦ	עָרוּץ (ז)
magnata (m)	eil hon	אֵיל הוֹן (ז)
diretor (m)	menahel	מְנַהֵל (ז)
chefe (m)	menahel, roʃ	מְנַהֵל (ז), רֹאשׁ (ז)
gerente (m)	menahel	מְנַהֵל (ז)
patrão (m)	bos	בּוֹס (ז)
dono (m)	'ba‘al	בַּעַל (ז)
líder (m)	manhig	מַנְהִיג (ז)
chefe (m)	roʃ	רֹאשׁ (ז)
autoridades (f pl)	ʃiltonot	שִׁלְטוֹנוֹת (ז"ר)
superiores (m pl)	memunim	מְמוּנִים (ז"ר)
governador (m)	moʃel	מוֹשֵׁל (ז)
cônsul (m)	'konsul	קוֹנְסוּל (ז)
diplomata (m)	diplomat	דִּיפְּלוֹמָט (ז)
Presidente (m) da Câmara	roʃ ha‘ir	רֹאשׁ הָעִיר (ז)
xerife (m)	ʃerif	שֶׁרִיף (ז)
imperador (m)	keisar	קֵיסָר (ז)
czar (m)	ʦar	צָאר (ז)
faraó (m)	par‘o	פַּרְעֹה (ז)
cã, khan (m)	xan	חָאן (ז)

160. Violação da lei. Criminosos. Parte 1

bandido (m)	ʃoded	שׁוֹדֵד (ז)
crime (m)	'peʃa	פֶּשַׁע (ז)
criminoso (m)	po'ʃe‘a	פּוֹשֵׁעַ (ז)
ladrão (m)	ganav	גַּנָּב (ז)
roubar (vt)	lignov	לִגְנוֹב
furto, roubo (m)	gneva	גְּנֵיבָה (נ)
raptar, sequestrar (vt)	laxatof	לַחֲטוֹף
sequestro (m)	xatifa	חֲטִיפָה (נ)

sequestrador (m)	χotef	חוֹטֵף (ז)
resgate (m)	'kofer	כּוֹפֶר (ז)
pedir resgate	lidroʃ 'kofer	לִדְרוֹש כּוֹפֶר

roubar (vt)	liʃdod	לִשְׁדוֹד
assalto, roubo (m)	ʃod	שׁוֹד (ז)
assaltante (m)	ʃoded	שׁוֹדֵד (ז)

extorquir (vt)	lisχot	לִסְחוֹט
extorsionário (m)	saχtan	סַחְטָן (ז)
extorsão (f)	saχtanut	סַחְטָנוּת (נ)

matar, assassinar (vt)	lir'tsoaχ	לִרְצוֹחַ
homicídio (m)	'retsaχ	רֶצַח (ז)
homicida, assassino (m)	ro'tseaχ	רוֹצֵחַ (ז)

tiro (m)	yeriya	יְרִיָּה (נ)
dar um tiro	lirot	לִירוֹת
matar a tiro	lirot la'mavet	לִירוֹת לָמָוֶת
disparar, atirar (vi)	lirot	לִירוֹת
tiroteio (m)	'yeri	יְרִי (ז)
incidente (m)	takrit	תַּקְרִית (נ)
briga (~ de rua)	ktata	קְטָטָה (נ)
Socorro!	ha'tsilu!	הַצִּילוּ!
vítima (f)	nifga	נִפְגָע (ז)

danificar (vt)	lekalkel	לְקַלְקֵל
dano (m)	'nezek	נֶזֶק (ז)
cadáver (m)	gufa	גּוּפָה (נ)
grave (adj)	χamur	חָמוּר

atacar (vt)	litkof	לִתְקוֹף
bater (espancar)	lehakot	לְהַכּוֹת
espancar (vt)	lehakot	לְהַכּוֹת
tirar, roubar (dinheiro)	la'kaχat be'koaχ	לָקַחַת בְּכוֹחַ
esfaquear (vt)	lidkor le'mavet	לִדְקוֹר לָמָוֶת
mutilar (vt)	lehatil mum	לְהַטִּיל מוּם
ferir (vt)	lif'tso‘a	לִפְצוֹעַ

chantagem (f)	saχtanut	סַחְטָנוּת (נ)
chantagear (vt)	lisχot	לִסְחוֹט
chantagista (m)	saχtan	סַחְטָן (ז)

extorsão (f)	dmei χasut	דְמֵי חָסוּת (ז"ר)
extorsionário (m)	gove χasut	גּוֹבֶה חָסוּת (ז)
gângster (m)	'gangster	גַּנְגְסְטֶר (ז)
máfia (f)	'mafya	מָאפְיָה (נ)

punguista (m)	kayas	כַּיָּס (ז)
assaltante, ladrão (m)	porets	פּוֹרֵץ (ז)
contrabando (m)	havraχa	הַבְרָחָה (נ)
contrabandista (m)	mav'riaχ	מַבְרִיחַ (ז)

falsificação (f)	ziyuf	זִיּוּף (ז)
falsificar (vt)	lezayef	לְזַיֵּיף
falsificado (adj)	mezuyaf	מְזוּיָף

161. Violação da lei. Criminosos. Parte 2

estupro (m)	'ones	אוֹנֶס (ז)
estuprar (vt)	le'enos	לֶאֱנוֹס
estuprador (m)	anas	אַנָס (ז)
maníaco (m)	'manyak	מַנְיָאק (ז)
prostituta (f)	zona	זוֹנָה (נ)
prostituição (f)	znut	זְנוּת (נ)
cafetão (m)	sarsur	סַרְסוּר (ז)
drogado (m)	narkoman	נַרְקוֹמָן (ז)
traficante (m)	soχer samim	סוֹחֵר סַמִּים (ז)
explodir (vt)	lefotsets	לְפוֹצֵץ
explosão (f)	pitsuts	פִּיצוּץ (ז)
incendiar (vt)	lehatsit	לְהַצִּית
incendiário (m)	matsit	מַצִּית (ז)
terrorismo (m)	terorizm	טֶרוֹרִיזְם (ז)
terrorista (m)	meχabel	מְחַבֵּל (ז)
refém (m)	ben aruba	בֶּן עֲרוּבָּה (ז)
enganar (vt)	lehonot	לְהוֹנוֹת
engano (m)	hona'a	הוֹנָאָה (נ)
vigarista (m)	ramai	רַמַּאי (ז)
subornar (vt)	lefaχed	לְשַׁחֵד
suborno (atividade)	'foχad	שׁוֹחַד (ז)
suborno (dinheiro)	'foχad	שׁוֹחַד (ז)
veneno (m)	'ra'al	רַעַל (ז)
envenenar (vt)	lehar'il	לְהַרְעִיל
envenenar-se (vr)	lehar'il et atsmo	לְהַרְעִיל אֶת עַצְמוֹ
suicídio (m)	hit'abdut	הִתְאַבְּדוּת (נ)
suicida (m)	mit'abed	מִתְאַבֵּד (ז)
ameaçar (vt)	le'ayem	לְאַיֵּם
ameaça (f)	iyum	אִיוּם (ז)
atentar contra a vida de …	lehitnakef	לְהִתְנַקֵּשׁ
atentado (m)	nisayon hitnakfut	נִיסָיוֹן הַתְנַקְשׁוּת (ז)
roubar (um carro)	lignov	לִגְנוֹב
sequestrar (um avião)	laχatof matos	לַחֲטוֹף מָטוֹס
vingança (f)	nekama	נְקָמָה (נ)
vingar (vt)	linkom	לִנְקוֹם
torturar (vt)	la'anot	לְעַנּוֹת
tortura (f)	inui	עִינּוּי (ז)
atormentar (vt)	leyaser	לְיַסֵּר
pirata (m)	foded yam	שׁוֹדֵד יָם (ז)
desordeiro (m)	χuligan	חוּלִיגָאן (ז)

armado (adj)	mezuyan	מְזוּיָן
violência (f)	alimut	אֲלִימוּת (נ)
ilegal (adj)	'bilti le'gali	בִּלְתִּי לֶגָלִי
espionagem (f)	rigul	רִיגוּל (ז)
espionar (vi)	leragel	לְרַגֵל

162. Polícia. Lei. Parte 1

justiça (sistema de ~)	'tsedek	צֶדֶק (ז)
tribunal (m)	beit mi∫pat	בֵּית מִשׁפָּט (ז)
juiz (m)	∫ofet	שׁוֹפֵט (ז)
jurados (m pl)	mu∫ba'im	מוּשׁבָּעִים (ז"ר)
tribunal (m) do júri	χaver mu∫ba'im	חָבֵר מוּשׁבָּעִים (ז)
julgar (vt)	li∫pot	לִשׁפּוֹט
advogado (m)	oreχ din	עוֹרֵך דִין (ז)
réu (m)	omed lemi∫pat	עוֹמֵד לְמִשׁפָּט (ז)
banco (m) dos réus	safsal ne'e∫amim	סַפסָל נֶאֱשָׁמִים (ז)
acusação (f)	ha'a∫ama	הָאֲשָׁמָה (נ)
acusado (m)	ne'e∫am	נֶאֱשָׁם (ז)
sentença (f)	gzar din	גזַר דִין (ז)
sentenciar (vt)	lifsok	לִפסוֹק
culpado (m)	a∫em	אָשֵׁם (ז)
punir (vt)	leha'ani∫	לְהַעֲנִישׁ
punição (f)	'one∫	עוֹנֶשׁ (ז)
multa (f)	knas	קנָס (ז)
prisão (f) perpétua	ma'asar olam	מַאֲסַר עוֹלָם (ז)
pena (f) de morte	'one∫ 'mavet	עוֹנֶשׁ מָוֶת (ז)
cadeira (f) elétrica	kise χa∫mali	כִּיסֵא חַשׁמַלִי (ז)
forca (f)	gardom	גַרדוֹם (ז)
executar (vt)	lehotsi la'horeg	לְהוֹצִיא לַהוֹרֵג
execução (f)	hatsa'a le'horeg	הוֹצָאָה לְהוֹרֵג (נ)
prisão (f)	beit 'sohar	בֵּית סוֹהַר (ז)
cela (f) de prisão	ta	תָא (ז)
escolta (f)	mi∫mar livui	מִשׁמָר לִיווּי (ז)
guarda (m) prisional	soher	סוֹהַר (ז)
preso, prisioneiro (m)	asir	אָסִיר (ז)
algemas (f pl)	azikim	אֲזִיקִים (ז"ר)
algemar (vt)	liχbol be'azikim	לִכבּוֹל בָּאֲזִיקִים
fuga, evasão (f)	briχa	בּרִיחָה (נ)
fugir (vi)	liv'roaχ	לִברוֹחַ
desaparecer (vi)	lehe'alem	לְהֵיעָלֵם
soltar, libertar (vt)	le∫aχrer	לְשַׁחרֵר

anistia (f)	χanina	חֲנִינָה (נ)
polícia (instituição)	miʃtara	מִשְׁטָרָה (נ)
polícia (m)	ʃoter	שׁוֹטֵר (ז)
delegacia (f) de polícia	taχanat miʃtara	תַּחֲנַת מִשְׁטָרָה (נ)
cassetete (m)	ala	אַלָּה (נ)
megafone (m)	megafon	מֶגָפוֹן (ז)

carro (m) de patrulha	na'yedet	נַיֶּדֶת (נ)
sirene (f)	tsofar	צוֹפָר (ז)
ligar a sirene	lehaf'il tsofar	לְהַפְעִיל צוֹפָר
toque (m) da sirene	tsfira	צְפִירָה (נ)

cena (f) do crime	zirat 'peʃa	זִירַת פֶּשַׁע (נ)
testemunha (f)	ed	עֵד (ז)
liberdade (f)	'χofeʃ	חוֹפֶשׁ (ז)
cúmplice (m)	ʃutaf	שׁוּתָף (ז)
escapar (vi)	lehiχave	לְהֵיחָבֵא
traço (não deixar ~s)	akev	עָקֵב (ז)

163. Polícia. Lei. Parte 2

procura (f)	χipus	חִיפּוּשׂ (ז)
procurar (vt)	leχapes	לְחַפֵּשׂ
suspeita (f)	χaʃad	חָשָׁד (ז)
suspeito (adj)	χaʃud	חָשׁוּד
parar (veículo, etc.)	la'atsor	לַעֲצוֹר
deter (fazer parar)	la'atsor	לַעֲצוֹר

caso (~ criminal)	tik	תִּיק (ז)
investigação (f)	χakira	חֲקִירָה (נ)
detetive (m)	balaʃ	בַּלָּשׁ (ז)
investigador (m)	χoker	חוֹקֵר (ז)
versão (f)	haʃara	הַשְׁעָרָה (נ)

motivo (m)	me'ni'a	מֵנִיעַ (ז)
interrogatório (m)	χakira	חֲקִירָה (נ)
interrogar (vt)	laχkor	לַחֲקוֹר
questionar (vt)	letaʃel	לְתַשְׁאֵל
verificação (f)	bdika	בְּדִיקָה (נ)

batida (f) policial	matsod	מָצוֹד (ז)
busca (f)	χipus	חִיפּוּשׂ (ז)
perseguição (f)	mirdaf	מִרְדָּף (ז)
perseguir (vt)	lirdof aχarei	לִרְדוֹף אַחֲרֵי
seguir, rastrear (vt)	la'akov aχarei	לַעֲקוֹב אַחֲרֵי

prisão (f)	ma'asar	מַאֲסָר (ז)
prender (vt)	le'esor	לֶאֱסוֹר
pegar, capturar (vt)	lilkod	לִלְכּוֹד
captura (f)	leχida	לְכִידָה (נ)

documento (m)	mismaχ	מִסְמָךְ (ז)
prova (f)	hoχaχa	הוֹכָחָה (נ)
provar (vt)	leho'χiaχ	לְהוֹכִיחַ

pegada (f)	akev	עָקֵב (ז)
impressões (f pl) digitais	tvi'ot etsba'ot	טְבִיעוֹת אֶצְבָּעוֹת (נ"ר)
prova (f)	re'aya	רְאָיָה (נ)

álibi (m)	'alibi	אָלִיבִּי (ז)
inocente (adj)	χaf mi'peʃa	חַף מִפֶּשַׁע
injustiça (f)	i 'tsedek	אִי צֶדֶק (ז)
injusto (adj)	lo tsodek	לֹא צוֹדֵק

criminal (adj)	plili	פְּלִילִי
confiscar (vt)	lehaχrim	לְהַחְרִים
droga (f)	sam	סַם (ז)
arma (f)	'neʃek	נֶשֶׁק (ז)
desarmar (vt)	lifrok mi'neʃek	לִפְרוֹק מִנֶּשֶׁק
ordenar (vt)	lifkod	לִפְקוֹד
desaparecer (vi)	lehe'alem	לְהֵיעָלֵם

lei (f)	χok	חוֹק (ז)
legal (adj)	χuki	חוּקִי
ilegal (adj)	'bilti χuki	בִּלְתִּי חוּקִי

| responsabilidade (f) | aχrayut | אַחְרָיוּת (נ) |
| responsável (adj) | aχrai | אַחְרַאי |

NATUREZA

A Terra. Parte 1

164. Espaço sideral

espaço, cosmo (m)	χalal	חָלָל (ז)
espacial, cósmico (adj)	ʃel χalal	שֶׁל חָלָל
espaço (m) cósmico	χalal χitson	חָלָל חִיצוֹן (ז)
mundo (m)	olam	עוֹלָם (ז)
universo (m)	yekum	יְקוּם (ז)
galáxia (f)	ga'laksya	גָלַקְסְיָה (נ)

estrela (f)	koχav	כּוֹכָב (ז)
constelação (f)	tsvir koχavim	צְבִיר כּוֹכָבִים (ז)
planeta (m)	koχav 'leχet	כּוֹכָב לֶכֶת (ז)
satélite (m)	lavyan	לַוְיָן (ז)

meteorito (m)	mete'orit	מֶטְאוֹרִיט (ז)
cometa (m)	koχav ʃavit	כּוֹכָב שָׁבִיט (ז)
asteroide (m)	aste'ro'id	אַסְטְרוֹאִיד (ז)

órbita (f)	maslul	מַסְלוּל (ז)
girar (vi)	lesovev	לְסוֹבֵב
atmosfera (f)	atmos'fera	אַטְמוֹסְפֵרָה (נ)

Sol (m)	'ʃemeʃ	שֶׁמֶשׁ (נ)
Sistema (m) Solar	ma'a'reχet ha'ʃemeʃ	מַעֲרֶכֶת הַשֶׁמֶשׁ (נ)
eclipse (m) solar	likui χama	לִיקוּי חַמָה (ז)

Terra (f)	kadur ha''arets	כַּדוּר הָאָרֶץ (ז)
Lua (f)	ya'reaχ	יָרֵחַ (ז)

Marte (m)	ma'adim	מַאֲדִים (ז)
Vênus (f)	'noga	נוֹגַה (ז)
Júpiter (m)	'tsedek	צֶדֶק (ז)
Saturno (m)	ʃabtai	שַׁבְּתַאי (ז)

Mercúrio (m)	koχav χama	כּוֹכָב חַמָה (ז)
Urano (m)	u'ranus	אוּרָנוּס (ז)
Netuno (m)	neptun	נֶפְּטוּן (ז)
Plutão (m)	'pluto	פְּלוּטוֹ (ז)

Via Láctea (f)	ʃvil haχalav	שְׁבִיל הֶחָלָב (ז)
Ursa Maior (f)	duba gdola	דוּבָּה גְדוֹלָה (נ)
Estrela Polar (f)	koχav hatsafon	כּוֹכָב הַצָפוֹן (ז)

marciano (m)	toʃav ma'adim	תוֹשָׁב מַאֲדִים (ז)
extraterrestre (m)	χutsan	חוּצָן (ז)

alienígena (m)	χaizar	חַיזָר (ז)
disco (m) voador	tsa'laχat me'o'fefet	צַלַחַת מְעוֹפֶפֶת (נ)
espaçonave (f)	χalalit	חַלָלִית (נ)
estação (f) orbital	taχanat χalal	תַחֲנַת חָלָל (נ)
lançamento (m)	hamra'a	הַמְרָאָה (נ)
motor (m)	ma'no'a	מָנוֹעַ (ז)
bocal (m)	neχir	נְחִיר (ז)
combustível (m)	'delek	דֶלֶק (ז)
cabine (f)	'kokpit	קוֹקְפִּיט (ז)
antena (f)	an'tena	אַנְטֶנָה (נ)
vigia (f)	eʃnav	אֶשְׁנָב (ז)
bateria (f) solar	'luaχ so'lari	לוּחַ סוֹלָרִי (ז)
traje (m) espacial	χalifat χalal	חֲלִיפַת חָלָל (נ)
imponderabilidade (f)	'χoser miʃkal	חוֹסֶר מִשְׁקָל (ז)
oxigênio (m)	χamtsan	חַמְצָן (ז)
acoplagem (f)	agina	עֲגִינָה (נ)
fazer uma acoplagem	la'agon	לַעֲגוֹן
observatório (m)	mitspe koχavim	מִצְפֵּה כּוֹכָבִים (ז)
telescópio (m)	teleskop	טֶלֶסְקוֹפ (ז)
observar (vt)	litspot, lehaʃkif	לִצְפּוֹת, לְהַשְׁקִיף
explorar (vt)	laχkor	לַחְקוֹר

165. A Terra

Terra (f)	kadur ha''arets	כַּדוּר הָאָרֶץ (ז)
globo terrestre (Terra)	kadur ha''arets	כַּדוּר הָאָרֶץ (ז)
planeta (m)	koχav 'leχet	כּוֹכַב לֶכֶת (ז)
atmosfera (f)	atmos'fera	אַטְמוֹסְפֵּרָה (נ)
geografia (f)	ge'o'grafya	גִיאוֹגְרַפְיָה (נ)
natureza (f)	'teva	טֶבַע (ז)
globo (mapa esférico)	'globus	גלוֹבּוּס (ז)
mapa (m)	mapa	מַפָּה (נ)
atlas (m)	'atlas	אַטְלָס (ז)
Europa (f)	ei'ropa	אֵירוֹפָּה (נ)
Ásia (f)	'asya	אַסְיָה (נ)
África (f)	'afrika	אַפְרִיקָה (נ)
Austrália (f)	ost'ralya	אוֹסְטְרַלְיָה (נ)
América (f)	a'merika	אָמֶרִיקָה (נ)
América (f) do Norte	a'merika hatsfonit	אָמֶרִיקָה הַצְפוֹנִית (נ)
América (f) do Sul	a'merika hadromit	אָמֶרִיקָה הַדְרוֹמִית (נ)
Antártida (f)	ya'beʃet an'tarktika	יַבֶּשֶׁת אַנְטַארְקְטִיקָה (נ)
Ártico (m)	'arktika	אַרְקְטִיקָה (נ)

166. Pontos cardeais

norte (m)	tsafon	צָפוֹן (ז)
para norte	tsa'fona	צָפוֹנָה
no norte	batsafon	בַּצָפוֹן
do norte (adj)	tsfoni	צְפוֹנִי
sul (m)	darom	דָרוֹם (ז)
para sul	da'roma	דָרוֹמָה
no sul	badarom	בַּדָרוֹם
do sul (adj)	dromi	דרוֹמִי
oeste, ocidente (m)	maʿarav	מַעֲרָב (ז)
para oeste	maʿa'rava	מַעֲרָבָה
no oeste	bamaʿarav	בַּמַעֲרָב
ocidental (adj)	maʿaravi	מַעֲרָבִי
leste, oriente (m)	mizraχ	מִזְרָח (ז)
para leste	miz'raχa	מִזְרָחָה
no leste	bamizraχ	בַּמִזְרָח
oriental (adj)	mizraχi	מִזְרָחִי

167. Mar. Oceano

mar (m)	yam	יָם (ז)
oceano (m)	ok'yanos	אוֹקְיָאנוֹס (ז)
golfo (m)	mifrats	מִפְרָץ (ז)
estreito (m)	meitsar	מֵיצָר (ז)
terra (f) firme	yabaʃa	יַבָּשָׁה (נ)
continente (m)	ya'beʃet	יַבֶּשֶׁת (נ)
ilha (f)	i	אִי (ז)
península (f)	χatsi i	חֲצִי אִי (ז)
arquipélago (m)	arχipelag	אַרְכִיפֶּלָג (ז)
baía (f)	mifrats	מִפְרָץ (ז)
porto (m)	namal	נָמָל (ז)
lagoa (f)	la'guna	לָגוּנָה (נ)
cabo (m)	kef	כֵּף (ז)
atol (m)	atol	אָטוֹל (ז)
recife (m)	ʃunit	שׁוּנִית (נ)
coral (m)	almog	אַלְמוֹג (ז)
recife (m) de coral	ʃunit almogim	שׁוּנִית אַלְמוֹגִים (נ)
profundo (adj)	amok	עָמוֹק
profundidade (f)	'omek	עוֹמֶק (ז)
abismo (m)	tehom	תְהוֹם (נ)
fossa (f) oceânica	maχteʃ	מַכְתֵשׁ (ז)
corrente (f)	'zerem	זֶרֶם (ז)
banhar (vt)	lehakif	לְהַקִיף
litoral (m)	χof	חוֹף (ז)

costa (f)	χof yam	חוֹף יָם (ז)
maré (f) alta	ge'ut	גֵּאוּת (נ)
refluxo (m)	'ʃefel	שֵׁפֶל (ז)
restinga (f)	sirton	שִׂרְטוֹן (ז)
fundo (m)	karka'it	קַרְקָעִית (נ)

onda (f)	gal	גַּל (ז)
crista (f) da onda	pisgat hagal	פִּסְגַּת הַגַּל (נ)
espuma (f)	'keʦef	קֶצֶף (ז)

tempestade (f)	sufa	סוּפָה (נ)
furacão (m)	hurikan	הוֹרִיקָן (ז)
tsunami (m)	ʦu'nami	צוּנָאמִי (ז)
calmaria (f)	'roga	רוֹגַע (ז)
calmo (adj)	ʃalev	שָׁלֵו

| polo (m) | 'kotev | קוֹטֶב (ז) |
| polar (adj) | kotbi | קוֹטְבִּי |

latitude (f)	kav 'roχav	קַו רוֹחַב (ז)
longitude (f)	kav 'oreχ	קַו אוֹרֶךְ (ז)
paralela (f)	kav 'roχav	קַו רוֹחַב (ז)
equador (m)	kav hamaʃve	קַו הַמַּשְׁוֶה (ז)

céu (m)	ʃa'mayim	שָׁמַיִם (ז"ר)
horizonte (m)	'ofek	אוֹפֶק (ז)
ar (m)	avir	אֲוִיר (ז)

farol (m)	migdalor	מִגְדָּלוֹר (ז)
mergulhar (vi)	litslol	לִצְלֹל
afundar-se (vr)	lit'bo'a	לִטְבֹּעַ
tesouros (m pl)	oʦarot	אוֹצָרוֹת (ז"ר)

168. Montanhas

montanha (f)	har	הַר (ז)
cordilheira (f)	'reχes harim	רֶכֶס הָרִים (ז)
serra (f)	'reχes har	רֶכֶס הַר (ז)

cume (m)	pisga	פִּסְגָּה (נ)
pico (m)	pisga	פִּסְגָּה (נ)
pé (m)	margelot	מַרְגְּלוֹת (נ"ר)
declive (m)	midron	מִדְרוֹן (ז)

vulcão (m)	har 'ga'aʃ	הַר גַּעַשׁ (ז)
vulcão (m) ativo	har 'ga'aʃ pa'il	הַר גַּעַשׁ פָּעִיל (ז)
vulcão (m) extinto	har 'ga'aʃ radum	הַר גַּעַשׁ רָדוּם (ז)

erupção (f)	hitparʦut	הִתְפָּרְצוּת (נ)
cratera (f)	lo'a	לוֹעַ (ז)
magma (m)	megama	מַגְמָה (נ)
lava (f)	'lava	לָאבָה (נ)
fundido (lava ~a)	lohet	לוֹהֵט
cânion, desfiladeiro (m)	kanyon	קַנְיוֹן (ז)

garganta (f)	gai	גַּיְא (ז)
fenda (f)	'beka	בֶּקַע (ז)
precipício (m)	tehom	תְּהוֹם (נ)

passo, colo (m)	ma'avar harim	מַעֲבָר הָרִים (ז)
planalto (m)	rama	רָמָה (נ)
falésia (f)	tsuk	צוּק (ז)
colina (f)	giv'a	גִּבְעָה (נ)

geleira (f)	karxon	קַרְחוֹן (ז)
cachoeira (f)	mapal 'mayim	מַפַּל מַיִם (ז)
gêiser (m)	'geizer	גֵּייזֶר (ז)
lago (m)	agam	אֲגַם (ז)

planície (f)	miʃor	מִישׁוֹר (ז)
paisagem (f)	nof	נוֹף (ז)
eco (m)	hed	הֵד (ז)

alpinista (m)	metapes harim	מְטַפֵּס הָרִים (ז)
escalador (m)	metapes sla'im	מְטַפֵּס סְלָעִים (ז)
conquistar (vt)	lixboʃ	לִכְבּוֹשׁ
subida, escalada (f)	tipus	טִיפּוּס (ז)

169. Rios

rio (m)	nahar	נָהָר (ז)
fonte, nascente (f)	ma'ayan	מַעְיָן (ז)
leito (m) de rio	afik	אָפִיק (ז)
bacia (f)	agan nahar	אֲגַן נָהָר (ז)
desaguar no ...	lehiʃapex	לְהִישָׁפֵךְ

afluente (m)	yuval	יוּבַל (ז)
margem (do rio)	xof	חוֹף (ז)

corrente (f)	'zerem	זֶרֶם (ז)
rio abaixo	bemorad hanahar	בְּמוֹרַד הַנָּהָר
rio acima	bema'ale hanahar	בְּמַעֲלֵה הַנָּהָר

inundação (f)	hatsafa	הֲצָפָה (נ)
cheia (f)	ʃitafon	שִׁיטָפוֹן (ז)
transbordar (vi)	la'alot al gdotav	לַעֲלוֹת עַל גְּדוֹתָיו
inundar (vt)	lehatsif	לְהָצִיף

banco (m) de areia	sirton	שִׂרְטוֹן (ז)
corredeira (f)	'eʃed	אֶשֶׁד (ז)

barragem (f)	'sexer	סֶכֶר (ז)
canal (m)	te'ala	תְּעָלָה (נ)
reservatório (m) de água	ma'agar 'mayim	מַאֲגַר מַיִם (ז)
eclusa (f)	ta 'ʃayit	תָּא שַׁיִט (ז)

corpo (m) de água	ma'agar 'mayim	מַאֲגַר מַיִם (ז)
pântano (m)	bitsa	בִּיצָה (נ)
lamaçal (m)	bitsa	בִּיצָה (נ)

redemoinho (m)	me'ar'bolet	מְעַרְבֹּלֶת (נ)
riacho (m)	'naxal	נַחַל (ז)
potável (adj)	ʃel ʃtiya	שֶׁל שְׁתִיָּה
doce (água)	metukim	מְתוּקִים

| gelo (m) | 'kerax | קֶרַח (ז) |
| congelar-se (vr) | likpo | לִקְפֹּא |

170. Floresta

| floresta (f), bosque (m) | 'ya'ar | יַעַר (ז) |
| florestal (adj) | ʃel 'ya'ar | שֶׁל יַעַר |

mata (f) fechada	avi ha'ya'ar	עֲבִי הַיַּעַר (ז)
arvoredo (m)	xurʃa	חֻרְשָׁה (נ)
clareira (f)	ka'raxat 'ya'ar	קָרַחַת יַעַר (נ)

| matagal (m) | svax | סְבַךְ (ז) |
| mato (m), caatinga (f) | 'siax | שִׂיחַ (ז) |

| pequena trilha (f) | ʃvil | שְׁבִיל (ז) |
| ravina (f) | 'emek tsar | עֵמֶק צַר (ז) |

árvore (f)	ets	עֵץ (ז)
folha (f)	ale	עָלֶה (ז)
folhagem (f)	alva	עַלְוָה (נ)

queda (f) das folhas	ʃa'lexet	שַׁלֶּכֶת (נ)
cair (vi)	linʃor	לִנְשֹׁר
topo (m)	tsa'meret	צַמֶּרֶת (נ)

ramo (m)	anaf	עָנָף (ז)
galho (m)	anaf ave	עָנָף עָבֶה (ז)
botão (m)	nitsan	נִיצָן (ז)
agulha (f)	'maxat	מַחַט (נ)
pinha (f)	itstrubal	אִצְטְרוּבָּל (ז)

buraco (m) de árvore	xor ba'ets	חוֹר בָּעֵץ (ז)
ninho (m)	ken	קַן (ז)
toca (f)	mexila	מְחִילָה (נ)

tronco (m)	'geza	גֶּזַע (ז)
raiz (f)	'ʃoreʃ	שׁוֹרֶשׁ (ז)
casca (f) de árvore	klipa	קְלִיפָּה (נ)
musgo (m)	taxav	טַחַב (ז)

arrancar pela raiz	la'akor	לַעֲקֹר
cortar (vt)	lixrot	לִכְרֹת
desflorestar (vt)	levare	לְבָרֵא
toco, cepo (m)	'gedem	גֶּדֶם (ז)

fogueira (f)	medura	מְדוּרָה (נ)
incêndio (m) florestal	srefa	שְׂרֵיפָה (נ)
apagar (vt)	lexabot	לְכַבּוֹת

guarda-parque (m)	ʃomer 'ya'ar	שׁוֹמֵר יַעַר (ז)
proteção (f)	ʃmira	שְׁמִירָה (נ)
proteger (a natureza)	liʃmor	לִשְׁמוֹר
caçador (m) furtivo	tsayad lelo reʃut	צַיָּד לְלֹא רְשׁוּת (ז)
armadilha (f)	mal'kodet	מַלְכּוֹדֶת (נ)
colher (cogumelos, bagas)	lelaket	לְלַקֵּט
perder-se (vr)	lit'ot	לִתְעוֹת

171. Recursos naturais

recursos (m pl) naturais	otsarot 'teva	אוֹצְרוֹת טֶבַע (ז״ר)
minerais (m pl)	mine'ralim	מִינֶרָלִים (ז״ר)
depósitos (m pl)	mirbats	מִרְבָּץ (ז)
jazida (f)	mirbats	מִרְבָּץ (ז)
extrair (vt)	lixrot	לִכְרוֹת
extração (f)	kriya	כְּרִיָּה (נ)
minério (m)	afra	עַפְרָה (נ)
mina (f)	mixre	מִכְרֶה (ז)
poço (m) de mina	pir	פִּיר (ז)
mineiro (m)	kore	כּוֹרֶה (ז)
gás (m)	gaz	גָּז (ז)
gasoduto (m)	tsinor gaz	צִינוֹר גָּז (ז)
petróleo (m)	neft	נֵפְט (ז)
oleoduto (m)	tsinor neft	צִינוֹר נֵפְט (ז)
poço (m) de petróleo	be'er neft	בְּאֵר נֵפְט (נ)
torre (f) petrolífera	migdal ki'duax	מִגְדַּל קִידּוּחַ (ז)
petroleiro (m)	mexalit	מֵיכָלִית (נ)
areia (f)	xol	חוֹל (ז)
calcário (m)	'even gir	אֶבֶן גִּיר (נ)
cascalho (m)	xatsats	חָצָץ (ז)
turfa (f)	kavul	כָּבוּל (ז)
argila (f)	tit	טִיט (ז)
carvão (m)	pexam	פֶּחָם (ז)
ferro (m)	barzel	בַּרְזֶל (ז)
ouro (m)	zahav	זָהָב (ז)
prata (f)	'kesef	כֶּסֶף (ז)
níquel (m)	'nikel	נִיקֵל (ז)
cobre (m)	ne'xoʃet	נְחוֹשֶׁת (נ)
zinco (m)	avats	אָבָץ (ז)
manganês (m)	mangan	מַנְגָּן (ז)
mercúrio (m)	kaspit	כַּסְפִּית (נ)
chumbo (m)	o'feret	עוֹפֶרֶת (נ)
mineral (m)	mineral	מִינֶרָל (ז)
cristal (m)	gaviʃ	גָּבִישׁ (ז)
mármore (m)	'ʃayiʃ	שַׁיִשׁ (ז)
urânio (m)	u'ranyum	אוּרָנְיוּם (ז)

A Terra. Parte 2

172. Tempo

tempo (m)	'mezeg avir	מֶזֶג אֲוֹיר (ז)
previsão (f) do tempo	taχazit 'mezeg ha'avir	תַּחֲזִית מֶזֶג הָאֲוֹיר (נ)
temperatura (f)	tempera'tura	טֶמְפֶּרָטוּרָה (נ)
termômetro (m)	madχom	מַדְחוֹם (ז)
barômetro (m)	ba'rometer	בָּרוֹמֶטֶר (ז)
úmido (adj)	laχ	לַח
umidade (f)	laχut	לַחוּת (נ)
calor (m)	χom	חוֹם (ז)
tórrido (adj)	χam	חַם
está muito calor	χam	חַם
está calor	χamim	חָמִים
quente (morno)	χamim	חָמִים
está frio	kar	קַר
frio (adj)	kar	קַר
sol (m)	ʃemeʃ	שֶׁמֶשׁ (נ)
brilhar (vi)	lizhor	לִזְהוֹר
de sol, ensolarado	ʃimʃi	שִׁמְשִׁי
nascer (vi)	liz'roaχ	לִזְרוֹחַ
pôr-se (vr)	liʃ'ko'a	לִשְׁקוֹעַ
nuvem (f)	anan	עָנָן (ז)
nublado (adj)	me'unan	מְעוּנָן
nuvem (f) preta	av	עָב (ז)
escuro, cinzento (adj)	sagriri	סַגְרִירִי
chuva (f)	'geʃem	גֶּשֶׁם (ז)
está a chover	yored 'geʃem	יוֹרֵד גֶּשֶׁם
chuvoso (adj)	gaʃum	גָּשׁוּם
chuviscar (vi)	letaftef	לְטַפְטֵף
chuva (f) torrencial	matar	מָטָר (ז)
aguaceiro (m)	mabul	מַבּוּל (ז)
forte (chuva, etc.)	χazak	חָזָק
poça (f)	ʃlulit	שְׁלוּלִית (נ)
molhar-se (vr)	lehitratev	לְהִתְרַטֵּב
nevoeiro (m)	arapel	עֲרָפֶל (ז)
de nevoeiro	me'urpal	מְעוּרְפָּל
neve (f)	ʃeleg	שֶׁלֶג (ז)
está nevando	yored ʃeleg	יוֹרֵד שֶׁלֶג

173. Tempo extremo. Catástrofes naturais

trovoada (f)	sufat re'amim	סוּפַת רְעָמִים (נ)
relâmpago (m)	barak	בָּרָק (ז)
relampejar (vi)	livhok	לִבְהוֹק
trovão (m)	'ra'am	רַעַם (ז)
trovejar (vi)	lir'om	לִרְעוֹם
está trovejando	lir'om	לִרְעוֹם
granizo (m)	barad	בָּרָד (ז)
está caindo granizo	yored barad	יוֹרֵד בָּרָד
inundar (vt)	lehatsif	לְהָצִיף
inundação (f)	ʃitafon	שִׁיטָפוֹן (ז)
terremoto (m)	re'idat adama	רְעִידַת אֲדָמָה (נ)
abalo, tremor (m)	re'ida	רְעִידָה (נ)
epicentro (m)	moked	מוֹקֵד (ז)
erupção (f)	hitpartsut	הִתְפָּרְצוּת (נ)
lava (f)	'lava	לָאבָה (נ)
tornado (m)	hurikan	הוֹרִיקָן (ז)
tornado (m)	tor'nado	טוֹרְנָדוֹ (ז)
tufão (m)	taifun	טַייפוּן (ז)
furacão (m)	hurikan	הוֹרִיקָן (ז)
tempestade (f)	sufa	סוּפָה (נ)
tsunami (m)	tsu'nami	צוּנָאמִי (ז)
ciclone (m)	tsiklon	צִיקְלוֹן (ז)
mau tempo (m)	sagrir	סַגְרִיר (ז)
incêndio (m)	srefa	שְׂרֵיפָה (נ)
catástrofe (f)	ason	אָסוֹן (ז)
meteorito (m)	mete'orit	מֶטֶאוֹרִיט (ז)
avalanche (f)	ma'polet ʃlagim	מַפּוֹלֶת שְׁלָגִים (נ)
deslizamento (m) de neve	ma'polet ʃlagim	מַפּוֹלֶת שְׁלָגִים (נ)
nevasca (f)	sufat ʃlagim	סוּפַת שְׁלָגִים (נ)
tempestade (f) de neve	sufat ʃlagim	סוּפַת שְׁלָגִים (נ)

Fauna

174. Mamíferos. Predadores

predador (m)	χayat 'teref	חַיַּת טֶרֶף (ג)
tigre (m)	'tigris	טִיגְרִיס (ז)
leão (m)	arye	אַרְיֵה (ז)
lobo (m)	ze'ev	זְאֵב (ז)
raposa (f)	ʃu'al	שׁוּעָל (ז)

jaguar (m)	yagu'ar	יָגוּאָר (ז)
leopardo (m)	namer	נָמֵר (ז)
chita (f)	bardelas	בַּרְדְּלָס (ז)

pantera (f)	panter	פַּנְתֵּר (ז)
puma (m)	'puma	פּוּמָה (ג)
leopardo-das-neves (m)	namer 'ʃeleg	נָמֵר שֶׁלֶג (ז)
lince (m)	ʃunar	שׁוּנָר (ז)

coiote (m)	ze'ev ha'aravot	זְאֵב הָעֲרָבוֹת (ז)
chacal (m)	tan	תַּן (ז)
hiena (f)	tsa'vo'a	צָבוֹעַ (ז)

175. Animais selvagens

| animal (m) | 'ba'al χayim | בַּעַל חַיִּים (ז) |
| besta (f) | χaya | חַיָּה (ג) |

esquilo (m)	sna'i	סְנָאִי (ז)
ouriço (m)	kipod	קִיפּוֹד (ז)
lebre (f)	arnav	אַרְנָב (ז)
coelho (m)	ʃafan	שָׁפָן (ז)

texugo (m)	girit	גִּירִית (ג)
guaxinim (m)	dvivon	דְּבִיבוֹן (ז)
hamster (m)	oger	אוֹגֵר (ז)
marmota (f)	mar'mita	מַרְמִיטָה (ג)

toupeira (f)	χafar'peret	חֲפַרְפֶּרֶת (ג)
rato (m)	aχbar	עַכְבָּר (ז)
ratazana (f)	χulda	חוּלְדָּה (ג)
morcego (m)	atalef	עֲטַלֵּף (ז)

arminho (m)	hermin	הֶרְמִין (ז)
zibelina (f)	tsobel	צוֹבֶּל (ז)
marta (f)	dalak	דָּלָק (ז)
doninha (f)	χamus	חָמוֹס (ז)
visom (m)	χorfan	חוֹרְפָן (ז)

| castor (m) | bone | בּוֹנֶה (ז) |
| lontra (f) | lutra | לוּטְרָה (נ) |

cavalo (m)	sus	סוּס (ז)
alce (m)	ayal hakore	אַיָּל הַקּוֹרֵא (ז)
veado (m)	ayal	אַיָּל (ז)
camelo (m)	gamal	גָּמָל (ז)

bisão (m)	bizon	בִּיזוֹן (ז)
auroque (m)	bizon ei'ropi	בִּיזוֹן אֵירוֹפִּי (ז)
búfalo (m)	te'o	תְּאוֹ (ז)

zebra (f)	'zebra	זֶבְּרָה (נ)
antílope (m)	anti'lopa	אַנְטִילוֹפָּה (ז)
corça (f)	ayal hakarmel	אַיָּל הַכַּרְמֶל (ז)
gamo (m)	yaχmur	יַחְמוּר (ז)
camurça (f)	ya'el	יָעֵל (ז)
javali (m)	χazir bar	חֲזִיר בָּר (ז)

baleia (f)	livyatan	לִוְיָתָן (ז)
foca (f)	'kelev yam	כֶּלֶב יָם (ז)
morsa (f)	sus yam	סוּס יָם (ז)
urso-marinho (m)	dov yam	דּוֹב יָם (ז)
golfinho (m)	dolfin	דּוֹלְפִין (ז)

urso (m)	dov	דּוֹב (ז)
urso (m) polar	dov 'kotev	דּוֹב קוֹטֶב (ז)
panda (m)	'panda	פַּנְדָּה (נ)

macaco (m)	kof	קוֹף (ז)
chimpanzé (m)	ʃimpanze	שִׁימְפַּנְזֶה (נ)
orangotango (m)	orang utan	אוֹרַנג-אוּטָן (ז)
gorila (m)	go'rila	גּוֹרִילָה (נ)
macaco (m)	makak	מָקָק (ז)
gibão (m)	gibon	גִּיבּוֹן (ז)

elefante (m)	pil	פִּיל (ז)
rinoceronte (m)	karnaf	קַרְנַף (ז)
girafa (f)	dʒi'rafa	גִּ'ירָפָּה (נ)
hipopótamo (m)	hipopotam	הִיפּוֹפוֹטָם (ז)

| canguru (m) | 'kenguru | קֶנְגּוּרוּ (ז) |
| coala (m) | ko''ala | קוֹאָלָה (ז) |

mangusto (m)	nemiya	נְמִיָּה (נ)
chinchila (f)	tʃin'tʃila	צִ'ינְצִ'ילָה (נ)
cangambá (f)	bo'eʃ	בּוֹאֵשׁ (ז)
porco-espinho (m)	darban	דַּרְבָּן (ז)

176. Animais domésticos

gata (f)	χatula	חָתוּלָה (נ)
gato (m) macho	χatul	חָתוּל (ז)
cão (m)	'kelev	כֶּלֶב (ז)

cavalo (m)	sus	סוּס (ז)
garanhão (m)	sus harba'a	סוּס הַרְבָּעָה (ז)
égua (f)	susa	סוּסָה (נ)

vaca (f)	para	פָּרָה (נ)
touro (m)	ʃor	שׁוֹר (ז)
boi (m)	ʃor	שׁוֹר (ז)

ovelha (f)	kivsa	כִּבְשָׂה (נ)
carneiro (m)	'ayil	אַיִל (ז)
cabra (f)	ez	עֵז (נ)
bode (m)	'tayiʃ	תַּיִשׁ (ז)

| burro (m) | χamor | חֲמוֹר (ז) |
| mula (f) | 'pered | פֶּרֶד (ז) |

porco (m)	χazir	חֲזִיר (ז)
leitão (m)	χazarzir	חֲזַרְזִיר (ז)
coelho (m)	arnav	אַרְנָב (ז)

| galinha (f) | tarne'golet | תַּרְנְגוֹלֶת (נ) |
| galo (m) | tarnegol | תַּרְנְגוֹל (ז) |

pata (f), pato (m)	barvaz	בַּרְוָז (ז)
pato (m)	barvaz	בַּרְוָז (ז)
ganso (m)	avaz	אַוָּז (ז)

| peru (m) | tarnegol 'hodu | תַּרְנְגוֹל הוֹדוּ (ז) |
| perua (f) | tarne'golet 'hodu | תַּרְנְגוֹלֶת הוֹדוּ (נ) |

animais (m pl) domésticos	χayot 'bayit	חַיּוֹת בַּיִת (נ"ר)
domesticado (adj)	mevuyat	מְבוּיָּת
domesticar (vt)	levayet	לְבַיֵּת
criar (vt)	lehar'bi'a	לְהַרְבִּיעַ

fazenda (f)	χava	חַוָּה (נ)
aves (f pl) domésticas	ofot 'bayit	עוֹפוֹת בַּיִת (נ"ר)
gado (m)	bakar	בָּקָר (ז)
rebanho (m), manada (f)	'eder	עֵדֶר (ז)

estábulo (m)	urva	אוּרְוָה (נ)
chiqueiro (m)	dir χazirim	דִּיר חֲזִירִים (ז)
estábulo (m)	'refet	רֶפֶת (נ)
coelheira (f)	arnaviya	אַרְנָבִיָּה (נ)
galinheiro (m)	lul	לוּל (ז)

177. Cães. Raças de cães

cão (m)	'kelev	כֶּלֶב (ז)
cão pastor (m)	'kelev ro'e	כֶּלֶב רוֹעֶה (ז)
pastor-alemão (m)	ro'e germani	רוֹעֶה גֶּרְמָנִי (ז)
poodle (m)	'pudel	פּוּדֶל (ז)
linguicinha (m)	'taχaʃ	תַּחַשׁ (ז)
buldogue (m)	buldog	בּוּלְדּוֹג (ז)

boxer (m)	'bokser	בּוֹקְסֶר (ז)
mastim (m)	mastif	מָסְטִיף (ז)
rottweiler (m)	rot'vailer	רוֹטְוַויילֶר (ז)
dóberman (m)	'doberman	דּוֹבֶּרְמָן (ז)

basset (m)	'baset 'ha'und	בָּאסֶט-הָאוּנד (ז)
pastor inglês (m)	bobteil	בּוֹבְּטֵייל (ז)
dálmata (m)	dal'mati	דַּלְמָטִי (ז)
cocker spaniel (m)	'koker 'spani'el	קוֹקֶר סְפָּנִיאֶל (ז)

| terra-nova (m) | nyu'fa'undlend | נְיוּפָאוּנדלֶנד (ז) |
| são-bernardo (m) | sen bernard | סֶן בֶּרְנָרד (ז) |

husky (m) siberiano	'haski	הָאסְקִי (ז)
Chow-chow (m)	'tʃa'u 'tʃa'u	צָ'או צָ'או (ז)
spitz alemão (m)	ʃpits	שְׁפִּיץ (ז)
pug (m)	pag	פָּאג (ז)

178. Sons produzidos pelos animais

latido (m)	neviχa	נְבִיחָה (נ)
latir (vi)	lin'boaχ	לְנְבּוֹחַ
miar (vi)	leyalel	לְיַלֵל
ronronar (vi)	legarger	לְגַרְגֵּר

mugir (vaca)	lig'ot	לִגְעוֹת
bramir (touro)	lig'ot	לִגְעוֹת
rosnar (vi)	linhom	לִנְהוֹם

uivo (m)	yelala	יְלָלָה (נ)
uivar (vi)	leyalel	לְיַלֵל
ganir (vi)	leyabev	לְיַבֵּב

balir (vi)	lif'ot	לִפְעוֹת
grunhir (vi)	leχarχer	לְחַרְחֵר
guinchar (vi)	lits'voaχ	לִצְווֹחַ

coaxar (sapo)	lekarker	לְקַרְקֵר
zumbir (inseto)	lezamzem	לְזַמְזֵם
ziziar (vi)	letsartser	לְצַרְצֵר

179. Pássaros

pássaro (m), ave (f)	tsipor	צִיפּוֹר (נ)
pombo (m)	yona	יוֹנָה (נ)
pardal (m)	dror	דְּרוֹר (ז)
chapim-real (m)	yargazi	יַרְגָּזִי (ז)
pega-rabuda (f)	orev neχalim	עוֹרֵב נְחָלִים (ז)

corvo (m)	orev ʃaχor	עוֹרֵב שָׁחוֹר (ז)
gralha-cinzenta (f)	orev afor	עוֹרֵב אָפוֹר (ז)
gralha-de-nuca-cinzenta (f)	ka'ak	קָאק (ז)

gralha-calva (f)	orev hamizra	עוֹרֵב הַמִּזְרָע (ז)
pato (m)	barvaz	בַּרְוָז (ז)
ganso (m)	avaz	אַוָּז (ז)
faisão (m)	pasyon	פַסְיוֹן (ז)
águia (f)	'ayit	עַיִט (ז)
açor (m)	nets	נֵץ (ז)
falcão (m)	baz	בַּז (ז)
abutre (m)	ozniya	עוֹזְנִיָּה (ז)
condor (m)	kondor	קוֹנְדּוֹר (ז)
cisne (m)	barbur	בַּרְבּוּר (ז)
grou (m)	agur	עָגוּר (ז)
cegonha (f)	χasida	חֲסִידָה (נ)
papagaio (m)	'tuki	תֻּכִּי (ז)
beija-flor (m)	ko'libri	קוֹלִיבְּרִי (ז)
pavão (m)	tavas	טַוָּס (ז)
avestruz (m)	bat ya'ana	בַּת יַעֲנָה (נ)
garça (f)	anafa	אֲנָפָה (נ)
flamingo (m)	fla'mingo	פְלָמִינְגוֹ (ז)
pelicano (m)	saknai	שַׂקְנַאי (ז)
rouxinol (m)	zamir	זָמִיר (ז)
andorinha (f)	snunit	סְנוּנִית (נ)
tordo-zornal (m)	kiχli	קִיכְלִי (ז)
tordo-músico (m)	kiχli mezamer	קִיכְלִי מְזַמֵּר (ז)
melro-preto (m)	kiχli ʃaχor	קִיכְלִי שָׁחוֹר (ז)
andorinhão (m)	sis	סִיס (ז)
cotovia (f)	efroni	עֶפְרוֹנִי (ז)
codorna (f)	slav	שְׂלָיו (ז)
pica-pau (m)	'neker	נַקָּר (ז)
cuco (m)	kukiya	קוּקִיָּה (נ)
coruja (f)	yanʃuf	יַנְשׁוּף (ז)
bufo-real (m)	'oaχ	אֹחַ (ז)
tetraz-grande (m)	seχvi 'ya'ar	שְׂכְוִי יַעַר (ז)
tetraz-lira (m)	seχvi	שְׂכְוִי (ז)
perdiz-cinzenta (f)	χogla	חוֹגְלָה (נ)
estorninho (m)	zarzir	זַרְזִיר (ז)
canário (m)	ka'narit	קָנָרִית (נ)
galinha-do-mato (f)	seχvi haya'arot	שְׂכְוִי הַיְּעָרוֹת (ז)
tentilhão (m)	paroʃ	פָּרוֹשׁ (ז)
dom-fafe (m)	admonit	אֲדְמוֹנִית (נ)
gaivota (f)	'ʃaχaf	שַׁחַף (ז)
albatroz (m)	albatros	אַלְבַּטְרוֹס (ז)
pinguim (m)	pingvin	פִּינְגְּוִין (ז)

180. Pássaros. Canto e sons

cantar (vi)	laʃir	לָשִׁיר
gritar, chamar (vi)	lits'ok	לִצְעוֹק
cantar (o galo)	lekarker	לְקַרְקֵר
cocoricó (m)	kuku'riku	קוּקוּרִיקוּ
cacarejar (vi)	lekarker	לְקַרְקֵר
crocitar (vi)	lits'roax	לִצְרוֹחַ
grasnar (vi)	lega'a'ge'a	לְגַגֵּעַ
piar (vi)	letsayets	לְצַיֵּץ
chilrear, gorjear (vi)	letsaftsef, letsayets	לְצַפְצֵף, לְצַיֵּץ

181. Peixes. Animais marinhos

brema (f)	avroma	אַבְרוֹמָה (נ)
carpa (f)	karpiyon	קַרְפְּיוֹן (ז)
perca (f)	'okunus	אוֹקוּנוּס (ז)
siluro (m)	sfamnun	שְׂפַמְנוּן (ז)
lúcio (m)	ze'ev 'mayim	זְאֵב מַיִם (ז)
salmão (m)	'salmon	סַלְמוֹן (ז)
esturjão (m)	xidkan	חִדְקָן (ז)
arenque (m)	ma'liax	מָלִיחַ (ז)
salmão (m) do Atlântico	iltit	אִילְתִּית (נ)
cavala, sarda (f)	makarel	מָקָרֶל (ז)
solha (f), linguado (m)	dag moʃe ra'benu	דַּג מֹשֶׁה רַבֵּנוּ (ז)
lúcio perca (m)	amnun	אַמְנוּן (ז)
bacalhau (m)	ʃibut	שִׁיבּוּט (ז)
atum (m)	'tuna	טוּנָה (נ)
truta (f)	forel	פּוֹרֶל (ז)
enguia (f)	tslofax	צְלוֹפָח (ז)
raia (f) elétrica	trisanit	תְּרִיסָנִית (נ)
moreia (f)	mo'rena	מוֹרֶנָה (נ)
piranha (f)	pi'ranya	פִּירַנְיָה (נ)
tubarão (m)	kariʃ	כָּרִישׁ (ז)
golfinho (m)	dolfin	דּוֹלְפִין (ו)
baleia (f)	livyatan	לִוְיָתָן (ז)
caranguejo (m)	sartan	סַרְטָן (ז)
água-viva (f)	me'duza	מֶדוּזָה (נ)
polvo (m)	tamnun	תַּמְנוּן (ז)
estrela-do-mar (f)	koxav yam	כּוֹכַב יָם (ז)
ouriço-do-mar (m)	kipod yam	קִיפּוֹד יָם (ז)
cavalo-marinho (m)	suson yam	סוּסוֹן יָם (ז)
ostra (f)	tsidpa	צִדְפָּה (נ)
camarão (m)	xasilon	חֲסִילוֹן (ז)

| lagosta (f) | 'lobster | לוֹבְּסְטֶר (ז) |
| lagosta (f) | 'lobster kotsani | לוֹבְּסְטֶר קוֹצָנִי (ז) |

182. Anfíbios. Répteis

| cobra (f) | naχaʃ | נָחָש (ז) |
| venenoso (adj) | arsi | אַרְסִי |

víbora (f)	'tsefa	צֶפַע (ז)
naja (f)	'peten	פֶּתֶן (ז)
píton (m)	piton	פִּיתוֹן (ז)
jiboia (f)	χanak	חֶנֶק (ז)

cobra-de-água (f)	naχaʃ 'mayim	נָחָש מַיִם (ז)
cascavel (f)	ʃfifon	שְׁפִיפוֹן (ז)
anaconda (f)	ana'konda	אֲנָקוֹנְדָה (נ)

lagarto (m)	leta'a	לְטָאָה (נ)
iguana (f)	igu''ana	אִיגוּאָנָה (נ)
varano (m)	'koaχ	כּוֹחַ (ז)
salamandra (f)	sala'mandra	סָלָמַנְדְרָה (נ)
camaleão (m)	zikit	זִיקִית (נ)
escorpião (m)	akrav	עַקְרָב (ז)

tartaruga (f)	tsav	צָב (ז)
rã (f)	tsfar'de'a	צְפַרְדֵּעַ (נ)
sapo (m)	karpada	קַרְפָּדָה (נ)
crocodilo (m)	tanin	תַּנִין (ז)

183. Insetos

inseto (m)	χarak	חָרָק (ז)
borboleta (f)	parpar	פַּרְפַּר (ז)
formiga (f)	nemala	נְמָלָה (נ)
mosca (f)	zvuv	זְבוּב (ז)
mosquito (m)	yatuʃ	יַתוּש (ז)
escaravelho (m)	χipuʃit	חִיפּוּשִׁית (נ)

vespa (f)	tsir'a	צִרְעָה (נ)
abelha (f)	dvora	דְּבוֹרָה (נ)
mamangaba (f)	dabur	דַּבּוּר (ז)
moscardo (m)	zvuv hasus	זְבוּב הַסּוּס (ז)

| aranha (f) | akaviʃ | עַכָּבִישׁ (ז) |
| teia (f) de aranha | kurei akaviʃ | קוּרֵי עַכָּבִישׁ (ז"ר) |

libélula (f)	ʃapirit	שַׁפִּירִית (נ)
gafanhoto (m)	χagav	חָגָב (ז)
traça (f)	aʃ	עָשׁ (ז)

| barata (f) | makak | מָקָק (ז) |
| carrapato (m) | kartsiya | קַרְצִיָּה (נ) |

| pulga (f) | par'oʃ | פַּרְעוֹשׁ (ז) |
| borrachudo (m) | yavχuʃ | יַבְחוּשׁ (ז) |

gafanhoto (m)	arbe	אַרְבֶּה (ז)
caracol (m)	χilazon	חִילָזוֹן (ז)
grilo (m)	tsartsar	צְרָצַר (ז)
pirilampo, vaga-lume (m)	gaχlilit	גַּחְלִילִית (נ)
joaninha (f)	parat moʃe ra'benu	פָּרַת מֹשֶׁה רַבֵּנוּ (נ)
besouro (m)	χipuʃit aviv	חִיפּוּשִׁית אָבִיב (נ)

sanguessuga (f)	aluka	עֲלוּקָה (נ)
lagarta (f)	zaχal	זַחַל (ז)
minhoca (f)	to'la'at	תּוֹלַעַת (נ)
larva (f)	'deren	דֶּרֶן (ז)

184. Animais. Partes do corpo

bico (m)	makor	מָקוֹר (ז)
asas (f pl)	kna'fayim	כְּנָפַיִם (נ"ר)
pata (f)	'regel	רֶגֶל (נ)
plumagem (f)	pluma	פְּלוּמָה (נ)
pena, pluma (f)	notsa	נוֹצָה (נ)
crista (f)	tsitsa	צִיצָה (נ)

brânquias, guelras (f pl)	zimim	זִימִים (ז"ר)
ovas (f pl)	beitsei dagim	בֵּיצֵי דָגִים (נ"ר)
larva (f)	'deren	דֶּרֶן (ז)
barbatana (f)	snapir	סְנַפִּיר (ז)
escama (f)	kaskasim	קַשְׂקַשִּׂים (ז"ר)

presa (f)	niv	נִיב (ז)
pata (f)	'regel	רֶגֶל (נ)
focinho (m)	partsuf	פַּרְצוּף (ז)
boca (f)	lo'a	לוֹעַ (ז)
cauda (f), rabo (m)	zanav	זָנָב (ז)
bigodes (m pl)	safam	שָׂפָם (ז)

| casco (m) | parsa | פַּרְסָה (נ) |
| corno (m) | 'keren | קֶרֶן (נ) |

carapaça (f)	ʃiryon	שִׁרְיוֹן (ז)
concha (f)	konχiya	קוֹנְכִיָּה (נ)
casca (f) de ovo	klipa	קְלִיפָּה (נ)

| pelo (m) | parva | פַּרְוָה (נ) |
| pele (f), couro (m) | or | עוֹר (ז) |

185. Animais. Habitats

hábitat (m)	beit gidul	בֵּית גִידוּל (ז)
migração (f)	hagira	הַגִּירָה (נ)
montanha (f)	har	הַר (ז)

| recife (m) | ʃunit | שׁוּנִית (נ) |
| falésia (f) | 'sela | סֶלַע (ז) |

floresta (f)	'ya'ar	יַעַר (ז)
selva (f)	'dʒungel	גּ'וּנְגֶּל (ז)
savana (f)	sa'vana	סָוָנָה (נ)
tundra (f)	'tundra	טוּנְדְרָה (נ)

estepe (f)	arava	עֲרָבָה (נ)
deserto (m)	midbar	מִדְבָּר (ז)
oásis (m)	neve midbar	נְוֵה מִדְבָּר (ז)

mar (m)	yam	יָם (ז)
lago (m)	agam	אֲגַם (ז)
oceano (m)	ok'yanos	אוֹקְיָאנוֹס (ז)

pântano (m)	bitsa	בִּיצָה (נ)
de água doce	ʃel 'mayim metukim	שֶׁל מַיִם מְתוּקִים
lagoa (f)	breχa	בְּרֵיכָה (נ)
rio (m)	nahar	נָהָר (ז)

toca (f) do urso	me'ura	מְאוּרָה (נ)
ninho (m)	ken	קֵן (ז)
buraco (m) de árvore	χor ba'ets	חוֹר בָּעֵץ (ז)
toca (f)	meχila	מְחִילָה (נ)
formigueiro (m)	kan nemalim	קַן נְמָלִים (ז)

Flora

186. Árvores

árvore (f)	ets	עֵץ (ז)
decídua (adj)	naʃir	נָשִׁיר
conífera (adj)	maχtani	מַחְטָנִי
perene (adj)	yarok ad	יָרוֹק עַד
macieira (f)	ta'puaχ	תַּפּוּחַ (ז)
pereira (f)	agas	אַגָּס (ז)
cerejeira (f)	gudgedan	גּוּדְגְּדָן (ז)
ginjeira (f)	duvdevan	דּוּבְדְּבָן (ז)
ameixeira (f)	ʃezif	שְׁזִיף (ז)
bétula (f)	ʃadar	שְׁדָר (ז)
carvalho (m)	alon	אַלּוֹן (ז)
tília (f)	'tilya	טִילְיָה (נ)
choupo-tremedor (m)	aspa	אַסְפָּה (נ)
bordo (m)	'eder	אֶדֶר (ז)
espruce (m)	a'ʃuaχ	אֶשּׁוּחַ (ז)
pinheiro (m)	'oren	אוֹרֶן (ז)
alerce, lariço (m)	arzit	אַרְזִית (נ)
abeto (m)	a'ʃuaχ	אֶשּׁוּחַ (ז)
cedro (m)	'erez	אֶרֶז (ז)
choupo, álamo (m)	tsaftsefa	צַפְצָפָה (נ)
tramazeira (f)	ben χuzrar	בֶּן־חוּזְרָר (ז)
salgueiro (m)	arava	עֲרָבָה (נ)
amieiro (m)	alnus	אַלְנוּס (ז)
faia (f)	aʃur	אָשׁוּר (ז)
ulmeiro, olmo (m)	bu'kitsa	בּוּקִיצָה (נ)
freixo (m)	mela	מֵילָה (נ)
castanheiro (m)	armon	עַרְמוֹן (ז)
magnólia (f)	mag'nolya	מַגְנוֹלְיָה (נ)
palmeira (f)	'dekel	דֶּקֶל (ז)
cipreste (m)	broʃ	בְּרוֹשׁ (ז)
mangue (m)	mangrov	מַנְגְּרוֹב (ז)
embondeiro, baobá (m)	ba'obab	בָּאוֹבָּב (ז)
eucalipto (m)	eika'liptus	אֵיקָלִיפְּטוּס (ז)
sequoia (f)	sek'voya	סְקְווֹיָה (נ)

187. Arbustos

arbusto (m)	'siaχ	שִׂיחַ (ז)
arbusto (m), moita (f)	'siaχ	שִׂיחַ (ז)

| videira (f) | 'gefen | גֶּפֶן (ז) |
| vinhedo (m) | 'kerem | כֶּרֶם (ז) |

framboeseira (f)	'petel	פֶּטֶל (ז)
groselheira-negra (f)	'siaχ dumdemaniyot ʃχorot	שִׂיחַ דּוּמְדְּמָנִיּוֹת שְׁחוֹרוֹת (ז)
groselheira-vermelha (f)	'siaχ dumdemaniyot adumot	שִׂיחַ דּוּמְדְּמָנִיּוֹת אֲדֻמּוֹת (ז)
groselheira (f) espinhosa	χazarzar	חֲזַרְזַר (ז)

acácia (f)	ʃita	שִׁיטָה (נ)
bérberis (f)	berberis	בַּרְבָּרִיס (ז)
jasmim (m)	yasmin	יַסְמִין (ז)

junípero (m)	ar'ar	עַרְעָר (ז)
roseira (f)	'siaχ vradim	שִׂיחַ וְרָדִים (ז)
roseira (f) brava	'vered bar	וֶרֶד בָּר (ז)

188. Cogumelos

cogumelo (m)	pitriya	פִּטְרִיָּה (נ)
cogumelo (m) comestível	pitriya ra'uya lema'aχal	פִּטְרִיָּה רְאוּיָה לְמַאֲכָל
cogumelo (m) venenoso	pitriya ra'ila	פִּטְרִיָּה רְעִילָה (נ)
chapéu (m)	kipat pitriya	כִּיפַּת פִּטְרִיָּה (נ)
pé, caule (m)	'regel	רֶגֶל (נ)

boleto, porcino (m)	por'tʃini	פּוֹרצְ׳ִינִי (ז)
boleto (m) alaranjado	pitriyat 'kova aduma	פִּטְרִיַּת כּוֹבַע אֲדֻמָּה (נ)
boleto (m) de bétula	pitriyat 'ya'ar	פִּטְרִיַּת יַעַר (נ)
cantarelo (m)	gvi'onit ne'e'χelet	גְבִיעוֹנִית נֶאֱכֶלֶת (נ)
rússula (f)	χarifit	חֲרִיפִית (נ)

morchella (f)	gamtsuts	גַּמְצוּץ (ז)
agário-das-moscas (m)	zvuvanit	זְבוּבָנִית (נ)
cicuta (f) verde	pitriya ra'ila	פִּטְרִיָּה רְעִילָה (נ)

189. Frutos. Bagas

fruta (f)	pri	פְּרִי (ז)
frutas (f pl)	perot	פֵּירוֹת (ז"ר)
maçã (f)	ta'puaχ	תַּפּוּחַ (ז)
pera (f)	agas	אַגָּס (ז)
ameixa (f)	ʃezif	שְׁזִיף (ז)

morango (m)	tut sade	תּוּת שָׂדֶה (ז)
ginja (f)	duvdevan	דֻּבְדְּבָן (ז)
cereja (f)	gudgedan	גּוּדְגְּדָן (ז)
uva (f)	anavim	עֲנָבִים (ז"ר)

framboesa (f)	'petel	פֶּטֶל (ז)
groselha (f) negra	dumdemanit ʃχora	דּוּמְדְּמָנִית שְׁחוֹרָה (נ)
groselha (f) vermelha	dumdemanit aduma	דּוּמְדְּמָנִית אֲדֻמָּה (נ)
groselha (f) espinhosa	χazarzar	חֲזַרְזַר (ז)
oxicoco (m)	χamutsit	חֲמוּצִית (נ)

laranja (f)	tapuz	תָּפּוּז (ז)
tangerina (f)	klemen'tina	קְלֶמֶנְטִינָה (נ)
abacaxi (m)	'ananas	אֲנָנָס (ז)
banana (f)	ba'nana	בָּנָנָה (נ)
tâmara (f)	tamar	תָּמָר (ז)
limão (m)	limon	לִימוֹן (ז)
damasco (m)	'miʃmeʃ	מִשְׁמֵשׁ (ז)
pêssego (m)	afarsek	אֲפַרְסֵק (ז)
quiuí (m)	'kivi	קִיוִוי (ז)
toranja (f)	eʃkolit	אֶשְׁכּוֹלִית (נ)
baga (f)	garger	גַּרְגֵּר (ז)
bagas (f pl)	gargerim	גַּרְגְּרִים (ז"ר)
arando (m) vermelho	uxmanit aduma	אוּכְמָנִית אֲדוּמָה (נ)
morango-silvestre (m)	tut 'ya'ar	תּוּת יַעַר (ז)
mirtilo (m)	uxmanit	אוּכְמָנִית (נ)

190. Flores. Plantas

flor (f)	'perax	פֶּרַח (ז)
buquê (m) de flores	zer	זֵר (ז)
rosa (f)	'vered	וֶרֶד (ז)
tulipa (f)	tsiv'oni	צִבְעוֹנִי (ז)
cravo (m)	tsi'poren	צִיפּוֹרֶן (ז)
gladíolo (m)	glad'yola	גְּלַדְיוֹלָה (נ)
centáurea (f)	dganit	דְּגָנִיָּה (נ)
campainha (f)	pa'amonit	פַּעֲמוֹנִית (נ)
dente-de-leão (m)	ʃinan	שִׁינָּן (ז)
camomila (f)	kamomil	קָמוֹמִיל (ז)
aloé (m)	alvai	אַלְוַי (ז)
cacto (m)	'kaktus	קַקְטוּס (ז)
fícus (m)	'fikus	פִיקוּס (ז)
lírio (m)	ʃoʃana	שׁוֹשַׁנָה (נ)
gerânio (m)	ge'ranyum	גֵּרַנְיוּם (ז)
jacinto (m)	yakinton	יָקִינְטוֹן (ז)
mimosa (f)	mi'moza	מִימוֹזָה (נ)
narciso (m)	narkis	נַרְקִיס (ז)
capuchinha (f)	'kova hanazir	כּוֹבַע הַנָּזִיר (ז)
orquídea (f)	saxlav	סַחְלָב (ז)
peônia (f)	admonit	אַדְמוֹנִית (נ)
violeta (f)	sigalit	סִיגָלִית (נ)
amor-perfeito (m)	amnon vetamar	אַמְנוֹן וְתָמָר (ז)
não-me-esqueças (m)	zix'rini	זָכְרֵינִי (ז)
margarida (f)	marganit	מַרְגָּנִית (נ)
papoula (f)	'pereg	פֶּרֶג (ז)
cânhamo (m)	ka'nabis	קָנַאבִּיס (ז)

hortelã, menta (f)	'menta	מֶנְתָּה (נ)
lírio-do-vale (m)	zivanit	זִיוָנִית (נ)
campânula-branca (f)	ga'lantus	גָלַנְטוּס (ז)

urtiga (f)	sirpad	סִרְפָּד (ז)
azedinha (f)	χum'a	חוּמְעָה (נ)
nenúfar (m)	nufar	נוּפָר (ז)
samambaia (f)	ʃaraχ	שֶׁרֶךְ (ז)
líquen (m)	χazazit	חֲזָזִית (נ)

estufa (f)	χamama	חָמָמָה (נ)
gramado (m)	midʃa'a	מִדְשָׁאָה (נ)
canteiro (m) de flores	arugat praχim	עֲרוּגַת פְּרָחִים (נ)

planta (f)	'tsemaχ	צֶמַח (ז)
grama (f)	'deʃe	דֶשֶׁא (ז)
folha (f) de grama	giv'ol 'esev	גִבְעוֹל עֵשֶׂב (ז)

folha (f)	ale	עָלֶה (ז)
pétala (f)	ale ko'teret	עָלֶה כּוֹתֶרֶת (ז)
talo (m)	giv'ol	גִבְעוֹל (ז)
tubérculo (m)	'pka'at	פְּקַעַת (נ)

broto, rebento (m)	'nevet	נֶבֶט (ז)
espinho (m)	kots	קוֹץ (ז)

florescer (vi)	lif'roaχ	לִפְרוֹחַ
murchar (vi)	linbol	לִנְבּוֹל
cheiro (m)	'reaχ	רֵיחַ (ז)
cortar (flores)	ligzom	לִגְזוֹם
colher (uma flor)	liktof	לִקְטוֹף

191. Cereais, grãos

grão (m)	tvu'a	תְּבוּאָה (נ)
cereais (plantas)	dganim	דְגָנִים (ז"ר)
espiga (f)	ʃi'bolet	שִׁיבּוֹלֶת (נ)

trigo (m)	χita	חִיטָה (נ)
centeio (m)	ʃifon	שִׁיפוֹן (ז)
aveia (f)	ʃi'bolet ʃu'al	שִׁיבּוֹלַת שׁוּעָל (נ)

painço (m)	'doχan	דוֹחַן (ז)
cevada (f)	se'ora	שְׂעוֹרָה (נ)

milho (m)	'tiras	תִּירָס (ז)
arroz (m)	'orez	אוֹרֶז (ז)
trigo-sarraceno (m)	ku'semet	כּוּסֶמֶת (נ)

ervilha (f)	afuna	אֲפוּנָה (נ)
feijão (m) roxo	ʃu'it	שְׁעוּעִית (נ)
soja (f)	'soya	סוֹיָה (נ)
lentilha (f)	adaʃim	עֲדָשִׁים (נ"ר)
feijão (m)	pol	פּוֹל (ז)

GEOGRAFIA REGIONAL

Países. Nacionalidades

192. Política. Governo. Parte 1

política (f)	po'litika	פּוֹלִיטִיקָה (נ)
político (adj)	po'liti	פּוֹלִיטִי
político (m)	politikai	פּוֹלִיטִיקַאי (ז)

estado (m)	medina	מְדִינָה (נ)
cidadão (m)	ezraχ	אֶזְרָח (ז)
cidadania (f)	ezraχut	אֶזְרָחוּת (נ)

brasão (m) de armas	'semel le'umi	סֵמֶל לְאוּמִי (ז)
hino (m) nacional	himnon le'umi	הִמְנוֹן לְאוּמִי (ז)

governo (m)	memʃala	מֶמְשָׁלָה (נ)
Chefe (m) de Estado	roʃ medina	רֹאשׁ מְדִינָה (ז)
parlamento (m)	parlament	פַּרְלָמֶנְט (ז)
partido (m)	miflaga	מִפְלָגָה (נ)

capitalismo (m)	kapitalizm	קָפִּיטָלִיזְם (ז)
capitalista (adj)	kapita'listi	קָפִּיטָלִיסְטִי

socialismo (m)	sotsyalizm	סוֹצְיָאלִיזְם (ז)
socialista (adj)	sotsya'listi	סוֹצְיָאלִיסְטִי

comunismo (m)	komunizm	קוֹמוּנִיזְם (ז)
comunista (adj)	komu'nisti	קוֹמוּנִיסְטִי
comunista (m)	komunist	קוֹמוּנִיסְט (ז)

democracia (f)	demo'kratya	דֵמוֹקְרַטְיָה (נ)
democrata (m)	demokrat	דֵמוֹקְרָט (ז)
democrático (adj)	demo'krati	דֵמוֹקְרָטִי
Partido (m) Democrático	miflaga demo'kratit	מִפְלָגָה דֵמוֹקְרָטִית (נ)

liberal (m)	libe'rali	לִיבֵּרָלִי (ז)
liberal (adj)	libe'rali	לִיבֵּרָלִי
conservador (m)	ʃamran	שַׁמְרָן (ז)
conservador (adj)	ʃamrani	שַׁמְרָנִי

república (f)	re'publika	רֶפּוּבְּלִיקָה (נ)
republicano (m)	republi'kani	רֶפּוּבְּלִיקָנִי (ז)
Partido (m) Republicano	miflaga republi'kanit	מִפְלָגָה רֶפּוּבְּלִיקָנִית (נ)

eleições (f pl)	bχirot	בְּחִירוֹת (נ״ר)
eleger (vt)	livχor	לִבְחוֹר
eleitor (m)	mats'biʿa	מַצְבִּיעַ (ז)

campanha (f) eleitoral	masa bχirot	מַסָּע בְּחִירוֹת (ז)
votação (f)	hatsba'a	הַצְבָּעָה (נ)
votar (vi)	lehats'bi'a	לְהַצְבִּיעַ
sufrágio (m)	zχut hatsba'a	זְכוּת הַצְבָּעָה (נ)

candidato (m)	mu'amad	מוּעֲמָד (ז)
candidatar-se (vi)	lehatsig mu'amadut	לְהַצִּיג מוּעֲמָדוּת
campanha (f)	masa	מַסָּע (ז)

| da oposição | opozitsyoni | אוֹפּוֹזִיצִיוֹנִי |
| oposição (f) | opo'zitsya | אוֹפּוֹזִיצְיָה (נ) |

visita (f)	bikur	בִּיקוּר (ז)
visita (f) oficial	bikur riʃmi	בִּיקוּר רִשְׁמִי (ז)
internacional (adj)	benle'umi	בֵּינְלְאוּמִי

| negociações (f pl) | masa umatan | מַשָּׂא וּמַתָּן (ז) |
| negociar (vi) | laset velatet | לָשֵׂאת וְלָתֵת |

193. Política. Governo. Parte 2

sociedade (f)	χevra	חֶבְרָה (נ)
constituição (f)	χuka	חוּקָה (נ)
poder (ir para o ~)	ʃilton	שִׁלְטוֹן (ז)
corrupção (f)	ʃχitut	שְׁחִיתוּת (נ)

| lei (f) | χok | חוֹק (ז) |
| legal (adj) | χuki | חוּקִי |

| justeza (f) | 'tsedek | צֶדֶק (ז) |
| justo (adj) | tsodek | צוֹדֵק |

comitê (m)	'va'ad	וַעַד (ז)
projeto-lei (m)	hatsa'at χok	הַצָּעַת חוֹק (נ)
orçamento (m)	taktsiv	תַּקְצִיב (ז)
política (f)	mediniyut	מְדִינִיּוּת (נ)
reforma (f)	re'forma	רֶפוֹרְמָה (נ)
radical (adj)	radi'kali	רָדִיקָלִי

força (f)	otsma	עוֹצְמָה (נ)
poderoso (adj)	rav 'koaχ	רַב-כּוֹחַ
partidário (m)	tomeχ	תּוֹמֵךְ (ז)
influência (f)	haʃpa'a	הַשְׁפָּעָה (נ)

regime (m)	miʃtar	מִשְׁטָר (ז)
conflito (m)	siχsuχ	סִכְסוּךְ (ז)
conspiração (f)	'keʃer	קֶשֶׁר (ז)
provocação (f)	provo'katsya, hitgarut	פְּרוֹבּוֹקַצְיָה, הִתְגָּרוּת (נ)

derrubar (vt)	leha'diaχ	לְהַדִּיחַ
derrube (m), queda (f)	hadaχa mikes malχut	הֲדָחָה מִכֵּס מַלְכוּת (נ)
revolução (f)	mahapeχa	מַהְפֵּכָה (נ)
golpe (m) de Estado	hafiχa	הֲפִיכָה (ז)
golpe (m) militar	mahapaχ tsva'i	מַהֲפָךְ צְבָאִי (ז)

crise (f)	maʃber	מַשְבֵּר (ז)
recessão (f) econômica	mitun kalkali	מִיתוּן כַּלְכָּלִי (ז)
manifestante (m)	mafgin	מַפְגִּין (ז)
manifestação (f)	hafgana	הַפְגָּנָה (נ)
lei (f) marcial	miʃtar tsva'i	מִשְטָר צְבָאִי (ז)
base (f) militar	basis tsva'i	בָּסִיס צְבָאִי (ז)
estabilidade (f)	yatsivut	יַצִּיבוּת (נ)
estável (adj)	yatsiv	יַצִּיב
exploração (f)	nitsul	נִיצוּל (ז)
explorar (vt)	lenatsel	לְנַצֵּל
racismo (m)	giz'anut	גִּזְעָנוּת (נ)
racista (m)	giz'ani	גִּזְעָנִי (ז)
fascismo (m)	faʃizm	פָשִיזְם (ז)
fascista (m)	faʃist	פָשִיסְט (ז)

194. Países. Diversos

estrangeiro (m)	zar	זָר (ז)
estrangeiro (adj)	zar	זָר
no estrangeiro	beχul	בְּחוּ"ל
emigrante (m)	mehager	מְהַגֵּר (ז)
emigração (f)	hagira	הָגִירָה (נ)
emigrar (vi)	lehager	לְהַגֵּר
Ocidente (m)	ma'arav	מַעֲרָב (ז)
Oriente (m)	mizraχ	מִזְרָח (ז)
Extremo Oriente (m)	hamizraχ haraχok	הַמִזְרָח הָרָחוֹק (ז)
civilização (f)	tsivili'zatsya	צִיבִילִיזַצְיָה (נ)
humanidade (f)	enoʃut	אֱנוֹשוּת (נ)
mundo (m)	olam	עוֹלָם (ז)
paz (f)	ʃalom	שָלוֹם (ז)
mundial (adj)	olami	עוֹלָמִי
pátria (f)	mo'ledet	מוֹלֶדֶת (נ)
povo (população)	am	עַם (ז)
população (f)	oχlusiya	אוּכְלוּסִיָה (נ)
gente (f)	anaʃim	אֲנָשִים (ז"ר)
nação (f)	uma	אוּמָה (נ)
geração (f)	dor	דוֹר (ז)
território (m)	'ʃetaχ	שֶטַח (ז)
região (f)	ezor	אֵזוֹר (ז)
estado (m)	medina	מְדִינָה (נ)
tradição (f)	ma'soret	מָסוֹרֶת (נ)
costume (m)	minhag	מִנְהָג (ז)
ecologia (f)	eko'logya	אֶקוֹלוֹגִיָה (נ)
índio (m)	ind'yani	אִינְדְיָאנִי (ז)
cigano (m)	tso'ani	צוֹעֲנִי (ז)

cigana (f)	tso'aniya	צוֹעֲנִיָּה (נ)
cigano (adj)	tso'ani	צוֹעֲנִי

império (m)	im'perya	אִימְפֶּרְיָה (נ)
colônia (f)	ko'lonya	קוֹלוֹנְיָה (נ)
escravidão (f)	avdut	עַבְדוּת (נ)
invasão (f)	pliʃa	פְּלִישָׁה (נ)
fome (f)	'ra'av	רָעָב (ז)

195. Grupos religiosos mais importantes. Confissões

religião (f)	dat	דָּת (נ)
religioso (adj)	dati	דָּתִי

crença (f)	emuna	אֱמוּנָה (נ)
crer (vt)	leha'amin	לְהַאֲמִין
crente (m)	ma'amin	מַאֲמִין

ateísmo (m)	ate'izm	אָתֵאִיזְם (ז)
ateu (m)	ate'ist	אָתֵאִיסְט (ז)

cristianismo (m)	natsrut	נַצְרוּת (נ)
cristão (m)	notsri	נוֹצְרִי (ז)
cristão (adj)	notsri	נוֹצְרִי

catolicismo (m)	ka'toliyut	קָתוֹלִיּוּת (נ)
católico (m)	ka'toli	קָתוֹלִי (ז)
católico (adj)	ka'toli	קָתוֹלִי

protestantismo (m)	protes'tantiyut	פְּרוֹטֶסְטַנְטִיּוּת (נ)
Igreja (f) Protestante	knesiya protes'tantit	כְּנֵסִיָּה פְּרוֹטֶסְטַנְטִית (נ)
protestante (m)	protestant	פְּרוֹטֶסְטַנְט (ז)

ortodoxia (f)	natsrut orto'doksit	נַצְרוּת אוֹרְתּוֹדוֹקְסִית (נ)
Igreja (f) Ortodoxa	knesiya orto'doksit	כְּנֵסִיָּה אוֹרְתּוֹדוֹקְסִית (נ)
ortodoxo (m)	orto'doksi	אוֹרְתּוֹדוֹקְסִי

presbiterianismo (m)	presbiteryanizm	פְּרֶסְבִּיטֶרְיָאנִיזְם (ז)
Igreja (f) Presbiteriana	knesiya presviteri''anit	כְּנֵסִיָּה פְּרֶסְבִּיטֶרְיָאנִית (נ)
presbiteriano (m)	presbiter'yani	פְּרֶסְבִּיטֶרְיָאנִי (ז)

luteranismo (m)	knesiya lute'ranit	כְּנֵסִיָּה לוּתֶרָנִית (נ)
luterano (m)	lute'rani	לוּתֶרָנִי (ז)

Igreja (f) Batista	knesiya bap'tistit	כְּנֵסִיָּה בַּפְּטִיסְטִית (נ)
batista (m)	baptist	בַּפְּטִיסְט (ז)

Igreja (f) Anglicana	knesiya angli'kanit	כְּנֵסִיָּה אַנְגְלִיקָנִית (נ)
anglicano (m)	angli'kani	אַנְגְלִיקָנִי (ז)
mormonismo (m)	mor'monim	מוֹרְמוֹנִים (ז)
mórmon (m)	mormon	מוֹרְמוֹן (ז)

Judaísmo (m)	yahadut	יַהֲדוּת (נ)
judeu (m)	yehudi, yehudiya	יְהוּדִי (ז), יְהוּדִיָה (נ)

budismo (m)	budhizm	בּוּדְהִיזְם (ז)
budista (m)	budhist	בּוּדְהִיסְט (ז)
hinduísmo (m)	hindu'izm	הִינְדוּאִיזְם (ז)
hindu (m)	'hindi	הִינְדִי (ז)
Islã (m)	islam	אִיסְלָאם (ז)
muçulmano (m)	'muslemi	מוּסְלְמִי (ז)
muçulmano (adj)	'muslemi	מוּסְלְמִי
xiismo (m)	islam 'ʃi'i	אָסְלָאם שִׁיעִי (ז)
xiita (m)	'ʃi'i	שִׁיעִי (ז)
sunismo (m)	islam 'suni	אָסְלָאם סוּנִי (ז)
sunita (m)	'suni	סוּנִי (ז)

196. Religiões. Padres

padre (m)	'komer	כּוֹמֶר (ז)
Papa (m)	apifyor	אַפִּיפְיוֹר (ז)
monge (m)	nazir	נָזִיר (ז)
freira (f)	nazira	נְזִירָה (נ)
pastor (m)	'komer	כּוֹמֶר (ז)
abade (m)	roʃ minzar	רֹאש מִנְזָר (ז)
vigário (m)	'komer hakehila	כּוֹמֶר הַקְּהִילָה (ז)
bispo (m)	'biʃof	בִּישׁוֹף (ז)
cardeal (m)	χaʃman	חַשְׁמָן (ז)
pregador (m)	matif	מַטִּיף (ז)
sermão (m)	hatafa, draʃa	הַטָּפָה, דְּרָשָׁה (נ)
paroquianos (pl)	χaver kehila	חָבֵר קְהִילָה (ז)
crente (m)	ma'amin	מַאֲמִין (ז)
ateu (m)	ate'ist	אָתֵאִיסְט (ז)

197. Fé. Cristianismo. Islão

Adão	adam	אָדָם
Eva	χava	חַוָּה
Deus (m)	elohim	אֱלוֹהִים
Senhor (m)	adonai	אֲדוֹנָי
Todo Poderoso (m)	kol yaχol	כָּל יָכוֹל
pecado (m)	χet	חֵטְא (ז)
pecar (vi)	laχato	לַחֲטוֹא
pecador (m)	χote	חוֹטֵא (ז)
pecadora (f)	χo'ta'at	חוֹטֵאת (נ)
inferno (m)	gehinom	גֵּיהִינוֹם (ז)
paraíso (m)	gan 'eden	גַּן עֵדֶן (ז)

Jesus	'yeʃu	יֵשׁוּ
Jesus Cristo	'yeʃu hanotsri	יֵשׁוּ הַנוֹצְרִי
Espírito (m) Santo	'ruaχ ha'kodeʃ	רוּחַ הַקּוֹדֶשׁ (ז)
Salvador (m)	mo'ʃi'a	מוֹשִׁיעַ (ז)
Virgem Maria (f)	'miryam hakdoʃa	מִרְיָם הַקְּדוֹשָׁה
Diabo (m)	satan	שָׂטָן (ז)
diabólico (adj)	stani	שְׂטָנִי
Satanás (m)	satan	שָׂטָן (ז)
satânico (adj)	stani	שְׂטָנִי
anjo (m)	mal'aχ	מַלְאָךְ (ז)
anjo (m) da guarda	mal'aχ ʃomer	מַלְאָךְ שׁוֹמֵר (ז)
angelical	mal'aχi	מַלְאָכִי
apóstolo (m)	ʃa'liaχ	שָׁלִיחַ (ז)
arcanjo (m)	arχimalaχ	אַרְכִימַלְאָךְ (ז)
anticristo (m)	an'tikrist	אַנְטִיכְרִיסְט (ז)
Igreja (f)	knesiya	כְּנֵסִיָּה (נ)
Bíblia (f)	tanaχ	תַּנַ"ךְ (ז)
bíblico (adj)	tanaχi	תַּנַ"כִי
Velho Testamento (m)	habrit hayeʃana	הַבְּרִית הַיְשָׁנָה (נ)
Novo Testamento (m)	habrit haχadaʃa	הַבְּרִית הַחֲדָשָׁה (נ)
Evangelho (m)	evangelyon	אֱוַונְגֶלְיוֹן (ז)
Sagradas Escrituras (f pl)	kitvei ha'kodeʃ	כִּתְבֵי הַקּוֹדֶשׁ (ז"ר)
Céu (sete céus)	malχut ʃa'mayim, gan 'eden	מַלְכוּת שָׁמַיִם (נ), גַּן עֵדֶן (ז)
mandamento (m)	mitsva	מִצְוָה (נ)
profeta (m)	navi	נָבִיא (ז)
profecia (f)	nevu'a	נְבוּאָה (נ)
Alá (m)	'alla	אַלְלָה
Maomé (m)	mu'χamad	מוּחַמָד
Alcorão (m)	kur'an	קוּרְאָן (ז)
mesquita (f)	misgad	מִסְגָּד (ז)
mulá (m)	'mula	מוּלָא (ז)
oração (f)	tfila	תְּפִילָה (נ)
rezar, orar (vi)	lehitpalel	לְהִתְפַּלֵל
peregrinação (f)	aliya le'regel	עֲלִיָה לְרֶגֶל (נ)
peregrino (m)	tsalyan	צַלְיָן (ז)
Meca (f)	'meka	מֶכָּה (נ)
igreja (f)	knesiya	כְּנֵסִיָּה (נ)
templo (m)	mikdaʃ	מִקְדָּשׁ (ז)
catedral (f)	kated'rala	קָתֶדְרָלָה (נ)
gótico (adj)	'goti	גוֹתִי
sinagoga (f)	beit 'kneset	בֵּית כְּנֶסֶת (ז)
mesquita (f)	misgad	מִסְגָּד (ז)
capela (f)	beit tfila	בֵּית תְּפִילָה (ז)
abadia (f)	minzar	מִנְזָר (ז)

convento (m)	minzar	מִנְזָר (ז)
monastério (m)	minzar	מִנְזָר (ז)
sino (m)	pa'amon	פַּעֲמוֹן (ז)
campanário (m)	migdal pa'amonim	מִגְדַּל פַּעֲמוֹנִים (ז)
repicar (vi)	letsaltsel	לְצַלְצֵל
cruz (f)	tslav	צְלָב (ז)
cúpula (f)	kipa	כִּיפָּה (נ)
ícone (m)	ikonin	אִיקוֹנִין (ז)
alma (f)	neʃama	נְשָׁמָה (נ)
destino (m)	goral	גּוֹרָל (ז)
mal (m)	'ro'a	רוֹעַ (ז)
bem (m)	tuv	טוּב (ז)
vampiro (m)	arpad	עַרְפָּד (ז)
bruxa (f)	maxʃefa	מַכְשֵׁפָה (נ)
demônio (m)	ʃed	שֵׁד (ז)
espírito (m)	'ruax	רוּחַ (נ)
redenção (f)	kapara	כַּפָּרָה (נ)
redimir (vt)	lexaper al	לְכַפֵּר עַל
missa (f)	'misa	מִיסָה (נ)
celebrar a missa	la'arox 'misa	לַעֲרוֹךְ מִיסָה
confissão (f)	vidui	וִידוּי (ז)
confessar-se (vr)	lehitvadot	לְהִתְוַדּוֹת
santo (m)	kadoʃ	קָדוֹשׁ (ז)
sagrado (adj)	mekudaʃ	מְקוּדָשׁ
água (f) benta	'mayim kdoʃim	מַיִם קְדוֹשִׁים (ז"ר)
ritual (m)	'tekes	טֶקֶס (ז)
ritual (adj)	ʃel 'tekes	שֶׁל טֶקֶס
sacrifício (m)	korban	קוֹרְבָּן (ז)
superstição (f)	emuna tfela	אֱמוּנָה תְּפֵלָה (נ)
supersticioso (adj)	ma'amin emunot tfelot	מַאֲמִין אֱמוּנוֹת תְּפֵלוֹת
vida (f) após a morte	ha'olam haba	הָעוֹלָם הַבָּא (ז)
vida (f) eterna	xayei olam, xayei 'netsax	חַיֵּי עוֹלָם (ז"ר), חַיֵּי נֶצַח (ז"ר)

TEMAS DIVERSOS

198. Várias palavras úteis

ajuda (f)	ezra	עֶזְרָה (נ)
barreira (f)	miχʃol	מִכְשׁוֹל (ז)
base (f)	basis	בָּסִיס (ז)
categoria (f)	kate'gorya	קָטֶגוֹרְיָה (נ)
causa (f)	siba	סִיבָּה (נ)
coincidência (f)	hat'ama	הַתְאָמָה (נ)
coisa (f)	'χefets	חֵפֶץ (ז)
começo, início (m)	hatχala	הַתְחָלָה (נ)
cômodo (ex. poltrona ~a)	'noaχ	נוֹחַ
comparação (f)	haʃva'a	הַשְׁווָאָה (נ)
compensação (f)	pitsui	פִּיצוּי (ז)
crescimento (m)	gidul	גִּידוּל (ז)
desenvolvimento (m)	hitpatχut	הִתְפַּתְּחוּת (נ)
diferença (f)	'ʃoni	שׁוֹנִי (ז)
efeito (m)	efekt	אֶפֶקְט (ז)
elemento (m)	element	אֶלֶמֶנְט (ז)
equilíbrio (m)	izun	אִיזוּן (ז)
erro (m)	ta'ut	טָעוּת (נ)
esforço (m)	ma'amats	מַאֲמָץ (ז)
estilo (m)	signon	סִגְנוֹן (ז)
exemplo (m)	dugma	דוּגְמָה (נ)
fato (m)	uvda	עוּבְדָה (נ)
fim (m)	sof	סוֹף (ז)
forma (f)	tsura	צוּרָה (נ)
frequente (adj)	tadir	תָּדִיר
fundo (ex. ~ verde)	'reka	רֶקַע (ז)
gênero (tipo)	sug	סוּג (ז)
grau (m)	darga	דַרְגָה (נ)
ideal (m)	ide'al	אִידֵיאָל (ז)
labirinto (m)	mavoχ	מָבוֹךְ (ז)
modo (m)	'ofen	אוֹפֶן (ז)
momento (m)	'rega	רֶגַע (ז)
objeto (m)	'etsem	עֶצֶם (ז)
obstáculo (m)	maχsom	מַחְסוֹם (ז)
original (m)	makor	מָקוֹר (ז)
padrão (adj)	tikni	תִּקְנִי
padrão (m)	'teken	תֶּקֶן (ז)
paragem (pausa)	hafsaka	הַפְסָקָה (נ)
parte (f)	'χelek	חֵלֶק (ז)

partícula (f)	χelkik	חַלְקִיק (ז)
pausa (f)	hafuga	הֲפוּגָה (נ)
posição (f)	emda	עֶמְדָה (נ)
princípio (m)	ikaron	עִיקָרוֹן (ז)
problema (m)	be'aya	בְּעָיָה (נ)
processo (m)	tahaliχ	תַהֲלִיךְ (ז)
progresso (m)	kidma	קִדְמָה (נ)
propriedade (qualidade)	tχuna, sgula	תְבוּנָה, סְגוּלָה (נ)
reação (f)	tguva	תְגוּבָה (נ)
risco (m)	sikun	סִיכּוּן (ז)
ritmo (m)	'ketsev	קֶצֶב (ז)
segredo (m)	sod	סוֹד (ז)
série (f)	sidra	סִדְרָה (נ)
sistema (m)	ʃita	שִׁיטָה (נ)
situação (f)	matsav	מַצָב (ז)
solução (f)	pitaron	פִּיתָרוֹן (ז)
tabela (f)	tavla	טַבְלָה (נ)
termo (ex. ~ técnico)	musag	מוּשָׂג (ז)
tipo (m)	min	מִין (ז)
urgente (adj)	daχuf	דָחוּף
urgentemente	bidχifut	בִּדְחִיפוּת
utilidade (f)	to''elet	תוֹעֶלֶת (נ)
variante (f)	girsa	גִירְסָה (נ)
variedade (f)	bχina	בְּחִינָה (נ)
verdade (f)	emet	אֱמֶת (נ)
vez (f)	tor	תוֹר (ז)
zona (f)	ezor	אֵזוֹר (ז)

www.ingramcontent.com/pod-product-compliance
Lightning Source LLC
Chambersburg PA
CBHW071342090426
42738CB00012B/2981